Gymnasium Rheinland-Pfalz

Deutschbuch

Arbeitsheft 6

Arbeitstechniken
Texte schreiben
Lesetraining
Grammatik
Rechtschreibung
Lernstand testen

Herausgegeben von
Cordula Grunow und
Bernd Schurf

Erarbeitet von
Cordula Grunow, Angela Horwitz,
Angela Mielke, Kerstin Muth,
Vera Potthast, Irmgard Schick,
Sandra Simberger und Andrea Wagener

Name: ______________________

Klasse: ____________

Cornelsen

Inhaltsverzeichnis

Die Übersicht auf diesen Seiten hilft dir, **die Arbeit mit dem Arbeitsheft zu planen und zu überprüfen**. Nach dem Bearbeiten einer Übung musst du deine Ergebnisse sorgfältig mit dem Lösungsheft abgleichen. Trage ein, wann du die Seiten bearbeitet hast, und kreuze an, wie dir die Übungen gelungen sind:

☺ Gut gelungen! 😐 Das Meiste richtig. ☹ Manchmal unsicher.

Kennzeichnungen in diesem Arbeitsheft:

1 Aufgabe

●●● knifflige Aufgabe oder Aufgabe für die Schnellen

Information Zusammenfassung des Grundwissens

Tipps und Arbeitshilfen

► Der Pfeil sagt dir, auf welcher Seite du etwas nachschlagen kannst.

Mit dem beiliegenden Lösungsheft kannst du deine Ergebnisse selbst überprüfen.

Klassenarbeiten vorbereiten und schreiben

Methode **Eine Klassenarbeit sinnvoll vorbereiten**

Arbeitsschritte zur Vorbereitung einer Klassenarbeit:
1. Verschaffe dir einen **Überblick**: Was ist Thema der Arbeit? Was musst du dafür wiederholen? Schau in dein **Hausaufgabenheft**: Vollständige Hausaufgaben sind die beste Vorbereitung!
2. Wiederhole ohne Stress: Verteile den Stoff auf **mehrere Lernetappen**.
3. Erstelle einen **Zeitplan** (s. Muster bei Aufgabe 2): Trage die Lernetappen in sinnvoller Reihenfolge ein. Prüfe, ob es sinnvoll ist, mehrere Lernetappen an einem Tag zu erledigen. Schwierigen Lernstoff solltest du mehrfach wiederholen (z. B. mit einem Lernplakat, ▸ S. 5). Achte darauf, dass du an den geplanten Tagen auch wirklich **Zeit zum Lernen** hast.
4. Prüfe, welche Lernetappe(n) du gut **zu zweit oder in einer Gruppe** erledigen kannst. Plane und verabrede dies mit Klassenkameradinnen oder Klassenkameraden.
5. Schreibe am Schluss der Wiederholung eine **Übungsarbeit unter Zeitdruck**. Stell dir z. B. einen Wecker.
6. Einen Tag vor der Arbeit ist **Pause**: Ruh dich aus.

1 **a Notiere das Thema deiner nächsten Klassenarbeit im Fach Deutsch.**

____

____

Erkundige dich bei deiner Lehrerin oder deinem Lehrer, wenn du unsicher bist, was genau in der Klassenarbeit geprüft werden wird.

b Was kannst du zu diesem Thema schon gut? Was musst du wiederholen? Schreibe auf.

Das kann ich schon gut: ______________________________

Das muss ich wiederholen: ______________________________

c Wo findest du Unterstützung für die Wiederholung? Kreuze drei Möglichkeiten an.

☐ Klassenkameradinnen und -kameraden ☐ Oma und Opa ☐ Deutschbuch Arbeitsheft 6
☐ Hausaufgabenheft/-ordner ☐ Glücksbringer ☐ Eltern

2 **Lege für den Zeitplan in deinem Heft eine Tabelle nach folgendem Muster an. Verteile die Arbeitsschritte zur Vorbereitung einer Klassenarbeit auf diesen Zeitplan.**

Tag	1	2	3	4	5	6	7	8
Uhrzeit	*16:00–16:45*							*3. Stunde*
zu tun	*1 Überblick 2 Stoff 3 Zeitplan*	…	…	…	…	…	…	*Deutsch-arbeit schreiben*

Lege **vor deiner nächsten Deutscharbeit** einen **Zeitplan nach diesem Muster** an. Gleiche ihn mit deinem Stundenplan und deinen festen Freizeitterminen ab (z. B. Sportverein, Musikschule), um Uhrzeiten festzulegen, zu denen du lernen kannst. Arbeite den Plan zur Vorbereitung deiner Deutscharbeit aus.

Methode **Mit einem Lernplakat wiederholen**

- Du behältst Lernstoff besonders gut, wenn du ihn auf einem **Lernplakat** zusammenstellst.
- Du kannst es auf unterschiedliche Weise **gestalten**: mit Bildern, durch Fachwörter, mit einem Schaubild, z. B. einem Cluster oder einer Mind-Map, usw. Überlege, welche Präsentation für deinen Zweck besonders geeignet ist.
- Hänge das Lernplakat an einem Ort auf, an dem du oft vorbeikommst, z. B. an deiner Zimmertür. Die Lerninhalte prägen sich durch **stete Wiederholung im Vorübergehen** ein.

3 **Wenn du eine Erzählung schreibst, musst du wörtliche Rede verwenden (▸ S. 78). Arbeite dazu das folgende Lernplakat zum Thema „Zeichensetzung bei der wörtlichen Rede" auf einem Papierbogen im DIN-A3-Format aus. Stelle alle angebotenen Textbausteine richtig zusammen.**

Redebegleitsatz zwischen der wörtlichen Rede

Redebegleitsatz vor der wörtlichen Rede

Redebegleitsatz nach der wörtlichen Rede

Zeichensetzung bei der wörtlichen Rede

„…!", ______.

Achtung: ! und ? + Komma

„…", ______, „…!"

Im Text steht die wörtliche Rede in Anführungszeichen.

Die Lehrerin behauptet: „Erzählen macht Spaß!"

„Erzählen", behauptet die Lehrerin, „macht Spaß!"

______: „…!"

„Ich erzähle gern", erklärt Lisa.

„Erzählen macht Spaß!", behauptet die Lehrerin.

4 ●●● **Erstelle ein Lernplakat zum Thema „Komma in Satzreihen und Satzgefügen".**

5 **Wenn du viele Verben kennst, schreibst du genauer und flüssiger. Ein Cluster kann helfen, Verben zu sammeln und zu wiederholen.**

a **Ersetze für den folgenden Satz das Verb sein: „Der Elefant ist im Zoo." Trage vier andere Verben in den Cluster ein.**

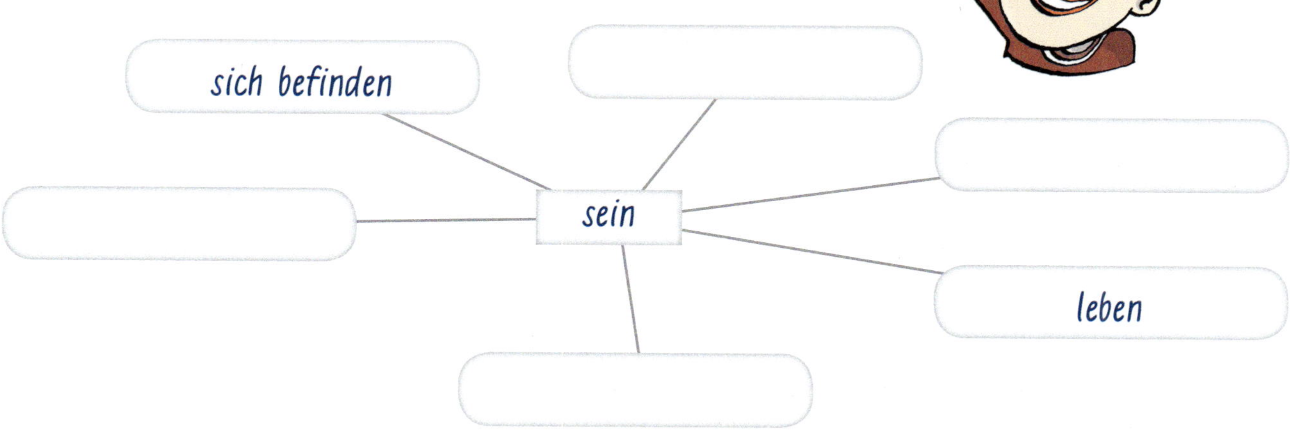

●●● **b** **Ersetze auf dieselbe Weise das Verb sein in dem Satz „Das Fest ist schön." Arbeite im Heft.**

Methode **Die Klassenarbeit schreiben**

- Das Wichtigste ist: **Ruhe bewahren!**
- Verschaffe dir einen **Überblick** über die gesamte Arbeit und **lies die Aufgaben genau** durch.
- **Teile deine Zeit ein** und sorge dafür, dass dir am Schluss zehn Minuten bleiben, um Rechtschreibung und Zeichensetzung noch einmal zu prüfen.
- Mutmach-Sprüche fördern das Selbstvertrauen: Wähle deinen **persönlichen Mutmach-Spruch**. Denke während der Arbeit daran und atme einmal tief durch.

6 **a Lies die folgende Aufgabenstellung für eine Klassenarbeit. Markiere alle wichtigen Wörter: Sie geben dir Aufschluss darüber, was in der Klassenarbeit von dir erwartet wird.**

Erzähle eine Geschichte zu diesen Bildern.
– Bringe zuerst die Bilder der Bildergeschichte in eine logische Reihenfolge.
– Achte beim Schreiben auf eine spannende und abwechslungsreiche Darstellung: Verwende treffende Verben und anschauliche Adjektive. Schreibe im Präteritum.

b Kreuze die Aussage an, die die Aufgabenstellung richtig und vollständig wiedergibt.

☐ A Ich soll die Bildergeschichte in der gezeigten Reihenfolge schreiben.

☐ B Ich soll die Bilder der Geschichte in eine nachvollziehbare Reihenfolge bringen und dazu im Präteritum eine Geschichte erzählen.

☐ C Ich soll die Bilder in eine nachvollziehbare Reihenfolge bringen und dazu eine Geschichte im Präteritum erzählen. Treffende Verben und anschauliche Adjektive sollen für Spannung und Abwechslung sorgen.

☐ D Ich soll im Präteritum eine Geschichte schreiben und dabei treffende Verben verwenden.

7 **a Wähle einen dieser Mutmach-Sprüche für dich aus und kreuze ihn an.**
b Falls dir keiner der angebotenen Mutmach-Sprüche gefällt: Schreibe einen eigenen Spruch ins Heft.

☐ Jetzt erst recht!
☐ Ich schaffe das schon.
☐ Mein Herz schlägt ganz ruhig.
☐ Ich bin gut vorbereitet.
☐ Es macht mir Spaß, mein Wissen zu zeigen.
☐ Mir geht es gut.
☐ Alles, was ich weiß, wird mir im richtigen Moment einfallen.
☐ Ich bin ganz konzentriert.

Methode **Nachbereitung hilft vorbereiten**

Auch eine gute **Nachbereitung** ist wichtig: Aus deinen Fehlern kannst du lernen!
– Die Hinweise unter der letzten Klassenarbeit helfen dir, deine **Fehlerschwerpunkte** zu erkennen und diese Fehler zu vermeiden.
– Verwende eine **„Textlupe für Klassenarbeiten“**: Welche **Rechtschreib- oder Kommafehler** machst du häufig? Achte beim Durchlesen besonders auf diese Fehler und verbessere sie.

8 **Schau die letzten Deutscharbeiten durch. Notiere drei Fehlerschwerpunkte, auf die du bei der nächsten Arbeit achten wirst.**

Informationen suchen und anschaulich darstellen

Methode **Informationen im Internet recherchieren**

Mit **Suchmaschinen** kannst du im Internet gezielt nach Informationen suchen.
Gib z. B. bei blinde-kuh.de, helles-koepfchen.de oder fragfinn.de geeignete Suchbegriffe ein.

- **Ein Suchbegriff:** Alle Internetseiten, die dieses Wort enthalten, werden angezeigt.
- **Mehrere Suchbegriffe:** Die Suche beschränkt sich auf die Seiten, welche die Begriffe enthalten.
- **Ein Suchbegriff in Anführungszeichen:** Der genaue Wortlaut wird gesucht.

1 **Ordne der Bildschirmseite die richtigen Begriffe zu. Schreibe die Buchstaben in die Kästchen.**

A Link • B Suchergebnisse • C Eingabefeld für Suchbegriffe
D Textübersichten • E Internetadresse der Suchmaschine • F Anzahl der Suchergebnisse

www.sumaju.de ☐ SuMaJu ×

DIE SUCHMASCHINE FÜR KINDER + JUGENDLICHE

3 Suchergebnisse: ☐

☐ ☐ ☐

+ **Archiv-Details – Deutsche Wildtier Stiftung**
Deshalb sind wir nämlich auch bei der **Rettung** des **Spatzen** ganz vorn dabei.
Team Großstadtrevier „Klein, frech und laut – so ist der **Spatz**, und deshalb …

+ **NABU | Nachrichten-Archiv 2007**
Der NABU – Naturschutzbund Deutschland – setzt sich für die Rettung unserer …
Spatz bleibt häufigster Gartenvogel/60 000 Vogelfreunde liefern bei der …

– **WAS IST WAS – Natur-Tiere – Rettet den Spatz** ☐

Rettet den Spatz in Deutschland!
Der Haussperling ist einer der am weitesten verbreiteten Singvögel der Welt. Spatzen teilen sich ihren Lebensraum mit dem Menschen. Aber in den letzten Jahren gingen die Bestände in Deutschland stark zurück.

Wie leben Spatzen?
Spatzen nisten bevorzugt in Hohlräumen und Nischen an Häuserwänden.
Sie ernähren sich von Getreide, Pflanzensamen, Insekten und Raupen.

Warum ist der Spatzenbestand zurückgegangen?
In Deutschland steht der Spatz auf der Vorwarnliste der gefährdeten Arten. Die Vögel sind aus mehreren Gründen bedroht: Moderne Bauten bieten selten Nischen, in denen sie brüten könnten. Große Erntemaschinen lassen kaum Nahrung auf den Feldern zurück. Viele Zierpflanzen in Gärten und Parks sind für die hiesige Tierwelt nicht verwertbar.

Rettet den Spatz!
Die Deutsche Wildtier Stiftung hat eine Initiative zur Rettung des Haussperlings ins Leben gerufen. Sie empfiehlt, Gärten spatzenfreundlicher zu gestalten: Dicke Hecken oder Spatzen-Reihenhäuser können als Niststätte angeboten, eine Vogeltränke bereitgestellt werden.

2 **Lies den Text. Kreuze an, mit welcher Kombination von Suchbegriffen er bei SUMAJU gefunden werden konnte.**

☐ A Vogel Garten ☐ B Tiere retten ☐ C Spatz Rettung ☐ D „Spatzen in Deutschland"

Methode **Informationen ordnen und übersichtlich darstellen**

Die Informationen eines Textes kannst du in einer **Mind-Map** übersichtlich anordnen.
Es gibt drei **Arten von Einträgen**:

1 Schreibe in die Mitte des Blattes das **Thema**.
2 Ergänze dann um das Thema Äste mit **Oberbegriffen** (Teilthemen).
3 Erweitere diese Oberbegriffe mit Zweigen, die du mit **Unterbegriffen** (weiteren Informationen) beschriftest.

3 Lies den Text auf Seite 7 noch einmal und markiere wichtige Informationen (Schlüsselwörter).

4 Vervollständige die Mind-Map mit den Informationen aus dem Text.
Beschrifte die freien Zweige.

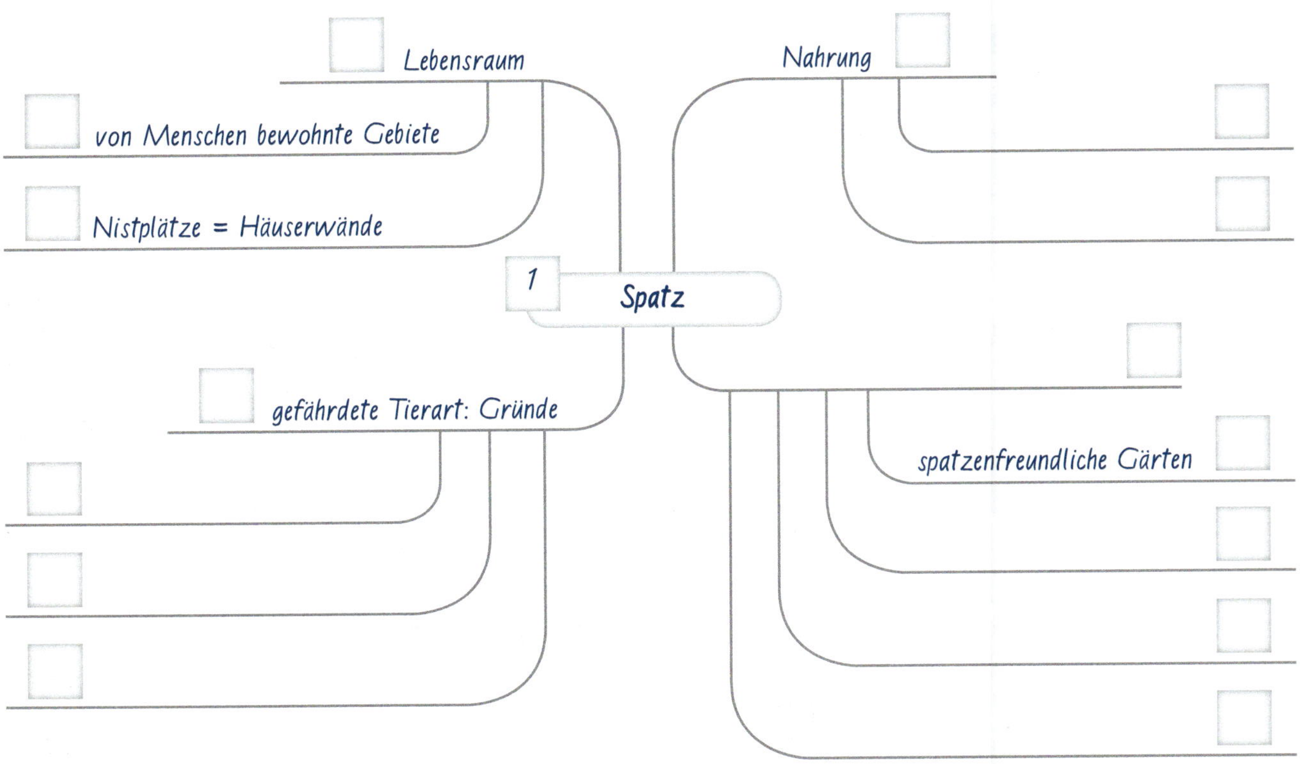

5 Prüfe für jede Zeile der Mind-Map von Aufgabe 4, um welche Art von Eintrag es sich handelt.
Schreibe neben jeden Ast oder Zweig der Mind-Map die richtige Ziffer aus dem Merkkasten.

6 Recherchiere zu folgender Frage: „Soll man Wildvögel im Winter füttern?"
●●● a Notiere geeignete Suchbegriffe.

b Kreuze an, in welchen der angegebenen Suchmaschinen du mit deinen Suchbegriffen Informationen gefunden hast.

☐ blinde-kuh.de ☐ helles-köpfchen.de ☐ fragfinn.de

c Arbeite im Heft eine Mind-Map aus, die die Informationen geordnet wiedergibt, die du zum Thema „Winterfütterung von Vögeln" gefunden hast.

Eine Freundschaftsgeschichte schreiben

Information **Schreibplan für eine Erzählung**

Plane den **Aufbau** deiner Erzählung:

- Die **Einleitung** führt in die Handlung ein. Sie informiert den Leser in der Regel über Ort (Wo?) und Zeit (Wann?) des Geschehens und stellt mindestens eine Hauptfigur (Wer?) vor. Um den Leser neugierig zu machen, kann man z. B.:
  - von einer harmlosen Situation erzählen, die plötzlich bedrohlich erscheint, z. B.: *Ich kannte alle Wanderpfade wie im Schlaf, doch dann kam mir der Weg auf einmal völlig fremd vor.*
  - ein unerwartetes Ereignis ankündigen, das alles verändert, z. B.: *Als wir im Ferienhaus ankamen, ahnten wir noch nicht, dass gleich unser erster Ausflug alle weiteren Pläne zerstören würde.*
- Der **Hauptteil** ist der Kern der Geschichte. In mehreren Erzählschritten wird die Spannung bis zum Höhepunkt der Geschichte gesteigert, damit der Leser gefesselt weiterliest.
- Der **Schluss** rundet die Geschichte ab. Man kann erzählen, wie die Handlung ausgeht, absichtlich den Ausgang offen lassen oder einen abschließenden Gedanken äußern.
- Die **Überschrift** soll den Leser neugierig machen, aber noch nicht alles verraten.

Das Schreiben einer Erzählung kann Aufgabe einer Klassenarbeit sein.

1 **Die Abbildung enthält Informationen für die Einleitung deiner Erzählung: Trage diese in die nachfolgende Übersicht ein.**

Wer? (Figuren) ______________________________

Wo? (Ort) ______________________________

Wann? (Zeit) ______________________________

2 **a Überarbeite die folgende Einleitung:**
Setze sie in das richtige Tempus.
Schreibe ins Heft.
Beachte: Einige Sätze können im Präsens bleiben.
b Welche Textstelle weckt die Neugier des Lesers?
Markiere.
c Gib an, wer erzählt.

- Eine Geschichte wird meist **im Präteritum erzählt**, z. B.: *ich sprang, ich hörte …*
  Allgemeine Informationen können im Präsens wiedergegeben werden.
- Die **Ich-Form** eignet sich besonders gut, um Erlebnisse lebendig zu erzählen.

VORSICHT FEHLER!

Meine Eltern haben ein Ferienhaus in Bad Schandau.
Da gibt's nur Landschaft, sonst nichts. Die Attraktion der Gegend sind die sogenannten Schrammsteine. Die kenne ich wie meinen Schulweg.
In den Sommerferien darf ich die Zwillinge, also Anna und Leon, mitnehmen, wir schlafen alle in einem Zimmer. Ich will ihnen alles zeigen und jeden Tag eine andere spannende Wandertour machen. Doch dann kommt alles anders als geplant.
Wenn ich das vorher gewusst hätte, wären wir besser getrennt in den Urlaub gefahren oder zusammen an die Nordsee.

Die Ich-Erzählerin ist hier ________________________.

3 **Eine spannende Erzählung wird Schritt für Schritt erzählt.**
a Nummeriere die folgenden Textbausteine in sinnvoller Reihenfolge.

A [ ] Ratlosigkeit bei Kathi und Anna / Suche nach Leon
B [ ] „Hilfsaktion" durch Mutmachen / gutes Zureden
C [ ] Ankunft im Ferienhaus / erleichtertes Lachen
D [*1*] Wanderung zum Gratweg / gutes Wetter / beste Laune / Proviant
E [ ] Leon überwindet Angst / schimpft / Mädchen nehmen ihn in die Mitte
F [ ] auf dem Gratweg / Mädchen im Gespräch / merken nicht, dass Leon fehlt
G [ ] Leon allein auf einer Leiter in der Felswand / Mädchen außer Sichtweite / Angst

b Lege für deinen Schreibplan im Heft eine Tabelle nach dem folgenden Muster an.
Überlege, wie viele Erzählschritte dein Hauptteil haben soll.
Trage diese im Schreibplan ein und notiere Stichworte für den Inhalt.
Dazu kannst du die Textbausteine von Aufgabe 3 a nutzen.

Erzählschritt	Textbaustein	Inhalt in Stichpunkten
1) Einleitung:	–	*Kathi mit ihren Freunden Anna und Leon (Zwillinge), Ferienhaus in Bad Schandau, Sommerferien*
2) Hauptteil:		
1. Erzählschritt	*1*	*Wanderung zum Gratweg, …*
2. Erzählschritt	…	…
…	…	…
3) Schluss:	…	…

4 **Markiere im Schreibplan von Aufgabe 3 den Erzählschritt, der den Höhepunkt der Geschichte darstellt.**

Information **Spannend und anschaulich erzählen**

Beschreibe die Situation (Ort, Figuren, Handlung) **genau, lebendig und abwechslungsreich**. Verwende
- **passende Satzanfänge und Verknüpfungen**, z. B.: *zunächst, später ...*
- **wörtliche Rede,** z. B.: *Anna schrie außer sich: „Wo ist Leon? Er ist nicht mehr hinter uns!"*
- **aussagekräftige Verben,** z. B.: *wandern, schleichen, hüpfen* (statt „gehen").
- **anschauliche Adjektive,** z. B.: *kreidebleich, panisch, eiskalt.* Auch Partizipien können im Satz als Adjektiv verwendet werden, z. B. *anstrengend, überraschend, aufgeregt.*
- **bildhafte Wendungen und Vergleiche,** z. B.: *Der Weg wand sich wie eine Schlange.*
- **Spannungsmelder** (zeigen Überraschung), z. B.: *im selben Augenblick, aus heiterem Himmel.*

5 **Trage die Nummern der folgenden Formulierungen so ein, dass der Erzählschritt anschaulicher wirkt.**

1 festes | 2 reichlich | 3 trällerten | 4 sagenhaften | 5 anstrengend | 6 ungeduldig | 7 angeregt | 8 marschierten | 9 Gleich am zweiten Urlaubstag | 10 locker | 11 Zuerst

☐ wollten wir schon ganz früh zu den Schrammsteinen. Ich erinnerte Leon und Anna daran, ☐ Schuhwerk anzuziehen, denn mit Chucks kämen wir nicht weit. Wir packten ☐ Proviant ein, nahmen genug Getränke mit und ☐ gut gelaunt los. Leon wollte wissen, ob das auch nicht zu ☐ wird, er kannte bisher nur Strandurlaub. Ich beruhigte ihn. ☐ war alles ganz lustig, gut ausgebaute Wanderwege, herrliches Wetter, wir ☐ Ohrwürmer. Die Bäume boten uns Schatten. Den ersten Anstieg nahmen wir ☐. Wir lachten und unterhielten uns ☐. Anna fragte ☐: „Wann kommen wir denn endlich zu diesen ☐ Felsen?" „Wart's ab!", meinte ich nur.

6 **a** **Im folgenden Erzählschritt finden sich zu viele Wortwiederholungen. Markiere sie.**
b **Schreibe eine verbesserte Textfassung in dein Heft.**

VORSICHT FEHLER!

Dann wanderten wir weiter auf dem Elbleitenweg, dann nach rechts, bis wir dann an eine s-förmige Kurve kamen. Dann verließen wir den Elbleitenweg und dann bogen wir nach links in den Falkoniergrund ab. Der kleine Pfad hatte keine Wanderzeichen. Nur ein kleines Hinweisschild wies uns den Weg zur Rotkehlchenstiege. Die Rotkehlchenstiege war erst vor wenigen Jahren neu ausgebaut und mit neuen Holztreppen, neuen Eisenstangen und neuen Haltegriffen begehbar gemacht worden. Man sollte aber trotzdem trittsicher sein, um die Rotkehlchenstiege hinaufklettern zu können.

7 **a** **Markiere die Spannungsmelder im folgenden Erzählschritt gelb.**
b **Markiere Teststellen in Orange, die Gedanken und Gefühle der Ich-Erzählerin zum Ausdruck bringen.**

Mir fiel zuerst nicht auf, dass Leon beim Anblick der Rotkehlchenstiege ziemlich still wurde, denn gleichzeitig wurde Anna immer aufgedrehter. Sie jubelte: „Wie toll ist das denn? Fantastisch!" Ich kannte sowohl Annas überschwängliche Freudenausbrüche als auch die Faszination dieser Felslandschaft. Deshalb grinste ich nur, ich hatte nicht zu viel versprochen. Das war keine langweilige Wandertour.
Auf einmal merkten wir, dass Leon nicht mehr hinter uns war. Gerade eben war er doch noch da gewesen. Oder täuschten wir uns? Wir warteten ein paar Minuten. Was war bloß los? Wurde Leon jetzt zickig? Hatte er plötzlich keine Lust mehr? Aber hier, inmitten der Felsen, konnte man doch nicht einfach aufgeben. Ich rief laut nach ihm, aber er antwortete nicht. Ich forderte Anna auf, zu warten und keinen Schritt weiterzugehen. Anschließend eilte ich den Gratweg entlang zurück und endlich entdeckte ich Leon. Er stand hoch oben in der Felswand auf der Leiter.

Information **Zeichensetzung bei der wörtlichen Rede**

Im Text wird die wörtliche Rede in **Anführungszeichen** eingeschlossen, z. B.: *„Wo bist du?"*
Die Satzzeichen ändern sich je nach **Stellung des Redebegleitsatzes**. Stehen kann er

1. **vor der wörtlichen Rede,** z. B.: *Leon jammerte: „Ich will sofort nach Hause."*
2. **nach der wörtlichen Rede,** z. B.: *„Lasst mich bitte nicht allein!", flüsterte er.*
3. **inmitten der wörtlichen Rede,** z. B.: *„Wieso sollten wir?", antwortete Kathi, „wir bleiben bei dir."*

8 **Die Ich-Erzählerin Kathi spricht Leon an.**

a **Wähle unter den folgenden Äußerungen drei aus, die du für geeignet hältst: Kreuze sie an.**

b **Schreibe mit jeder der angekreuzten Äußerungen einen Satz mit wörtlicher Rede auf. Wähle dafür ein aussagekräftiges Verb und ein anschauliches Adjektiv oder Partizip.**

____

____

____

____

____

Verben statt „sagen", z. B.: *feststellen, nachfragen, wissen wollen, sich erkundigen, auffordern, ermuntern, aufziehen, mutmaßen, vermuten.*

Anschauliche **Adjektive oder Partizipien**, z. B.: *scherzhaft, drängend, besorgt, verzweifelt, belustigt, arrogant, herablassend, missmutig, lachend, verkniffen, vorsichtig, energisch.*

9 **Im folgenden Dialog fehlt die Zeichensetzung bei der wörtlichen Rede. Füge die Satzzeichen an der richtigen Stelle ein.**

Leon schaute mich aus schreckgeweiteten Augen an. Seine Hände krampften sich so stark um das eiserne Geländer, dass seine Knöchel weiß hervortraten. Leon wirkte wie versteinert. Schließlich presste er hervor: Mir ist schwindelig. Er stöhnte: Ich kann nicht weiter. Dann wimmerte er nur noch: Ich möchte mich hinlegen. Und verstummte. Du kannst dich hier nicht hinlegen! rief ich verwundert. Was tun?

Information **Den Höhepunkt gestalten**

Der **Höhepunkt** ist die spannendste Stelle in einer Geschichte.
- Gestalte ihn **besonders ausführlich** aus, sodass das Geschehen wie in **Zeitlupe** abläuft.
- Erzähle **auch Einzelheiten** (Gedanken, Gefühle, Geräusche, Beobachtungen, Gespräche) anschaulich.

Durch diese Verzögerung (Zeitdehnung) erhöht sich die Spannung.

10 **Gestalte den Höhepunkt in Zeitlupe aus: Wie gelingt es Kathi, Leons Erstarrung zu lösen? Schreibe eine Überleitung zwischen dem Erzählschritt von Aufgabe 9 und dem nachfolgenden Textausschnitt. Verwende dazu die folgenden „Mutmacher". Gib auch Gedanken und Gefühle der Ich-Erzählerin wieder.**

Du schaffst das! • Langsam, Schritt für Schritt. • Dreimal tief atmen, dann gleichmäßig ein- und ausatmen, nicht nach unten schauen. • Einen Fuß vor den andern setzen. • Schau mich an! • Mit der rechten Hand nach oben greifen, dann mit der linken Hand. Prima! • Das kriegst du hin. • Ganz ruhig, ich bin da.

Ich musste ihn aus seiner Erstarrung herausholen.

Denke an die richtige Zeichensetzung.

Auf einmal fing Leon an zu schimpfen. Das war ein gutes Zeichen. „Wieso bin ich überhaupt mitgekommen? Warum tue ich mir das an? Wieso bin ich nicht am Meer? Ich bin ein Idiot..." Ich musste grinsen. „Schimpf ruhig ordentlich", ermunterte ich ihn, „aber schön weiterklettern." Und das tat er auch. Unter Fluchen und Zetern setzte er tapfer einen Fuß vor den anderen. Oben schlossen wir den schweißnassen, völlig erschöpften und kreidebleichen Leon glücklich in die Arme. Zum Glück gab es einen Weg zurück nach Hause, der zwar weiter war, aber nicht an steilen Abhängen vorüberführte. Drei Stunden später kamen wir wohlbehalten daheim an.

11 **Schreibe den Schluss der Erzählung. Verwende dazu die folgenden Informationen über Höhenangst. Greife den nachfolgenden Anfangssatz auf und schreibe im Heft weiter.**

Höhenangst (Akrophobie) ist eine anhaltende Angst vor Höhen, die in keinem Verhältnis zu diesen steht. Betroffene reagieren teils sehr heftig, wenn sie einen Aussichtsturm o. Ä. besteigen oder aus einem Hochhausfenster schauen. Ist die Höhenangst sehr stark, tritt sie auch schon beim Besteigen einer Leiter auf. Höhenangst hat meist keine eindeutige Ursache. Manche Menschen leiden ihr Leben lang darunter, andere nehmen plötzlich wahr, dass sie unter Höhenangst leiden – doch die Angst bleibt fortan erhalten, manchmal steigert sie sich auch zur Panik. Körperlich drückt sich Höhenangst durch Schweißausbrüche, Herzklopfen bis zum Herzrasen, Atemnot oder Schwindel aus. Infolgedessen vermeiden Betroffene es, sich in die Höhe zu begeben – vorausgesetzt, sie kennen ihre Höhenangst.

Abends recherchierten wir im Internet, was Höhenangst eigentlich ist....

12 **Wähle eine Überschrift für deine Freundschaftsgeschichte aus. Kreuze sie an.**

☐ Horror im Fels ☐ Hoch hinaus! ☐ Mutbeweis am Abgrund ☐ Wandertour mit Hindernissen

13 ●●● **Erzähle die Geschichte in der Ich-Form aus der Sicht von Leon. Schreibe ins Heft.**

Einen Erzählkern ausgestalten

Methode **Einen Erzählkern ausgestalten**

Ein Erzählkern umreißt ein Geschehen kurz, er liefert eine **Idee für eine Geschichte**.
So gestaltest du ihn zu einer lebendigen Erzählung aus:

- Entwirf einen **Schreibplan** (► S. 9).
- Lege die **Erzählform** fest: Ich-Form oder Er-/Sie-Form?
- Stelle die Figuren lebendig dar, indem du neben der **äußeren Handlung** (das, was geschieht; das, was man von außen sehen kann) auch die **innere Handlung** genau beschreibst. Schildere die Gefühle und Gedanken, die das Geschehen in der/den Figur(en) auslöst, sodass der Leser sich besser in sie hineinversetzen kann, z. B. Wut, Freude, Verzweiflung ...: *Ich hätte hüpfen können vor Freude auf den nächsten Tag.*
- Formuliere eine **Überschrift.** Tipp: Das gelingt am Schluss besser, weil du die Geschichte dann gut kennst.
- Das Ausgestalten eines Erzählkerns kann Aufgabe einer Klassenarbeit sein.

	Wer? Wo? Wann? Was?
1) Einleitung	...
2) Hauptteil 1. Erzählschritt ... Höhepunkt	...
3) Schluss	...

1 **Lies den folgenden Erzählkern.**

In der Freizeit verabrede ich mich oft mit meinem Freund Jan zum Streetsurfing. Wir sind richtig gut auf den Waveboards, wendig und auf gerader Strecke ziemlich schnell. Unebenheiten, Bordsteine und ein paar Treppenstufen nehmen wir problemlos. Wir suchen in und um Glückstadt nach immer größeren Herausforderungen. Unser Motto: Sei mutig! Jan will gern einmal den steilen Hang hinten am Park ausprobieren. Wir haben jetzt im August sehr trockene Tage, da würde das gehen.

Abends im Bett gehen mir viele Gedanken durch den Kopf. Der Hang ist wirklich steil. Wenn man da hinunterfahren würde, das wäre wie Fliegen. Allerdings: Unten kreuzt eine Straße. Haben wir dafür genug Mut? Wir tragen immerhin Schutzkleidung. Ich schlafe unruhig, habe sogar einen Alptraum. Morgens ist alles klar: Diese Abfahrt wäre nicht mutig, sondern wagemutig, also extrem leichtsinnig! Ich werde mit Jan reden müssen.

2 **Was ist das zentrale Thema der Geschichte? Kreuze an.**

☐ A Ferien ☐ B Mut ☐ C Träume ☐ D Unfall

3 **Werte den Erzählkern aus. Notiere stichpunktartig, welche Informationen du erhältst.**

Wer? ______________________________

Wo? ______________________________

Wann? ______________________________

Was? ______________________________

4 **Notiere, was du ergänzen willst, z. B.: „Training: Fahren um Gegenstände herum".**

____

____

5 **Welche der folgenden Einleitungen ist geeignet? Wähle aus und begründe deine Wahl.**

A Mein Freund Jan und ich sind seit einiger Zeit leidenschaftliche Streetsurfer. Zuerst übten wir mit unseren Waveboards auf geraden Strecken, wir fuhren kreuz und quer durch Glückstadt. Dann stellten wir Flaschen auf, damit wir um sie herum surfen konnten. Schließlich flitzten wir leise und wendig auch über unebenes Gelände, neulich sogar eine Treppe hinab. Dann fingen im August die Sommerferien an und wir suchten neue Abenteuer. Wo wartete die beste Action?

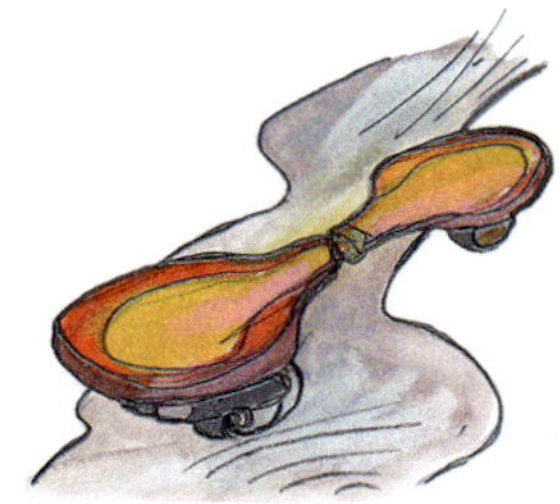

B Streetsurfing macht mir richtig Spaß. Wenn man viel trainiert, so wie mein Freund Jan, wird man auch richtig gut und kann sich immer neuen Herausforderungen stellen. Man muss nur wissen, wo die Grenzen liegen. Aber weiß man das immer so genau?

Einleitung ________ ist geeignet,

weil sie ______________________________

____

6 **Schreibe eine eigene Einleitung ins Heft.**
●●● **Erzähle in der Ich-Form.**

7 a **Die Bilder geben den Inhalt für drei Erzählschritte im Hauptteil an.**
Nummeriere sie in der richtigen Reihenfolge und trage ein H neben dem Erzählschritt ein, der den Höhepunkt der Geschichte bildet.
b **Formuliere den Hauptteil im Heft aus. Schildere auch die innere Handlung.**

8 **Gestalte den Schluss: Der Ich-Erzähler Ben erklärt seinem Freund Jan den Unterschied zwischen Mut und Leichtsinn. Gehe darauf ein, wie Jan reagiert. Schreibe ins Heft, der letzte Satz soll so lauten:**

…Seit diesem Tag ist unser Motto: Streetsurfer sind mutig, aber nicht leichtsinnig!

9 **Kreuze die Überschrift an, die treffend ist und nicht zu viel verrät.**

☐ A Wer wagt, gewinnt! ☐ B Nichts für Weicheier
☐ C Mut oder Leichtsinn? ☐ D Helden gesucht

10 **Schreibe die Geschichte in der Er-Form.**
●●● **Arbeite in deinem Heft.**

Beschreiben

Einen Gegenstand beschreiben

Information | **Schreibplan für eine Gegenstandsbeschreibung**

Gegenstände beschreibt man **sachlich** und **genau** z. B. für eine Verlustanzeige oder ein Verkaufsangebot.
Aufbau:

- Nenne in der **Einleitung** den Gegenstand und den Zweck (das Ziel) der Beschreibung:
  Ich suche meine Sporttasche, die ich am ... im Bus vergessen habe. Wurde sie bei Ihnen abgegeben?
- Beschreibe im **Hauptteil** wichtige Einzelheiten in einer sinnvollen Reihenfolge:
  - Benenne zuerst den Gegenstand und gib den **Gesamteindruck** wieder, z. B.: *zweifarbige Sporttasche.*
  - Beschreibe dann die **einzelnen Merkmale** in einer sinnvollen Reihenfolge, z. B. von oben nach unten, von links nach rechts. Trage zuvor die Merkmale in einem Steckbrief zusammen. Lege **Oberbegriffe** fest (z. B. Material, Form, Farbe, besondere Kennzeichen) und füge ihnen **Unterbegriffe** (Detailmerkmale) hinzu. Verwende, wo sinnvoll, **Fachbegriffe**, z. B. *Schultertragegurt, Zweiwegereißverschluss.*
- Formuliere zum **Schluss** eine Bitte, die den Anlass der Beschreibung aufgreift, z. B. bei einer Verlustanzeige/Suchmeldung: *Bitte melden Sie sich bei ...*

Eine Gegenstandsbeschreibung kann Aufgabe einer Klassenarbeit sein.

1 **Benenne die Merkmale dieser Sporttasche. Verwende dazu die Begriffe unten auf der Seite.**

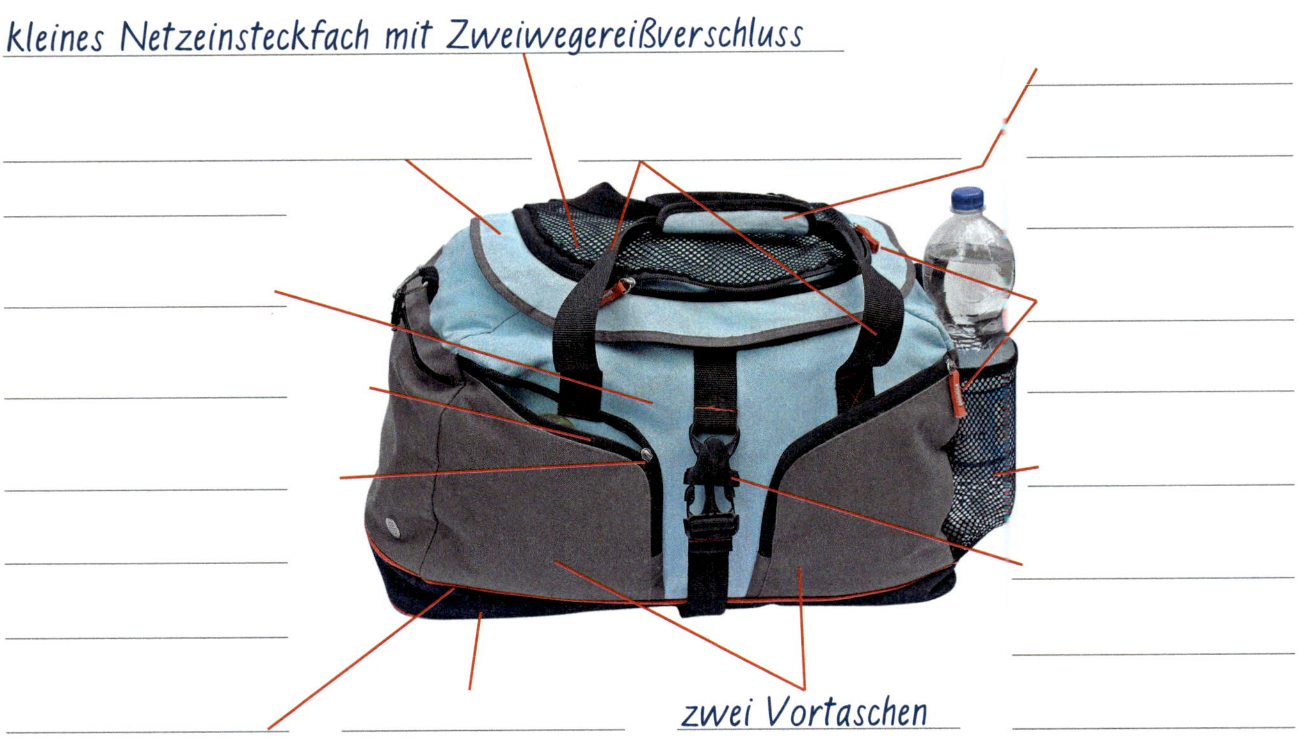

höhenverstellbarer Steckverschluss für das Hauptfach	~~zwei Vortaschen~~	Standfläche	Ziernaht
Netzeinsteckfach	Bänder für Tragegriffe	~~kleines Netzeinsteckfach mit Zweiwegereißverschluss~~	
Hauptfach	Metallöse zur Befestigung eines Schultergurtes	Tragegriff mit Polsterung (Klettverschluss)	
Besonderheit: Reißverschlussanhänger linke Vortasche abgerissen	einfacher Reißverschluss		

2 **a** **Im folgenden Steckbrief sind die Oberbegriffe für die Beschreibung bereits festgelegt. Trage hier die Unterbegriffe, die du in Aufgabe 1 verwendet hast, an passender Stelle ein.**
b **Unterstreiche Fachbegriffe.**

Gegenstand: __________

Farbe/Gestaltung: __________

Fächer/Ausstattung: __________

Maße/Volumen/Gewicht: 60 cm (Breite) x 50 cm (Höhe) x 30 cm (Tiefe), ca. 20 l, ca. 1,5 kg

Material: Polyester (wasserabweisendes Obermaterial)

Besonderheiten: __________

Sprachliche Mittel
- Verwende **genau beschreibende Adjektive**, z. B.: *schmal, dünn, zart, fein, zierlich*, oder **Partizipien**, z. B. *umlaufend, abgesetzt.*
- Wähle **treffende Verben** an Stelle der Wörter „ist", „sind", „hat" und „haben", z. B.: *besitzen, sich befinden, aufweisen, bestehen aus, verfügen über, tragen, verlaufen, umschließen, sich handeln um.*

3 **Schau die Sporttasche auf Seite 16 genau an. Ergänze zehn weitere Adjektive oder Partizipien, mit denen du sie beschreiben kannst.**

leicht, wasserabweisend, himmelblau, lichtblau, hellblau, zartblau,

4 **Kombiniere Adjektive von Aufgabe 3 passend mit den Merkmalen von Aufgabe 2. Notiere Wortgruppen, die du in deiner Gegenstandsbeschreibung verwenden kannst. Ergänze weitere beschreibende Wörter, z. B.: eingefasst, abgesetzt.**

wasserabweisendes Obermaterial,

5 **Sinja will eine Suchmeldung für ihre Sporttasche ans Schwarze Brett hängen. Sie hat das falsche Tempus verwendet. Streiche die falsche Form und trage das Verb im richtigen Tempus ein.**

Tempus: Formuliere eine Beschreibung stets im **Präsens.**

VORSICHT FEHLER!

Suche Sporttasche!

Die Tasche ~~war~~ *ist* ______ ca. 80 cm lang und 40 cm hoch. Sie bestand ______ aus wasserabweisendem Polyester. Auf ihrer nahezu vollständig lichtgrauen Grundfarbe befand ______ sich als Muster ein schwungvoller heller Strich auf der Vorderseite, der sich im ersten Drittel der Fläche teilte ______. Der Boden der Tasche, die Reißverschlüsse sowie die Tragegriffe und der Schultergurt waren ______ schwarz, jedoch mit weißen Nähten abgesetzt. Die Tasche verfügte ______ an beiden Außenseiten über geräumige Netztaschen.

6 **Sinja verwendet zur Beschreibung ihrer Sporttasche wertende Adjektive und Partizipien.**
a Streiche diese im folgenden Textauszug durch, damit die Beschreibung sachlich wirkt.
●●● **b Überarbeite den Text. Prüfe auch, ob die richtigen Fachbegriffe verwendet wurden, und schreibe eine verbesserte Fassung in dein Heft.**

VORSICHT FEHLER!

Das Hauptfach lässt sich mit einem ~~supercoolen~~ Zweiwegereißverschluss öffnen. Schön sind auch die hübschen, kirschroten Zipper an den Reißverschlüssen. Vorn auf der Tasche befindet sich ein niedliches Logo. Außerdem ist die Tasche an echt tollen Tragegriffen zu erkennen.

Wenn du meine heißgeliebte Sporttasche findest, gib sie bitte beim Hausmeister ab!

Vielen Dank, Sinja, Klasse 6 c

7 **Schreibe eine vollständige Suchmeldung für die Sporttasche auf Seite 16 in dein Heft.**

Präpositionen helfen, die Position eines Merkmals zu beschreiben, z. B.: *unterhalb, unter, oberhalb, über, neben, vor, seitlich, nahe, in, auf.*

8 **Fasse den Schreibplan von Seite 16 zu einer Checkliste zusammen.**
●●● **Tipp: Verwende diese, um deine Suchmeldung von Aufgabe 7 zu überarbeiten.**

Habe ich …
- in der Einleitung …

Einen Vorgang beschreiben

Information **Schreibplan für eine Vorgangsbeschreibung**

Eine Vorgangsbeschreibung erklärt einen Vorgang (z. B. eine Spielanleitung oder die Verwendung eines Gegenstands) so **genau** und **verständlich,** dass andere ihn leicht verstehen und selbst ausführen können.

Aufbau:

- Formuliere eine **Überschrift**, die sagt, was beschrieben wird, z. B.: *Das Pausenspiel „Vierfüßler"*
- Nenne in der **Einleitung** die notwendigen **Materialien und/oder Vorbereitungen**, z. B.: *Kreide, Ball.*
- Beschreibe im **Hauptteil Schritt für Schritt den Ablauf des Vorgangs**, z. B.: *Man legt eine Strecke fest, indem man Start und Ziel mit Kreide auf dem Schulhof einzeichnet. Zwei Kinder nehmen den Ball zwischen ihre Rücken und bewegen sich vom Start ans Ziel. Der Ball darf dabei nicht zu Boden fallen.*
- Gib zum **Schluss** einen Tipp oder Hinweis, z. B.: *Der Ball sollte nicht zu schwer sein, die Größe ist egal.*

Eine Vorgangsbeschreibung kann Aufgabe einer Klassenarbeit sein.

1 **Nummeriere die Fotos in der richtigen Reihenfolge.**

„Lauf weg!" – Ein Laufspiel für die Pause

2 **Lege eine Stoffsammlung für deine Vorgangsbeschreibung an. Notiere kurz für jedes Foto, was gerade geschieht.**

1 ______________________

2 Alle Kinder, bis auf den Fänger, stehen im Kreis.
Der Fänger läuft um den Kreis herum.

3 ______________________

4 Der Fänger läuft weiter um den Kreis herum.
Der Läufer startet in entgegengesetzter Richtung.
Sein Platz ist frei.

5 ______________________

6 ______________________

Sprachliche Mittel

- Beschreibe die einzelnen Arbeitsschritte **genau** und **verständlich**. Verwende dazu **anschauliche Adjektive** oder **Partizipien** und **treffende Verben** (► S. 17).
- Entscheide dich für eine **Form der Ansprache:**
  - direkte Anrede, z. B.: *Du läufst ...* oder *Ihr lauft ...*“
  - Imperativ (Befehlsform), z. B.: *Laufe/Lauft sehr schnell!*
  - unpersönliche Darstellung, z. B.: *Man läuft ..., Als Fänger läuft man ...*
- Schreibe im **Präsens** (Gegenwartsform).

3 **a Lies die folgende Spielanleitung.**
b Kreuze an, welche Form der Ansprache hier überwiegend gewählt wurde.

☐ A direkte Anrede ☐ B Imperativ (Befehlsform) ☐ C unpersönliche Anrede mit „man“

c Gib ein Beispiel aus der Spielanleitung wieder, an dem du die Form der Ansprache erkannt hast.

Zeile :

Gina erklärt das Laufspiel „Lauf weg!“:

„Für das Spiel ‚Lauf weg!‘ muss man sich im Kreis aufstellen. Du auch, Tom! Ein Kind ist der Fänger. Wenn man der Fänger ist, läuft man um den Kreis herum und sucht sich ein anderes Kind aus, das man auf dem Rücken leicht antippt. Das gilt auch für dich, Tom, man darf nicht fest auf den Rücken hauen! In dem Moment muss man ‚Lauf weg!‘ rufen. Das Kind, das man getippt hat, läuft jetzt in entgegengesetzter Richtung um den Kreis herum. Die Nina würde ich zum Beispiel nie antippen, die ist viel schneller als ich, da würde ich ja verlieren! Das rate ich dir übrigens auch, Tom! Ziel ist es, den freien Platz zuerst zu erreichen. Wenn man den Platz dann zuerst erreicht, darf man sich dorthin stellen. Erreicht man den Platz als Letzter, ist man automatisch der neue Fänger und läuft weiter um den Kreis herum. Das Spiel beginnt erneut.“

4 **Ginas Erklärung in Aufgabe 3 ist mündlich erfolgt: Sie enthält einige Wendungen, auf die in einer schriftlichen Vorgangsbeschreibung verzichtet werden muss. Streiche diese durch.**

5 **Schreibe eine Spielanleitung für das Laufspiel „Lauf weg!“: Greife auf deine Stoffsammlung von Aufgabe 2 zurück.**
Verwende die Form der direkten Ansprache.
Achte auf eine sinnvolle Abfolge und schreibe in dein Heft.

Mache die **Reihenfolge der einzelnen Schritte** deutlich, z. B. durch: *anschließend, zunächst, zuerst, danach, jetzt, schließlich, als Nächstes, nachdem, im Anschluss daran, hinterher, zuletzt.*

6 **Sammle Stoff für eine Spielanleitung des Spiels „Komm mit!“.**
Notiere dazu neben jedem Foto, was dort geschieht, und wähle dafür treffende Verben aus.

laufen • rennen • rasen • antippen • berühren • anhalten • stoppen • stehen bleiben • umrunden
siegen • gewinnen • rufen • sagen • flüstern • weglaufen • schneller werden • beschleunigen • verfolgen

Spielanleitung für das Laufspiel „Komm mit!“

1: Zunächst

2: Währenddessen

3: Jetzt

4:

5:

7 **Die Spiele „Lauf weg!“ und „Komm mit!“ können zu einem Spiel verbunden werden: Der Fänger entscheidet bei jedem Antippen, in welche Richtung das andere Kind laufen soll. Schreibe eine vollständige Spielanleitung von „Komm mit! Lauf weg!“ in dein Heft. Wähle die unpersönliche Darstellung.**

8 **Schreibe eine Spielanleitung für das Spiel „Verstecken“. Wähle selbst eine Form der Ansprache.**

Eine Person beschreiben

Information | **Schreibplan für eine Personenbeschreibung**

Wird eine Person, z. B. in einer Zeitschrift, genau beschrieben, haben die Leser ein Bild vor Augen.

Aufbau:

- Beginne in der **Einleitung** mit einem **Gesamteindruck** der Person oder mache allgemeine Angaben über sie (z. B. Name, Alter).
- Beschreibe im **Hauptteil** die **äußeren Merkmale** in einer **geordneten Reihenfolge**, z. B. von oben (Kopf, Haare, Gesicht) nach unten (Kleidung, Körperbau, Körperhaltung, Schuhe).
- Gehe am **Schluss** darauf ein, wie die Person auf dich wirkt: Kannst du etwas über ihr Verhalten oder über ihre Eigenschaften sagen?

Eine Personenbeschreibung kann Aufgabe einer Klassenarbeit sein.

1 **a** **Lies den folgenden Kurzbericht aus dem Sportteil einer Zeitung, der eine Nachwuchsfußballerin vorstellt, und schau dir das Foto dazu genau an.**

b **Verwende die Informationen, die du über das Mädchen im Vordergrund erhältst, um den nachfolgenden Steckbrief auszufüllen.**

Mädchenteam der Volksschule Aindling überzeugt durch beste Spielerinnen

Gegen das Mädchenteam der Volksschule Aindling sind alle anderen Schulteams chancenlos. Die Mannschaft überzeugt mit den besten, dynamischsten Spielerinnen. Insbesondere Anna H., die hier auf dem Foto in Aktion zu sehen ist, sorgte immer wieder für Torchancen und brachte die Gegner so in Bedrängnis. Mit 11 Jahren ist sie die jüngste Spielerin des Teams. Sie zeigt aber jetzt schon durch ein so großes technisches Repertoire, Spielgeschick und Gefühl für die Torchancen, dass ihr noch eine große Karriere bevorsteht.

Steckbrief

Wie heißt die Fußballerin? ____________ Wie alt ist sie? ______ Jahre

Wie sieht sie aus (Kopf, Gesicht, Körper)? halblange, blonde Haare, ____________

____

Wie ist sie gekleidet? Trikot (rot-weiß-längsgestreiftes T-Shirt), ____________

Wie wirkt ihre Körperhaltung? durchtrainiert, energiegeladen, ____________

____

Wie verhält sie sich? Sind Eigenschaften erkennbar? geübte Fußballerin, konzentriert, ____________

____

2 **Setze die Adjektive oder Partizipien so in die Lücken ein, dass sie das Mädchen anschaulich beschreiben.**

kraftvoll • trainiert • erfolgreiche • konzentriert • sportlich • selbstsicher

Der Körperbau des Mädchens wirkt ______________ und ______________. Ihr Blick verrät, dass sie auf den Ball und das Spiel ______________ ist. Ihre Körperhaltung mit den seitlich vom Körper weggestreckten Armen wirkt sehr ______________. Sie ist offenbar eine ______________ und ______________ Spielerin.

Adressat und **Zweck** der Personenbeschreibung entscheiden, welche Angaben gemacht werden und welcher Schreibstil angemessen ist (z. B. sachlich, gefühlvoll). Tempus ist das **Präsens**.

3 **Lege eine sinnvolle Reihenfolge für die Personenbeschreibung fest: Nummeriere die folgenden Oberbegriffe.**

☐ Kopf
☐ persönlicher Eindruck
1 Name (evtl. Geschlecht)
☐ Verhalten/Eigenschaften
☐ Körper
☐ Körperhaltung
☐ Kleidung
☐ Alter

4 **Stelle Anna für die Schülerzeitung in einer knappen und sachlichen Personenbeschreibung vor.**

Auf dem Foto seht ihr Anna H. Sie spielt in unserer Schülermannschaft „FC Aindling Mädchenabteilung" mit. Anna ist...

____

____

____

____

____

____

____

____

____

____

5 **Beschreibe die Spielerin im blauen Trikot, die das Foto von Seite 22 im Hintergrund zeigt.**

Berichten

Über Ereignisse berichten

Information | **Schreibplan für einen Bericht**

Ein Bericht **informiert knapp und genau** über ein vergangenes Ereignis, z. B. eine Veranstaltung oder einen Unfall. Er bietet die wesentlichen Informationen und **beantwortet die W-Fragen.**
Aufbau:
- In der **Einleitung** informierst du knapp, worum es geht: Was geschah? Wann geschah es? Wo geschah es? Wer war beteiligt?
- Im **Hauptteil** stellst du den Ablauf des Ereignisses in der zeitlich richtigen Reihenfolge dar: Wie lief das Ereignis ab? Warum?
- Am **Schluss** nennst du die Folgen des Ereignisses, z. B.: *Welche Folgen hatte das Fest?* Oder du gibst einen Ausblick, z. B.: *Im nächsten Jahr wollen wir erneut ...*
- Formuliere eine **treffende Überschrift**, die das Ereignis genau benennt.

Berichten kann Aufgabe einer Klassenarbeit sein.

1 **Nach Aschermittwoch soll in der Schülerzeitung ein Bericht über die Karnevalsfeier des „Dreigestirn-Gymnasiums" erscheinen. Lies die folgende Einladung genau durch, markiere wichtige Informationen und trage sie in die nachfolgende Übersicht ein.**

Einladung zur Karnevalsfeier

Liebe närrische Schülerschaft, liebe jecke Lehrkräfte!
Weiberfastnacht laden wir alle herzlich in die Aula des „Dreigestirn-Gymnasiums" zu einer fröhlichen Karnevalsfeier ein.
Freut euch / Freuen Sie sich auf einen Tanz-Auftritt der berühmten „Luftpiraten" (12 Uhr!) und viele lustige Büttenreden. Anschließend ist Party-Time.
Höhepunkt wird der Kostümwettbewerb mit der Prämierung des besten Kostüms!

Ab 11:11 Uhr geht's los!
Bitte gute Laune mitbringen!

Für das Organisationsteam der Schülervertretung
Lucy K. (Klasse 9 c)

Wer hat Lust, bei der Planung fürs nächste Jahr mitzumachen? Bitte bei mir melden!

Schreibanlass: Bericht für die Schülerzeitung

Adressaten des Berichts: Mitschülerinnen und Mitschüler, Schulleitung, Lehrerschaft, Eltern

Was? ______

Wann? ______

Wo? ______

Wer? ______

Wie und warum? (Verlauf des Geschehens) ______

Mit welchen Folgen? (Ausblick) ______

Sprachliche Mittel
- Schreibe **sachlich** und **nüchtern**.
- Mache die **Reihenfolge** der Ereignisse durch passende Satzanfänge deutlich, z. B.: *Zuerst ..., Anschließend ..., Später ..., Zum Schluss ...* Tipp: **Satzanfänge** schreibt man **groß**.
- Zeitform ist das **Präteritum** (*sah, fuhr, zog*). Vor dem Ereignis Liegendes wird im Plusquamperfekt wiedergegeben, z. B.: *Nachdem alle aufgetreten waren, gab es großen Applaus.*

2 **Jan arbeitet am Bericht über die Karnevalsfeier. Fülle die Lücken: Trage Wörter oder Wendungen ein, die den Ablauf der Veranstaltung zeitlich richtig wiedergeben.**

anschließend • um Punkt 12 Uhr • Weiberfastnacht • pünktlich um 11:11 Uhr
sofort • zunächst • schließlich

Wie jedes Jahr ____________________ veranstaltete unsere Schule eine Karnevalsfeier.

____________________ erschallte Karnevalsmusik durch die Lautsprecher und die Schülervertretung lud die ganze Schulgemeinde in die Aula ein. Aus den Klassenräumen strömten ____________________ lachende Karnevalsjecken. In der Aula wurden alle von der SV begrüßt, ein besonderer Gruß ging ____________________ an einige finstere Mafia-Bosse.

____________________ traten die „Luftpiraten“ auf und begeisterten das Publikum. ____________________ hielten einige Oberstufenschüler witzige Büttenreden. Alle im Saal ließen sich vom frohen Treiben anstecken. ____________________ fand die Party statt, bei der zu heißen Rhythmen getanzt werden konnte.

3 **a Markiere in der folgenden Fortsetzung von Jans Bericht die Personalformen der Verben.**
b Setze die Verben ins richtige Tempus. Schreibe den verbesserten Text in dein Heft.

VORSICHT FEHLER!

Währenddessen gehen die „Mafiosi“ herum und halten nach ausgefallenen Kostümen Ausschau. Sie fordern Schüler/-innen und Lehrkräfte auf, sich am Kostümwettbewerb zu beteiligen. Endlich ist es so weit: Das schönste Kostüm soll prämiert werden. Die Bühne der Aula hat sich in der Zwischenzeit in einen Laufsteg verwandelt.

Adressat/-en festlegen: Für wen schreibst du?
- Ein **Unfallbericht**, z. B. für die Polizei, enthält nur die wichtigsten Informationen.
- Ein **Bericht für die Schülerzeitung** kann auch deine persönliche Meinung wiedergeben, z. B.: *Gut gefiel mir, dass ...; Besonders lustig fand ich ...* Vermeide jedoch erzählende Ausschmückungen, Umgangssprache (z. B. *blöd, doof*) oder bloße Vermutungen.

4 a Jans Bericht über den Kostümwettbewerb ist sprachlich nicht immer angemessen geschrieben. Kreuze für jeden Satz an: Ist er sachlich geschrieben oder enthält er Umgangssprache oder Vermutungen?

	sachlich	Umgangs-sprache	Vermu-tung
A Ich fand es doof, dass sich einige Schüler nicht verkleidet hatten.	☐	☐	☐
B Vermutlich hassen sie Karneval.	☐	☐	☐
C Viele Figuren aus Harry-Potter-Filmen, aber auch zahlreiche Hippies schritten oder tanzten über den Laufsteg.	☐	☐	☐
D Jeder Jeck wurde von megalauter Karnevalsmusik begleitet.	☐	☐	☐
E Selbstgeschneiderte Kostüme, wie z. B. ein Haus mit Vorgarten, gefielen mir besonders gut.	☐	☐	☐
F Zahlreiche Jungen waren als Frauen verkleidet.	☐	☐	☐
G Manche von ihnen stolperten auf den geliehenen High Heels ziemlich peinlich über die Bühne.	☐	☐	☐
H Unter den Lehrkräften befanden sich auffällig viele Matrosen und Kapitäne.	☐	☐	☐
I Es war blöd, dass aus dem Publikum zwischendurch Buh-Rufe kamen.	☐	☐	☐
J Einige waren wahrscheinlich nur neidisch auf die tollen Kostüme.	☐	☐	☐
K Schließlich bekam ein Wikinger unter lautem Gejohle den 1. Preis.	☐	☐	☐
L Es handelte sich dabei um einen sehr beliebten Mathematiklehrer.	☐	☐	☐
M Der Sieger erntete lang anhaltenden Applaus und bekam eine riesige Tüte mit Süßigkeiten, die sicher jeder gern gehabt hätte.	☐	☐	☐

●●● **b Überarbeite die Sätze und verwende sie für einen zusammenhängenden Bericht über den Kostümwettbewerb. Schreibe ihn in dein Heft. Beginne so:**

Im Anschluss an die Büttenreden wurde der Kostümwettbewerb durchgeführt. Schade war es, dass sich einige Schüler nicht verkleidet hatten ...

5 Schreibe einen Schluss für Jans Bericht ins Heft. Verwende dazu die folgenden Notizen.

nach Prämierung | für nächstes Jahr wieder Feier angekündigt | dann: Aufräumen – Putzkolonne aus Jecken

neues Motto bis 11.11. gesucht – Vorschläge an die SV | Ende der Feier gegen 13:30 Uhr, alles prima verlaufen

6 Formuliere eine treffende Überschrift für Jans Bericht.

____

Einen Unfallbericht verfassen

Information **Schreibplan für einen Unfallbericht**

Ein Unfallbericht, z. B. für die Versicherung, **beantwortet die W-Fragen sachlich und präzise:**
- **Was** passierte? (z. B. Fahrradunfall, Sportunfall)
- **Wann** geschah der Unfall? (Datum, Uhrzeit)
- **Wo** passierte der Unfall? (Ortsangabe)
- **Wer** war am Unfall beteiligt? (Verursacher, Opfer, Zeugen)
- **Wie** kam es zu dem Unfall? (Ablauf des Unfalls)
- **Warum** geschah der Unfall? (Ursachen)
- **Welche Folgen** hatte der Unfall? (Schäden, Verletzungen)

Adressaten: Ein Unfallbericht wird von Personen gelesen, die nicht selbst am Geschehen teilhatten (z. B. Schulleitung, Polizei, Versicherung).
Zweck: Sie sollen verstehen, was genau passiert ist und wer beteiligt war bzw. die Verantwortung trägt.
Tempus ist das **Präteritum**, bei Vorzeitigkeit das **Plusquamperfekt**.
Ein Unfallbericht kann Aufgabe einer Klassenarbeit sein.

1 a **Schau dir die Bilder genau an und überlege, was passiert ist. Notiere deine Beobachtungen im Heft.**
b **Wer hat den Unfall verursacht? Umkreise den Schüler.**

Unfall bei Schneeballschlacht

2 **a** **Markiere in den folgenden Aussagen die Fakten, die du für deinen Unfallbericht verwenden kannst.**
b **Trage die Informationen in die nachfolgende Übersicht für den Unfallbericht ein.**
c **Ergänze dort weitere Informationen, die du den Bildern auf Seite 27 entnommen hast.**

Leonie: Ich habe gesehen, dass Tom aus der 6 b angefangen hat. Er hat als Erster einen Schneeball geworfen. Und dann hat er immer weitergemacht. Aber Sebastian aus meiner Klasse hat auch zurückgeworfen. Auf die Durchsage hat niemand gehört. Das Hin-und-Her-Werfen wurde immer wilder. Warum muss Tom auch immer Blödsinn machen?

Tom: Ich wollte Sebastian gar nicht im Gesicht treffen. Er hat sich vorher immer rumgedreht, wenn ich geworfen habe. Sie können die Schneespuren auf dem Rücken seines roten Pullovers noch sehen. Und das ist nun echt nicht schlimm. Wenn mal Schnee liegt, darf man das doch. Das ist nur Spaß. Es tut mir leid, dass Sebastian verletzt wurde. Das wollte ich nicht.

Karl Müller (Lehrer): Obwohl wir vor der Pause durchgesagt haben, dass Schneeballwerfen verboten ist, haben die Schüler sich nicht daran gehalten. Wir haben dieses Verbot mehrfach wiederholt. Ich hatte Pausenaufsicht und musste einige Schüler persönlich ermahnen, aufzuhören. Da hörte ich hinter mir einen Schrei. Ich sah sofort, dass sich Sebastian aus der 6 a das Auge hielt. Und er blutete leicht an der Stirn. Ich rief unsere Schulsanitäter an. Nach der Erstversorgung schickten wir Sebastian mit dem Vertrauenslehrer, Herrn Krause, zum Augenarzt. Der stellte einen kleinen Riss auf der Netzhaut fest, der aber von selbst heilen wird. Sebastian hatte Glück im Unglück.
Schneeballwerfen kann eben ins Auge gehen! Wir überlegen, ob wir einen verschneiten Schulhof in Zukunft absperren müssen.

Unfallbericht

Was? ______________________ Wann? ______________________

Wo? ______________________

Wer? ______________________

Wie? ______________________

Warum? ______________________

Mit welchen Folgen? ______________________

3 ●●● **Notiere für jede Ziffer, welche Konjunktion geeignet ist, den Zusammenhang im Text deutlich zu machen.**

1 vor der Pause und ein zweites Mal während der Pause eine Durchsage gemacht wurde, **2** Schneeballwerfen auf dem Schulhof verboten ist, entwickelte sich eine Schneeballschlacht. Die Pausenaufsicht musste einschreiten, **3** niemand das Verbot befolgte. Der Lehrer stand aber mit dem Rücken zu Tom, **4** dieser zum wiederholten Male einen Schneeball nach Sebastian warf.

Konjunktionen machen Zusammenhänge deutlich, z. B.: *aber, als, da, dass, denn, indem, jedoch, nachdem, obwohl, sodass, und, weil.*

1 obwohl ______, 2 ______, 3 ______, 4 ______

4 ●●● **Schreibe einen zusammenhängenden Unfallbericht in dein Heft.**
Denke daran, die Zusammenhänge durch passende Verknüpfungen deutlich zu machen.

Argumentieren und überzeugen

Information **Die eigene Meinung begründen**

Zu vielen **Themen** oder **strittigen Fragen** haben unterschiedliche Menschen verschiedene Ansichten. Will man andere für seine Interessen gewinnen, muss man die eigene Meinung überzeugend begründen. Das nennt man Argumentieren.
Für eine **Argumentation** stellt man eine **Meinung (Behauptung)** auf, die man durch **Begründungen (Argumente)** stützt und durch **Beispiele** veranschaulicht bzw. erklärt, z. B.:

- Meinung (Behauptung): *Der Klassenraum ist nicht immer der beste Ort für den Unterricht,*
- Begründung (Argument): *..., weil Größe und Ausstattung des Raums nicht jedem Thema gerecht werden.*
- Beispiel: *Der Raum ist zu klein, um ihn für eine Besprechung im Stuhlkreis zu nutzen.*

1 **a** **Lies den folgenden Text, der eine Diskussion wiedergibt.**
b **Fasse das Thema zusammen und notiere es in der Übersicht auf Seite 30.**
c **Trage dort auch die Meinung der Klasse und die Meinung ihres Lehrers ein.**

Unterricht draußen – eine tolle Idee?

„Können wir nicht draußen Unterricht machen?“, fragt Marlen an einem besonders heißen Schultag in der sechsten Stunde. Ihre Klassenkameraden stimmen begeistert zu: „Au ja, draußen ist es viel angenehmer als hier drinnen, wo es total stickig ist!“ – „Draußen könnten wir uns bestimmt viel besser konzentrieren und würden besser mitarbeiten!“ – „Ach bitte, Herr Hamann, sagen Sie Ja!“ Aber der Klassenlehrer winkt ab: „Kinder, ihr wisst doch, dass das nicht geht – es können ja auch nicht alle Klassen machen!“ „Die Klassen könnten sich doch abwechseln“, erwidert Johannes. Herrn Hamann überzeugt das nicht: „Außerdem ist es für die Klassen, die drinnen bleiben müssen, zu laut, wenn wir auf dem Schulhof Unterricht machen. Das stört nur. Und draußen fehlen doch auch alle Voraussetzungen für richtigen Unterricht: Es gibt keine Tische und keine Stühle, keine Tafel und keinen Strom!“ Aber die Klasse gibt nicht so leicht auf: „Dann müssen wir eben ein bisschen improvisieren: Wir sitzen auf dem Rasen und machen etwas, bei dem man nicht schreiben muss und keine Tafel braucht.“ – „Genau, so ein Unterricht ist eine klasse Abwechslung und macht bestimmt Spaß!“ – „Nein, keine Diskussion – die Schulleitung hat es sowieso verboten, dass Klassen während der Unterrichtszeit draußen sind. Und wir müssen jetzt dringend mit dem Unterricht weitermachen!“, will der Lehrer das Gespräch beenden. Aber Ann-Kathrin, die Klassensprecherin, macht einen letzten Vorschlag: „Gut, heute bleiben wir eben drin. Aber wir beantragen, in der nächsten Klassenstunde ausführlicher darüber zu diskutieren, ob man nicht grundsätzlich doch eine Möglichkeit schaffen kann, Unterricht im Freien zu halten.“ – „Von mir aus, dann diskutieren wir darüber in der Klassenstunde nächsten Freitag“, stimmt Herr Hamann diesem Vorschlag zu. Die Klasse will weitere Argumente suchen, damit sie am Freitag ihre Meinung überzeugend begründen kann.

2 **a** Unterstreiche im Text auf Seite 29 die Argumente der Klasse grün und die Argumente des Lehrers blau.
b Trage die Argumente für jede Meinung in die nachfolgende Tabelle ein. Schreibe in Stichworten.

Thema: Sollte

Meinung der Klasse:	**Meinung des Lehrers:**
Argumente der Klasse:	Argumente des Lehrers:
	- kann nicht jedem geboten werden

3 **Paul schildert ein Beispiel für Unterricht im Freien, das er selbst erlebt hat:**

„Einmal sind wir mit einer Lehrerin nach draußen auf den Schulhof gegangen. Aber kaum hatten wir mit dem Unterricht angefangen, kam die Schulleiterin und hat gesagt, dass wir wieder reingehen müssen."

Zu welchem Argument aus der Tabelle oben passt das Beispiel? Notiere.

4 **Die Klasse will in der Schülervertretung beantragen, dass diese sich für Unterricht im Freien einsetzt. Sie hat Argumente für ein „offenes Klassenzimmer" gesammelt.**
a Verbinde jedes der Argumente in der linken Spalte mit einem passenden Beispiel in der rechten Spalte.
b Kreuze zwei Argumente und Beispiele an, die du am überzeugendsten findest.

- [ ] A Die frische Luft hilft gegen Müdigkeit und Konzentrationsschwächen.
- [ ] B Das „offene Klassenzimmer" bedeutet eine Abwechslung vom regulären Unterricht im Klassenraum und wirkt deshalb positiv und anregend auf die Schülerinnen und Schüler.
- [ ] C Als feste Einrichtung kann das „offene Klassenzimmer" von der Lehrkraft bei der Unterrichtsplanung sinnvoll eingesetzt werden.
- [ ] D Über einen „Raumplan" kann sichergestellt werden, dass alle Klassen das „offene Klassenzimmer" wechselweise nutzen.
- [ ] E Für manche Unterrichtsformen (z. B. eine Fishbowl-Diskussion) bietet das „offene Klassenzimmer" bessere Möglichkeiten als der Klassenraum.

- [ ] 1 Um in der Klasse einen Gesprächskreis zu bilden, müssen wir immer ganz viel umräumen.
- [ ] 2 Als wir zum Beispiel einmal Naturgedichte geschrieben haben, sind wir dafür hinausgegangen.
- [ ] 3 Für die Aula und die PC-Räume gibt es solche Raumpläne und die wechselweise Nutzung ist kein Problem.
- [ ] 4 Bei einem Ausflug ins Freiluftmuseum fand der Unterricht dort draußen statt und alle haben super mitgearbeitet.
- [ ] 5 Im letzten Sommer war die Luft in manchen Klassenräumen so stickig, dass selbst die Lehrer gesagt haben, sie könnten sich nicht mehr konzentrieren.

Methode **Formulierungsbausteine für die Argumentation**

Eine Argumentation wirkt überzeugender, wenn sie **sprachlich sinnvoll verknüpft** ist.

- **Meinung:** Mache deine Meinung deutlich, z. B. durch Formulierungen wie *Wir finden, dass ...; Meiner Meinung/Ansicht nach ist ...*
- **Argumente:** Leite Begründungen z. B. mit folgenden **Satzverknüpfungen** ein: *weil, da, denn, aus diesem Grund, deshalb* oder *darum*, z. B.: *Ich finde, dass Unterricht nicht immer nur im Klassenraum stattfinden sollte, denn wechselnde Lernorte sind interessanter.*
  Du kannst aber auch mit einem neuen Satz anschließen, z. B.: *Der Grund dafür ist, dass ...*
- **Beispiele:** Mache Beispiele kenntlich, z. B. durch: *beispielsweise; zum Beispiel; Das sieht man daran, dass ...; Aus eigener Erfahrung weiß ich, dass ...; In einem Interview sagte ..., dass ...; Die Erfahrung des Wilhelm-Busch-Gymnasiums zeigt, dass ...*

5 **Ordne die folgenden Formulierungsbausteine ihrer Funktion nach. Trage die Ziffern passend in die nachfolgende Übersicht ein.**

1 Ich habe selbst letzte Woche die Erfahrung gemacht, dass ... • 2 Wir sind der Ansicht, dass ...
3 Im Internet habe ich folgendes Beispiel gefunden ... • 4 Ich vertrete den Standpunkt, dass ...
5 Dies ist zu begründen, indem man ... hervorhebt. • 6 Ich fände es gut, wenn ...
7 Außerdem spricht für diesen Standpunkt, dass ... • 8 Schließlich ist als Argument noch anzuführen, dass ...
9 An der Schule meines Bruders gibt es einen solchen Fall, nämlich ...

Meinung verdeutlichen:	2		
Argumente/Begründungen einleiten:			
Beispiele anschließen:			

6 **Formuliere die folgenden Stichworte jeweils zu einer Argumentation für die Einrichtung eines „offenen Klassenzimmers" aus. Verwende passende Verknüpfungen von Meinung, Argument und Beispiel.**

A Offenes Klassenzimmer sollte überdacht sein – Nutzung nicht so witterungsabhängig – im Sommer kann das Wetter zu sonnig sein, aber auch sehr wechselhaft

B Offenes Klassenzimmer sollte richtige Sitzplätze haben – unbequemes Sitzen stört die Konzentration – beim Knien oder Hocken schlafen einem die Beine ein und man muss Lockerungsübungen machen

C Offenes Klassenzimmer in angemessener Entfernung vom Schulgebäude – Geräuschkulisse stört die übrigen Klassen nicht – ideal für szenische Spiele

Methode **In einem Schreiben (Brief, E-Mail, Antrag) die eigene Meinung begründen**

- **Anrede:** Beginne mit der **Anrede,** danach folgt ein **Komma**.
- **Einleitung:** Erkläre, worum es geht (**Thema** oder strittige Frage).
- **Meinung:** Formuliere deine **Meinung** zu diesem Thema/dieser Frage.
- **Argumente:** Führe zwei bis drei überzeugende **Argumente** (Begründungen) an. Stütze diese nach Möglichkeit durch **Beispiele**.
- **Schluss:** Fasse dein Anliegen (z. B. als **Vorschlag** oder **Wunsch**) noch einmal zusammen.
- **Gruß:** Schließe mit einer **Grußformel** und deiner **Unterschrift**.

7 **Formuliere den Antrag der Klasse 6 a an die Schülervertretung, das Thema „offenes Klassenzimmer" in der Schulkonferenz vorzustellen. Orientiere dich dabei an der nachfolgend vorgegebenen Gliederung. Verwende die Argumente und Beispiele von Seite 30 und die Formulierungsbausteine von Seite 31.**

Anrede ______________________________

Einleitung: Thema/Frage ______________________________

____

____

Hauptteil: Meinung ______________________________

____

____

____

Zwei bis drei Argumente und Beispiele ______________________________

____

____

____

Schluss: Vorschlag/ Wunsch ______________________________

____

Gruß ______________________________

Unterschrift ______________________________

Einen Sachtext lesen und verstehen

Methode **Die Fünf-Schritt-Lesemethode**

1 **Überblick verschaffen:** Lies zunächst nur die Überschrift (evtl. Zwischenüberschriften) und die ersten drei bis fünf Zeilen des Textes. Betrachte die Abbildungen.
Überlege dann: Worum geht es in dem Text? Was weißt du schon über das Thema?
2 **Zügig lesen:** Lies den gesamten Text zügig durch. Überspringe, was du nicht sofort verstehst.
Mache dir klar, was das Thema des Textes ist.
3 **Sorgfältig lesen:** Lies den Text ein zweites Mal sorgfältig durch.
Kläre anschließend unbekannte oder schwierige Wörter.
4 **Gliedern:** Markiere die Schlüsselwörter (Wörter, die für die Aussage eines Textes besonders wichtig sind) und gliedere den Text in Sinnabschnitte.
5 **Zusammenfassen:** Fasse die wichtigsten Informationen des Textes knapp zusammen.
Beantworte hierbei die W-Fragen: Was ...?, Wo ...?, Wie ...? usw.

1 **Lies die Überschrift und die ersten Zeilen des nachfolgenden Sachtextes und sieh dir die Abbildungen an. Notiere in Stichworten, was du schon über das Thema weißt.**

2 a **Lies den Text „Die Golden Gate Bridge" zügig durch. Halte dich dabei nicht mit Einzelheiten auf, die dir noch unverständlich sind.**
b **Notiere nach dem ersten Lesen das Thema des Textes.**

Das Thema des Textes ist

Die Golden Gate Bridge – Ein Wunderwerk der Baukunst

Niemals vorher hatte es jemand gewagt, eine Brücke über eine so breite Wasserstraße zu schlagen. Dazu kamen extrem widrige Baubedingungen in der Bucht von San Francisco: Die Einfahrt zur Bucht, das Golden Gate, war und ist stark erdbebengefährdet, tosende Winde und reißende Strömungen würden jede Brückenkonstruktion aufs Äußerste beanspruchen. Deshalb gab es unter den Einwohnern San Franciscos nicht wenige, die einen Fehlschlag befürchteten, als am 5. Januar 1933 die ersten Maschinen zum Bau der Golden Gate Bridge starteten.
Doch die Bauarbeiten kamen gut voran, auch wenn die Anforderungen an die Elastizität der sturmfesten und erdbebensicheren Brückenkonstruktion extrem und der Aufwand an Material gewaltig waren. Nicht nur die Spannweite, auch die Höhe der Hängebrücke sollte alle Rekorde überbieten. Die geplanten Dimensionen (s. Abbildung S. 34) waren nötig, um den Schiffsverkehr durch das Golden Gate nicht zu behindern. Das amerikanische Kriegsministerium bestand darauf, dass auch das größte Schiff der Navy die Brücke noch passieren konnte, ohne sich die Aufbauten abzurasieren.

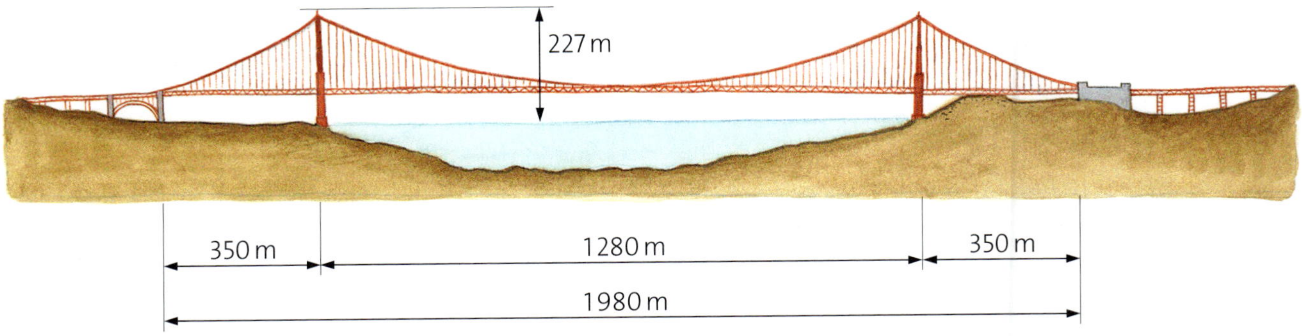

Das Team um Chefingenieur Joseph B. Strauss musste für den Bau der Grundelemente der Brücke immensen technischen Aufwand betreiben. Allein für die Fundamente der Pylone und die Verankerung der Trageseile an den jeweiligen Ufern verbauten sie 140 000 m³ Beton. Die Konstruktion eines Fundaments für den südlichen Pylon gestaltete sich besonders schwierig, weil er 350 m vom Ufer entfernt in 30 m tiefem Wasser stehen sollte. Helmtaucher sprengten unter Wasser zunächst armdicke Befestigungslöcher in den Grund der Bucht. Wegen der starken Gezeitenströmung konnten die Taucher nur 20 Minuten am Tag arbeiten, wenn zwischen Ebbe und Flut Gleichgewicht herrschte. Danach wurde mit Stahlarmierungen und Betonschalen ein Senkkasten von der Größe eines Fußballfeldes errichtet und das Meerwasser daraus abgepumpt. Schließlich füllten die Brückenarbeiter den Senkkasten bis auf eine Höhe von 11 m über der Wasseroberfläche mit Beton.

Auf diesen Fundamenten errichteten die Ingenieure sodann zwei elegante Pylone im Art-Déco-Stil, die aus vernieteten Stahlplatten bestehen. Mit 227 m waren diese Türme lange Zeit die höchsten Brückenträger der Welt. Danach spannten die Arbeiter die zwei Tragekabel, welche das ungeheure Gewicht der Fahrbahn halten müssen, zwischen den Ankerpunkten und Pylonen. Ein Kabel ist fast einen Meter dick und besteht aus 27 572 einzelnen Stahldrähten. Allein für das Flechten und Spannen der Kabel benötigten die Handwerker über sechs Monate.
Schließlich befestigten die Arbeiter die Fahrbahnkonstruktion an den vertikalen Hängeseilen und der Malertrupp begann, die Brücke zu streichen. Weil der salzhaltige Nebel der Bucht von San Francisco die Brücke oft umweht und den Stahl der Konstruktion angreift, ließ Brückenarchitekt Morrow sie mit einer speziellen Rostschutzfarbe im Ton „International Orange“ streichen. Dadurch passt sich die Brücke viel besser der Landschaft an, als wenn man sie in traditionellem Grau gestrichen hätte.

Am 27. Mai 1937, nach nur vier Jahren Bauzeit, hatte Chefingenieur Strauss alle Befürchtungen widerlegt. Zur Eröffnung des sensationellen Bauwerks schlenderten 200 000 Bürger San Franciscos auf der neuen Brücke über das Golden Gate. Am nächsten Tag folgten 32 000 Autos. Heute überqueren täglich etwa 100 000 Kraftfahrzeuge die Brücke. Wie die Freiheitsstatue gehört die kühne und elegante Konstruktion zu den bekanntesten Wahrzeichen Amerikas.

3 **Lies den Text erneut, nun aber sorgfältig. Unterstreiche dir unbekannte Wörter. Kläre ihre Bedeutung und schreibe sie mit Erläuterungen in dein Heft.**

4 **Im ersten Textabschnitt (S. 33, Z. 1–23) sind einige Schlüsselwörter markiert.**
- **a** **Markiere in diesem Abschnitt weitere Schlüsselwörter, die für dessen Aussage wichtig sind.**
- **b** **Markiere die Schlüsselwörter im gesamten Text.**

- Die Bedeutung **unbekannter Wörter** kannst du meist aus dem Textzusammenhang klären.
- **Fachbegriffe**, z. B. zum Brückenbau, kannst du auch im Lexikon **nachschlagen** oder im Internet finden (z. B. mit der Suchmaschine blinde-kuh.de).
- **Wortzusammensetzungen** musst du zerlegen und nach dem Grundwort suchen (z. B. Chefingenieur: Chef – Ingenieur).

5 **Der Text „Die Golden Gate Bridge“ (S. 33–34) ist bereits in Sinnabschnitte unterteilt. Wähle für jeden Sinnabschnitt die passende Zwischenüberschrift aus und schreibe diese in die Leerzeile im Text. Achtung: Zwei Zwischenüberschriften passen nicht.**

Meisterhafte Ingenieurleistung	Ein grandioser Erfolg	Stahl mit Stil
Der große Fehlschlag	So viele Besucher wie noch nie	Ein großes Wagnis

6 **Fasse die Informationen des Textes mit eigenen Worten in deinem Heft zusammen. Beantworte dabei knapp alle wichtigen W-Fragen. Gehe für die Sinnabschnitte 2 bis 4 vor, wie hier für Sinnabschnitt 1 gezeigt.**

Schritt 1: *Wann? 1933 – Wo? San Francisco – Was? längste und höchste Brücke in Gegend mit Gefahren, Zweifel am Gelingen – Wie? großer Aufwand, Anforderungen an Konstruktion*

Schritt 2: *1933 wurde in San Francisco die damals längste und höchste Brücke der Welt gebaut. Die Konstruktion musste Erdbeben, Winden und Strömungen standhalten. Viele bezweifelten, dass man eine Hängebrücke über das Golden Gate bauen könne.*

Methode **Grafiken entschlüsseln**

Eine Grafik kann anschaulich **Zahlen** (z. B. Größenverhältnisse), **Konstruktionen und Funktionen** (z. B. Bauwerke), oder **Orts- bzw. Lageangaben** (z. B. Landkarten) darstellen.
Beim Entschlüsseln einer Grafik kannst du so vorgehen:

1. Stelle fest, worum es in der Grafik geht.
2. Untersuche, was die Grafik darstellt, z. B. einen Vorgang, eine Konstruktion, eine Funktion oder die Lage von etwas.
3. Prüfe, ob die Grafik Farben, Beschriftungen oder Symbole enthält, die erklärt werden.
4. Schreibe auf, worüber die Grafik informiert.

7 **Lies den Methodenkasten und überlege, was die Grafik auf Seite 34 oben darstellt.**

a **Notiere, welche Sinnabschnitte im Text sie veranschaulicht.**

____

b **Erkläre in Stichworten, welche Eigenschaften der Brücke hier bildlich dargestellt werden.**

____

c **Formuliere einen kurzen Text, der die wichtigsten Informationen aus der Grafik enthält.**

____

____

8 ●●● **Erstelle eine Tabelle nach folgendem Beispiel in deinem Heft. Trage die technischen Anforderungen beim Bau der Golden Gate Bridge und die Lösungen der Brückenbauer ein.**

Anforderungen	Lösungen
sturmfest und erdbebensicher	*elastische Hängebrücke*
passierbar für alle Schiffe	...
...	

Einen Erzähltext lesen und verstehen

Information **Lügengeschichten**

Zweck einer Lügengeschichte ist es, die Leserin oder den Leser zu unterhalten. Berühmt sind die Abenteuer- und Reisegeschichten des Barons von Münchhausen, der Unglaubliches erlebt haben wollte.

- Lügengeschichten enthalten **Ereignisse, die wirklich stattfinden könnten,** und **Ereignisse, die eindeutig erfunden oder übertrieben sind.**
- Meist zu Beginn (Einleitung) wird eine Situation geschildert, die so geschehen sein könnte.
- Im Hauptteil wird dann **eine Lüge an die andere gereiht (Lügenkette)**. Einer kleinen Lüge folgt die nächstgrößere usw.
- Für die klassische Lügengeschichte ist ein **Ich-Erzähler** typisch, denn so hat das Publikum den Eindruck, dass der Erzähler die Geschichte selbst erlebt hat.
- Um seine Lügen anschaulich und glaubhaft zu machen, beschreibt der Erzähler häufig Einzelheiten (z. B. Orte, genaue Umstände) und verwendet **übertriebene Vergleiche**, z. B.: *Der Wolf hatte Augen, so groß wie Mühlräder.*

1 **Lies die folgende Lügengeschichte des Barons von Münchhausen, die Erich Kästner nacherzählt hat.**

Erich Kästner

Der Schlittenwolf

Da es in Russland nicht üblich ist, hoch zu Pferde zu reiten, kaufte ich mir einen kleinen Schlitten, spannte mein Pferd vor und wir trabten guten Muts auf Sankt Petersburg zu. Irgendwo in Estland oder in Ingermanland, so genau weiß ich's nicht mehr, auf alle Fälle aber in einem endlosen, unheimlichen Wald, wurde mit einem Male mein Pferd unruhig und raste, wie von wilder Angst gepeitscht, mit mir auf und davon. Ich drehte mich um und erblickte einen riesigen Wolf, der, halb verrückt vor Hunger, hinter uns herjagte und immer näher und näher kam.

Ihm zu entwischen war aussichtslos. Schon war er nur noch fünf Meter hinter uns – da warf ich mich, lang wie ich bin, auf den Boden des Schlittens, ließ die Zügel los, und der Wolf, der eigentlich mich als Mahlzeit ausersehen hatte, sprang über mich weg und verbiss sich wütend in mein Pferd. Das Hinterteil verschlang er, als wär's nicht mehr als ein Stückchen Wurst, und das arme Tier lief vor Schmerz und Schrecken noch schneller als vorher. Als ich nach einiger Zeit wieder hinblickte, sah ich voller Entsetzen, dass sich der Wolf in das Pferd förmlich hineingefressen hatte!

Da setzte ich mich hoch, ergriff die Peitsche und schlug wie besessen auf den Wolf ein. Das behagte ihm gar nicht und er fraß sich noch schneller vorwärts. Ich schlug und schlug, und plötzlich fiel das Pferd, oder was von ihm noch übrig war, aus dem Geschirr, und der Wolf steckte darin! Mir tut mein Arm heute noch weh, wenn ich daran denke, wie ich stundenlang und pausenlos mit der Peitsche auf ihn eindrosch.

Wir flogen nur so durch den Wald und über die Felder und dann galoppierten wir an den ersten Häusern einer großen Stadt vorbei. Das war Sankt Petersburg und die Leute auf den Straßen staunten nicht schlecht. Denn einen Wolf, der einen Schlitten zog, hatten sie noch nicht gesehen!

2 **Sind dir beim Lesen Wörter aufgefallen, die du nicht verstanden hast? Kläre ihre Bedeutung.**

3 Prüfe, ob du den Inhalt der Lügengeschichte richtig verstanden hast. Wähle die richtige Antwort aus und trage den Buchstaben dazu im Lösungswort ein.

1 ☐ 2 ☐ 3 ☐ 4 ☐ 5 ☐

1
- P Weil es in Russland nicht üblich ist, auf einem Tier zu reiten, spannt Münchhausen ein Pferd vor einen Schlitten, um nach Petersburg zu reisen.
- B Weil Münchhausen nach Petersburg reisen möchte, trabt er hoch zu Pferde.

2
- A Das Pferd fängt plötzlich an zu rasen, weil Münchhausen es zu stark antreibt.
- F Das Pferd wird zuerst unruhig und dann immer schneller, da es von einem Wolf verfolgt wird.

3
- E Münchhausen beobachtet, wie der Wolf zuerst das Hinterteil des Pferdes verschlingt und anschließend gemeinsam mit dessen vorderer Hälfte den Schlitten zieht.
- L Münchhausen wird von dem Wolf angegriffen, das Pferd überlebt und behält die Kontrolle über den Schlitten.

4
- L Münchhausen überwältigt den Wolf und treibt sein Pferd kräftig an, seinen Schlitten zu ziehen.
- R Der Wolf frisst das ganze Pferd auf und landet im Geschirr des Pferdes.

5
- U Münchhausen erreicht unversehrt Sankt Petersburg mit seinem Pferd und seinem Schlitten.
- D Münchhausen kommt stolz mit seinem Schlitten, der von dem Wolf gezogen wird, in Sankt Petersburg an.

4 Gliedere den Inhalt der Geschichte in Einleitung, Hauptteil und Schluss. Fasse jeden Erzählschritt in einem ganzen Satz zusammen.

Einleitung: (Z.1-4) Baron von Münchhausen ______

______

Hauptteil: (Z. ______) ______

(Z. ______) ______

(Z. ______ -33) ______

______

Schluss: (Z. ______) ______

______

5 Fasse den Inhalt der Lügengeschichte in wenigen Sätzen zusammen. Deine Ergebnisse von Aufgabe 3 und 4 helfen dir dabei. Verwende beim Schreiben die folgenden Formulierungen und schreibe ins Heft.

> **Tempus:** Verfasse eine Inhaltszusammenfassung im **Präsens**.

In der Einleitung der Geschichte erfährt man … • Der Hauptteil beginnt mit … • Am Schluss wird erzählt …

6 **Entscheide, welche der in der Lügengeschichte erzählten Ereignisse wahr sein könnten und welche eindeutig erfunden oder übertrieben sind. Schreibe jeweils drei Beispiele auf.**

Wahr könnte sein, dass ...	Erfunden oder stark übertrieben ist, dass ...
1. Münchhausen eine Reise nach Sankt Petersburg unternimmt	1.
2.	2.
3.	3.

7 **Wie versucht der Ich-Erzähler, die Lügen anschaulich und glaubwürdig erscheinen zu lassen? Suche aus der Geschichte zwei weitere übertriebene Vergleiche heraus.**

Z. 8: „und raste wie von wilder Angst gepeitscht"

8 **Wähle die Grafik aus, die die Lesefieber-Kurve der Lügengeschichte am besten veranschaulicht. Begründe deine Wahl.**

A

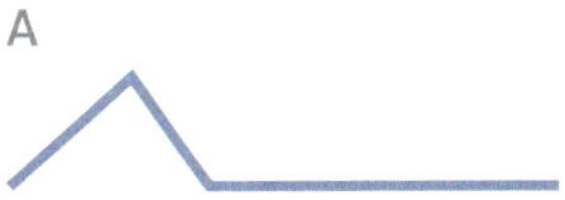

B

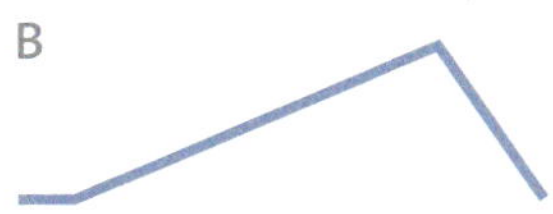

C

Grafik ______ gibt die Lesefieber-Kurve dieser Lügengeschichte richtig wieder, weil

Ein Gedicht gestaltend vortragen

Methode **Sinngestaltendes Vorlesen**

Gedichte kommen beim Vortrag besser zur Geltung, wenn du ihn bewusst gestaltest:
- Lies das Gedicht mehrmals leise und auch laut.
- Mache dir klar, wovon das Gedicht handelt, und versetze dich in die Stimmung des Gedichts.
- Achte darauf, wie die Sprache des Gedichts seine Aussage und Wirkung unterstützt, z. B.
  - durch **Satzzeichen** (z. B. Fragezeichen, Ausrufezeichen, Gedankenstrich),
  - durch **sprachliche Bilder** (Vergleiche, Metaphern, Personifikationen),
  - durch **Wiederholung** von Wörtern oder Satzkonstruktionen,
  - durch **Lautmalerei** (also durch Wörter, die Naturlaute oder Geräusche nachahmen).

1 **Lies das folgende Gedicht und fasse in einem Satz zusammen, worum es geht.**

Hanna Hanisch

Wenn die Nebelfrau kocht

Wer hockt hinterm Berge,
verhutzelt und grau?
Die alte Hexe,
die Nebelfrau.

Sie schöpft aus der Pfütze,
kocht graudicke Grütze.
Mischt Wasser mit Luft,
mengt Sonne mit Tau.
Das gibt eine Suppe!
Das gibt ein Gebrau!

Ein Löffel Warm,
zwei Handvoll Kalt –
schon brodelt's am Berge.
Schon dampft es im Wald.

Eine Prise Wind,
halb kalt, halb lau. –
Hihi, so schmeckt es der Nebelfrau.

Die Grütze blubbert,
steigt über den Rand.
Hu, was für ein Nebel!
Verschwunden das Land.

2 **Viele Stellen klingen wie ein Kochrezept: Notiere Begriffe und Wendungen, die daran erinnern.**

3 **Welche Stimmung vermittelt das Gedicht? Kreuze passende Adjektive an, es können mehrere sein.**

☐ lustig ☐ spannend ☐ unheimlich ☐ sommerlich ☐ kühl ☐ geheimnisvoll ☐ traurig

4 a **Markiere im Text die Satzzeichen, die eine besondere Betonung verlangen.**
b **An mindestens zwei Stellen im Gedicht findest du lautmalerische Wörter: Umkreise sie und probiere aus, wie du sie aussprechen willst.**
c **Markiere Textstellen, an denen sich Wörter oder Satzkonstruktionen wiederholen, in einer Farbe.**
d **Mache dir klar, wie du diese Stellen im Vortrag hervorheben willst: Unterstreiche zu betonende Stellen.**

Beispiel: Mischt Wasser mit Luft, / Mengt Sonne mit Tau.

5 a **Übe den Gedichtvortrag entsprechend deinen Vorarbeiten in den Aufgaben 2 bis 4.**
b **Trage das Gedicht jemandem vor und bitte um eine Rückmeldung (Feedback).**

Was kannst du schon? – Grammatik

1 **Trage ein, um welche Wortart es sich jeweils handelt. (5 Punkte)**

A ______________________: laut, dunkel, elegant, heftig

B ______________________: auf, unter, hinter, neben, an

C ______________________: Kasse, Zuschauer, Trompete, Kunststück, Trapez

D ______________________: ihm, sich, sie, dieses, mein

E ______________________: lachen, übt, begrüßten, schwingst, gegangen

2 **Gib für jede Wortzusammensetzung an, aus welchen Wortarten sie gebildet ist. (3 Punkte)**

Sofa|kissen Nomen + Nomen

A Gartentorschlüssel ______________________

B hellrot ______________________

C tiefdunkelblau ______________________

3 **Leite zu folgenden Nomen je ein Adjektiv ab. (6 Punkte)**

A Dunkelheit ______________ B Lösung ______________ C Ehre ______________

D Zauber ______________ E Freude ______________ F Kind ______________

4 **Bilde für diese beiden Adjektive die Steigerungsstufen. (4 Punkte)**

gut – ______________ – ______________ hoch – ______________ – ______________

5 **Verbinde jede der folgenden Personalformen mit der Zeitform, in der sie steht. (5 Punkte)**

A du wirst singen	a Präteritum
B ich gehe	b Plusquamperfekt
C es war ... gewesen	c Perfekt
D sie gingen	d Präsens
E man hat gelacht	e Futur

6 **Kreuze an: Ist das Verb regelmäßig (schwach) oder unregelmäßig (stark) gebildet? (4 Punkte)**

	regelmäßig	unregelmäßig
A Mia füttert gern ihren Hund Fiffi.	☐	☐
B Carlo ließ nie etwas zurück.	☐	☐
C Jan-Felix sieht gern Actionfilme an.	☐	☐
D Sabrina lachte niemals zu laut.	☐	☐

7 **Stelle diesen Satz zweimal um (Umstellprobe). Schreibe die beiden neuen Sätze auf. (2 Punkte)**

In die geschmückte Aula strömen vor dem Konzert viele Schüler und Eltern.

A ______________________________

B ______________________________

8 **Bestimme die Satzglieder, die in den folgenden Sätzen unterstrichen sind, und trage die Buchstaben der Satzglieder in die nachfolgende Tabelle ein. (7 Punkte)**

1 Das Schulorchester (A) stimmt bereits die Instrumente (B).

2 Auf der Bühne (C) sehen die Besucher Bläser und Streicher aus den Klassen 5 bis 7 (D).

3 Als die Dirigentin erscheint (E), brandet ihr (F) lauter Applaus (G) entgegen.

Satz	Subjekt	Prädikat	Akkusativobjekt	Dativobjekt	adverbiale Bestimmung
1					
2					
3					

9 **Bestimme die jeweiligen Teilsätze (Hauptsatz = HS, Nebensatz = NS). Notiere rechts daneben. (4 Punkte)**

A Als die ersten Töne gespielt werden, da stürmt Max auf die Bühne. ______________

B Das Orchester verstummt, die Dirigentin blickt verärgert. ______________

C Max behauptet, dass sein Hamster in seiner Geige Junge bekommen hat. ______________

D Die Zuschauer lachen, denn diese Ausrede ist sehr fantasievoll. ______________

10 **Verknüpfe die folgenden Sätze zu einer Satzreihe (A) und zu einem Satzgefüge (B). Verwende die Konjunktionen denn und weil und schreibe die Sätze auf. (2 Punkte)**

Das Konzert wurde unterbrochen. Max kam zu spät.

A ______________________________

B ______________________________

11 **a** **Überprüfe deine Lösungen mit Hilfe des Lösungsheftes.**
b **Trage ein, wie du die Aufgaben bewältigt hast: ✔ = das Meiste richtig ? = noch etwas unsicher**

Aufgabe	1	2	3	4	5	6	7	8	9	10
Weitere Übungen	Seite 42–45	Seite 42–43	Seite 42–43	Seite 42–43	Seite 47–51	Seite 47–51	Seite 58–59	Seite 60–64	Seite 70–74	Seite 70–74

Wortarten

Wiederholung: Nomen, Adjektive, Präpositionen und Pronomen

Wortarten
S. 42 – 45 bereits ~~kopiert~~ kopiert
D 16
inklusive Pronomen S. 44/45

Information **Das Nomen** (auch: Hauptwort, Substantiv, …)

Nomen (dazu gehören auch Eigennamen) … …ter), Gegenstände (z. B. *Besen, Kessel*) oder Gedanken/…
- Nomen werden immer **großgeschrieben**.
- Jedes Nomen hat ein **Genus** (ein gramma… …askulinum (männlich), Femininum (weiblich) oder Ne… …uberbuch.
- Nomen haben einen **Numerus** (Anzahl), die… …Hexe, *die Hexen*. Manche Nomen gibt es nur im Si…
- **Im Deutschen gibt es vier Kasus** (grammatis… …inativ (Frage: Wer?/Was?), Genitiv (Frage: Wessen?) … …Was?).

1 **Neues aus dem Zauber-Unterricht: Ordne die Nomen … …nus. Lege im Heft eine Übersicht nach dem nebenstehend… und trage jedes Nomen im Singular mit Artikel ein.**

Harry verwandelt Steine in Schweine, Flöten in Kröten.	Ron verwandelt Kelche in Elche, Keulen in Eulen.	Hermine verwandelt Tische in Fische, Kohlen in Fohlen.

Maskulinum: *der Stein, …*
Femininum: *…*
Neutrum: *…*

2 **Ron hat heute Bohnen in den Ohren, er versteht seinen Freund Harry schlecht. Erfrage jeweils das unterstrichene Satzglied: Schreibe die Frage auf und gib in Klammern an, um welchen Kasus es sich handelt.**

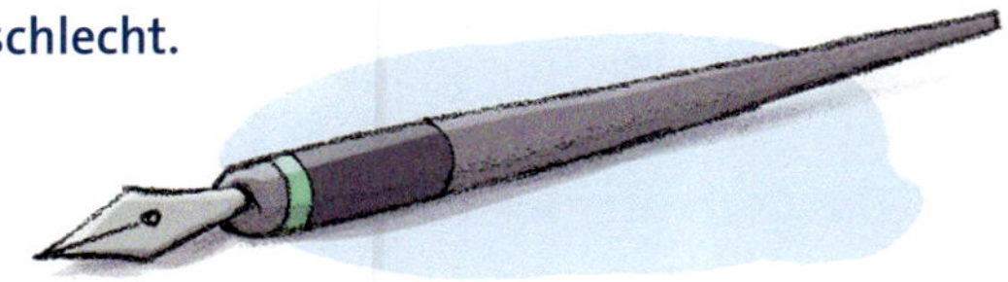

Harry: Heute musste <u>ich</u> bei Professor Umbridge nachsitzen.

Ron: *Wer (was) musste heute bei Professor Umbridge nachsitzen? (Nominativ) – Harry*

Harry: Die alte Hexe hat <u>mir</u> eine besondere Schreibfeder gegeben.

A Ron: ______

Harry: Dann sollte ich immer wieder <u>den gleichen Satz</u> notieren: Ich soll keine Lügen verbreiten.

B Ron: ______

Harry: Ich bediente mich <u>der Feder</u> und begann zu schreiben.

C Ron: ______

Harry: Der Satz „Ich soll keine Lügen verbreiten“ erschien auf meiner Hand. Ich spürte <u>einen brennenden Schmerz</u>!

D Ron: ______

Harry: Ron, <u>du</u> bist eine Nervensäge, nimm endlich die Bohnen aus den Ohren!

E Ron: ______

Information **Das Adjektiv** (Eigenschaftswort, Plural: die Adjektive)

Adjektive drücken aus, wie etwas ist. Sie beschreiben **Eigenschaften** von Lebewesen, Dingen, Vorgängen und Gefühlen genau, z. B.: *der alte Besen, der braungelbe Besen, der brandneue Besen.*

- Adjektive werden **kleingeschrieben.**
- Adjektive kann man meist **steigern**, z. B. *groß* (Positiv/Grundform), *größer* (Komparativ/ 1. Steigerungsstufe), *am größten* (Superlativ/2. Steigerungsstufe).
- Als **Attribut** (▸ S. 65) hat ein Adjektiv im Satz denselben Kasus wie das Nomen, z. B.: *den alten Besen.*

3 **Bilde weitere Sätze, in denen du die Zauberer mit Hilfe der passenden Adjektive vergleichst. Schau dir das Beispiel an und schreibe sieben weitere Sätze in dein Heft.**

Abrakadabra
Alter: 152 Jahre
Größe: 1,60 m
Bartlänge: 0,05 cm
Zauberbücher: 20

Merlin
Alter: 120 Jahre
Größe: 1,85 m
Bartlänge: 1,50 m
Zauberbücher: 35

Prof. Dumbledore
Alter: 131 Jahre
Größe: 1,90 m
Bartlänge: 60 cm
Zauberbücher: 55

Der Bart von Prof. Dumbledore ist kürzer als der von Merlin, der Bart von Abrakadabra ist am kürzesten.
Der Bart von Merlin ist länger ...

4 **a Lies dieses Rezept für einen mächtigen Zaubertrank und unterstreiche im Text alle Adjektive.**
●●● **b Zwei Adjektive sind nicht steigerbar. Markiere sie.**

Für den mächtigen Zaubertrank, der das Üben von Grammatik überflüssig macht, benötigst du diese Zutaten: Stelle einen stabilen Kochtopf auf das Feuer, wirf faule Zähne, tote Fliegen, eine große Spinne und runde Kellerasseleier hinein. Besorge dir nun frische Eier und knusprige Krötenfüße. Fülle das Ganze mit altem Drachenblut auf und lasse das ekelhafte Gebräu zehn Stunden kochen. Wenn du es trinkst, musst du nie wieder lästige Grammatik lernen! Klappt es nicht, hast du etwas falsch gemacht. Da hilft Lernen!

Information **Die Präposition** (Verhältniswort; Plural: die Präpositionen)

Präpositionen wie z. B. *in, auf, unter* drücken **Verhältnisse und Beziehungen** von Gegenständen, Personen oder anderem aus.

- Präpositionen stehen in der Regel vor einem Nomen und **bestimmen den Kasus des nachfolgenden Wortes** oder der Wortgruppe, z. B. *Er greift in den Kessel. Es liegt etwas in dem alten Kessel.*
- Präpositionen sind **nicht flektierbar** (veränderbar).

5 **Der Hausmeister des Internats „Hogwarts – Schule für Hexerei und Zauberei" hat viele Aufgaben. Lies, was er zu tun hat, und umkreise im Text die jeweils passende Präposition.**

Argus Filch soll von/über/mit Hilfe magischer Reiniger und der Unterstützung von/vom/bei den Hauselfen im/in/über der Schule für Ordnung sorgen. Nachts patrouilliert er über/auf/bei dem Schulgelände und passt auf, dass die Schüler zu/vor/in ihren Häusern bleiben. Dabei muss er sich vor/gegen/auf ihren Streichen unter/über/in Acht nehmen. Zu/An/Zur seinen Aufgaben gehört es, die Eingänge mit/von/ohne Geheimgängen zuzugipsen oder die Post auf/unter/über Eingeschmuggeltes zu überprüfen.

Information **Das Pronomen (1)** (Fürwort; Plural: die Pronomen)

Das Pronomen ist ein **Stellvertreter oder Begleiter**, es vertritt oder begleitet ein Nomen.
Es gibt verschiedene Arten von Pronomen.

- **Personalpronomen** (persönliche Fürwörter) können im Satz **Nomen** (dazu zählen auch Eigennamen) **ersetzen**: *ich, du, er/sie/es, wir, ihr, sie.* Personalpronomen werden wie Nomen dekliniert (gebeugt).
- **Possessivpronomen** (besitzanzeigende Fürwörter) geben an, **(zu) wem etwas gehört:** *mein/meine, dein/deine, sein/seine, ihr/ihre, unser/unsere, euer/eure, ihr/ihre.* Possessivpronomen begleiten meist Nomen und stehen dann im gleichen Kasus (Fall) wie das dazugehörige Nomen.

6 **Jeder Satz in der linken Spalte hat eine zu ihm passende Fortsetzung in der rechten Spalte. So erkennst du sie: Im Satz links sind Nomen und Namen unterstrichen. In welchem Satz auf der rechten Seite gibt es Personalpronomen, die genau diese ersetzen? Verbinde.**

1 In der heutigen Stunde sollen die Schüler den Verschwindezauber üben.
2 Jeder Schüler muss sich vorn ein Mäuschen abholen.
3 Nun sollen sie den richtigen Zauberspruch anwenden.
4 Neville gelingt es nicht, die Maus verschwinden zu lassen.
5 Frau Professor McGonagall ist sehr verärgert über Neville.
6 Ron dagegen hat seine Maus entkommen lassen.
7 Im Gegensatz zu Neville und Ron ist Hermine der Zauber sofort gelungen.

C Neville hat ihn leider vergessen.
L Sie erhält deshalb ein besonderes Lob von der Lehrerin.
H Stattdessen verwandelt er sie in eine hässliche Kröte.
W Sie erhalten genaue Anweisungen von der Lehrerin.
I Er soll es anschließend vor sich auf den Tisch setzen.
T Sie erteilt ihm deshalb einen ordentlichen Tadel.
E Auch ihn ermahnt die Lehrerin, in Zukunft besser aufzupassen.

Findest du das Lösungswort?

Lösungswort:

1	2	3	4	5	6	7

7 **Harry streitet mit Malfoy um einen Besen. Trage in die Lücken die Possessivpronomen mein und dein ein, achte auf den richtigen Kasus.**

Harry: Wie kommst du zu ____________ Besen? *Malfoy:* Das ist nicht ____________, sondern ____________ Besen, er stand in ____________ Zimmer. *Harry:* Dass er in ____________ Zimmer steht, heißt noch lange nicht, dass der Besen auch dir gehört. *Malfoy:* Dann beweise gefälligst, dass es sich um ____________ Besen handelt! *Harry:* Nichts leichter als das, am Stil ____________ Besens befindet sich die Aufschrift „Nimbus 2000“ und wenn du ____________ Hände wegnimmst, werden wir sofort wissen, ob der Besen ____________ oder ____________ Eigentum ist. *Malfoy:* Da hast du ____________ blöden Besen und lass dich nie wieder in ____________ Zimmer blicken.

Die Tempora (Zeitformen) der Verben

Seite 47

1 Heute spielen Lucy, Susan, Edmund und Peter Verstecken (1). „Ich werde in den Wandschrank kriechen (3)", überlegt Lucy (1), „da können die anderen mich morgen noch suchen (2)!" Doch was ist das (1)? Der Schrank hat gar keine Rückwand (1), plötzlich steht Lucy auf einer verschneiten Lichtung (1). Gerade noch denkt sie: „Hoffentlich finde ich bald wieder nach Hause (2)", als sie ein seltsames Wesen entdeckt (1): Von der Mitte aufwärts hat es die Gestalt eines Mannes, aber es läuft auf zwei Ziegenbeinen und aus dem lockigen Haar ragen zwei Hörner hervor (1)! Es ist ein Faun (1)! „Das wird mir niemand glauben (3)", denkt Lucy noch, als der Faun erschrocken alles fallen lässt (1).

2 So solltest du verbunden haben: A + f – B + d – C + a – D + c – E + b – F + g – G + e

Seite 48

1 So könnte Lucys Erzählung lauten:

„Ich habe mich im Schrank versteckt. Hinten im Schrank bin ich plötzlich auf eine verschneite Lichtung gelangt. Da habe ich ein seltsames Wesen entdeckt: Es hat sich herausgestellt, dass es sich um einen Faun gehandelt hat, halb Mensch, halb Ziege! Er hat mich eingeladen. Wir sind gemeinsam zu seiner Wohnung gegangen. Dort hat der Faun ein Feuer gemacht, Tee gekocht und ein leckeres Essen zubereitet. Schließlich hat er mir noch spannende Geschichten erzählt. Später bin ich zur Lichtung zurückgekehrt, in den Schrank geklettert und wieder zu Hause angekommen."

2 ●●● Ich habe nicht geträumt! – Ich habe euch die Wahrheit gesagt! – Ich habe euch nicht angelogen!

Seite 49

1

Infinitiv	Präsens	Präteritum
backen	ich backe	ich backte
gucken	du guckst	**du gucktest**
verstecken	er/sie/es **versteckt**	**er/sie/es versteckte**

Infinitiv	Präsens	Präteritum
weinen	wir weinen	**wir weinten**
kochen	ihr **kocht**	ihr kochtet
lachen	**sie lachen**	sie lachten

2 A schlafen – B laufen – C schreiben – D kommen – E singen – F vergessen

3 a + b **Starke Verben:** laufen – sie lief, springen – er sprang, sehen – er sah, lesen – es las, bringen – sie brachte
Schwache Verben: kaufen – es kaufte, hören – es hörte, lachen – er lachte, antworten – sie antwortete, spielen – sie spielte

Seite 50

4 a + b Liebe Lucy, nach unserem Gespräch am Telefon ~~denkte~~ (→ dachte) ich die ganze Zeit an dein fantastisches Abenteuer. Auch wenn ich deine Sprache noch nicht perfekt kann, will ich dir unbedingt Folgendes erzählen: Letzte Woche ~~leste~~ (→ las) ich ein unglaubliches Buch. Ein Mädchen namens Alice ~~treffte~~ (→ traf) dort ein sprechendes Kaninchen. Sie ~~fallte~~ (→ fiel) in ein tiefes Loch und ~~kommte~~ (→ kam), genau wie du, in eine völlig andere Welt. Am Ende des Tunnels ~~befindete~~ (→ befand) sich eine kleine Tür, aber Alice passte nicht hindurch. Sie ~~findete~~ (→ fand) ein Fläschchen mit der Aufschrift „Trink mich!". Sie befolgte die Anweisung, ~~trinkte~~ (→ trank) das Fläschchen leer und ~~werdete~~ (→ wurde) winzig klein, dann ~~esste~~ (→ aß) sie noch von einem Kuchen und plötzlich ~~wachste~~ (→ wuchs) sie wieder. ...

5 ●●● Mögliche Begründung: Im Deutschen gibt es regelmäßig gebildete und unregelmäßige Verben. Du bildest das Präteritum der unregelmäßigen Verben nach dem Muster der regelmäßigen Verben. Wenn man Deutsch als Fremdsprache lernt, muss man (wie in anderen Sprachen auch) die unregelmäßigen Verben und ihre Personal- und Zeitformen lernen.

6 Nach einigen Tagen **spielten** die Kinder wieder Verstecken. Edmund **kroch** in den Schrank. Doch was **war** das? Plötzlich **landete** etwas Feuchtes auf seinem Kopf. Es schneite. Er **befand** sich mitten in einem Wald. Auf einmal hörte er Glöckchengeläut und kurz darauf **entdeckte** er einen Schlitten mit Rentieren. Auf dem Schlitten **saß** eine riesige weiße Frau mit einer Krone auf dem Kopf, die Edmund streng **musterte**.

7 ●●● Edmund **traf** in Narnia die Weiße Hexe Jadis, die sich als Königin von Narnia **ausgab**. Ganz Narnia **lag** unter ihrem Zauber, der **bewirkte**, dass ständig Winter **war** und es trotzdem nie, niemals Weihnachten **gab**. Als die Hexe **hörte**, dass Edmund ein Mensch **war**, **wurde** sie gleich viel freundlicher: Sie **verwöhnte** ihn mit Türkischem Honig, den Edmund immer gieriger **verschlang**. Er **ahnte** nicht, dass der Honig verhext **war** und dass jeder, der davon **kostete**, immer mehr haben **wollte**. Die vorgebliche Königin **schmeichelte** Edmund und **erfuhr**, dass er noch drei Geschwister **hatte**. Die **sollte** er nach Narnia bringen. Als Belohnung **versprach** Jadis ihm noch mehr Türkischen Honig. Sie **winkte** Edmund noch einmal zu und **verschwand** dann mit ihrem Schlitten im tiefen Wald.

Seite 51

1 A geschwommen – B geschrieben – C geholfen – E geantwortet – F befohlen – G verloren
Lösungswort: Winter

2 [X] Nachdem Lucy durch einen Schrank in das sagenhafte Land Narnia gelangt war, [ ] traf sie dort einen Faun.
[X] Nachdem Lucy nach Hause zurückgekehrt war, [ ] erfuhr die Weiße Hexe Jadis von ihrem Besuch in Narnia.
[ ] Sie schickte den Chef der Geheimpolizei zum Faun, [X] da der Faun den Besuch nicht gemeldet hatte.
[ ] Der Chef der Geheimpolizei verwüstete die Wohnung des Fauns, [X] nachdem er ihn verhaftet hatte.
[X] Da der Faun der Weißen Hexe nicht gehorcht hatte, [ ] verwandelte sie ihn zur Strafe in einen Stein.

3 ●●●
A ..., nachdem sie einem Rotkehlchen gefolgt waren.
B ..., nachdem alle frische Forellen verspeist hatten.
C ..., nachdem sich die Kinder gesetzt hatten.
D ..., nachdem Aslan sich auf den Weg dorthin gemacht hatte.
E ..., weil die Weiße Hexe Jadis ewigen Winter gezaubert hatte.

Verben – Aktiv und Passiv

Seite 52

1 Zucker, Honig und Wasser werden in einen Topf gefüllt und etwa eine Stunde gekocht. Nun wird das Eiweiß zu einem sehr steifen Schnee geschlagen. Dann wird die Zuckermasse unter ständigem Rühren hinzugegeben. Die kandierten Kirschen und die Nüsse werden grob mit einem Wiegemesser gehackt. Anschließend werden sie unter die Zuckermasse gemischt. Die Masse wird auf ein Stück Backpapier oder ein Backblech gelegt. Sie wird über Nacht getrocknet. Jetzt wird die feste Masse in Portionsstücke geschnitten. Die Leckerei wird nun probiert!

Wortbildung

Seite 53

1 A baumstark: Nomen + Adjektiv – B dunkelgrün: Adjektiv + Adjektiv – C Speerwurf: Nomen + Nomen

2 a + b
A spät + Sommer = Spätsommer – möglich: hart + Weizen = Hartweizen
B möglich: Kinder + lieb = kinderlieb; Meer + grün = meergrün
C möglich: Abenteuer + Urlaub = Abenteuerurlaub; Baum + Krone = Baumkrone; Vogel + Nest = Vogelnest
D möglich: hell + blau = hellblau; zart + bitter = zartbitter; süß + sauer = süßsauer

3 ●●● Mögliche Zusammensetzungen: Hochhaus, Bürohaus, Funkhaus, Schulhaus, Gartenhaus, Treibhaus, Ferienhaus, Vogelhaus, Schneckenhaus, Bienenhaus, Puppenhaus, Bauernhaus, Fachwerkhaus, Steinhaus, Frauenhaus, Schauspielhaus, Elternhaus, Autohaus, Brauhaus, Bootshaus, Tollhaus, Fertighaus, Unterhaus, Oberhaus

Seite 54

1 a + b
Benutzen Sie zum Öffnen der Verpackung keine scharfen Gegenstände, um das Gerät nicht zu zerstören.
Entnehmen Sie den aufgerollten Teppich sehr vorsichtig aus dem Karton. In der Hülle finden Sie den zerlegten Autopiloten und das Gerüst, um den Teppich zu besteigen. Verbinden Sie die Einzelteile, nachdem Sie den Autopiloten zusammengesetzt und ihn entriegelt haben.
Hinweise: Achten Sie darauf, den Teppich nicht zu stark zu beladen. Gehen Sie sparsam mit dem Treibstoff um!
Alle Teile sind austauschbar. Wenn Sie den Teppich unsachgemäß verwenden, erhalten Sie keinen neuen!

2 Mögliche Ableitungen: **achten:** beachten, erachten, missachten, verachten – **lassen:** belassen, entlassen, erlassen, verlassen, zerlassen – **halten:** behalten, enthalten, erhalten, verhalten – **gehen:** begehen, ergehen, entgehen, vergehen, zergehen

3 Mögliche neue Nomen:
die Achtung: die Beachtung, die Missachtung, die Verachtung – **der Fall:** der Befall, der Verfall, der Zerfall, der Unfall – **der Rat:** der Verrat, der Unrat – **der Schluss:** der Beschluss, der Entschluss, der Verschluss

Seite 55

1 Mögliche Adjektive und Wortgruppen: **neidisch**, die neidischen Nachbarn – **selten**, eine seltene Tierart – **wunderbar**, die wunderbaren Ferien; oder: **wunderlich**, ein wunderlicher Mensch – **heldenhaft**, der heldenhafte Sieg – **gierig**, der gierige Löwe

2 die Meldung – die Schönheit – die Lösung – die Müdigkeit – das Wachstum – die Erkenntnis – das Geheimnis

3 Einfach unterstrichen = orange, doppelt unterstrichen = grün:
Mit großer Begeisterung bestieg ich den fliegenden Teppich. Obwohl es zuerst schwierig war, die Balance zu halten, begeisterte mich dieses ungewöhnliche Fahrzeug sofort. Es war ein herrliches Erlebnis, über die Stadt zu gleiten und die Schönheit der Landschaft von oben zu betrachten. Der Autopilot verrichtete seine Arbeit mit einem kaum hörbaren Geräusch, sodass ich den wunderbaren Flug ohne Störung genießen konnte. Etwas gefährlich war nur die Landung. Man muss sich dem Boden dabei äußerst langsam und vorsichtig nähern. Ich landete glücklich!

4 ●●● Mögliche Wörter: Un-be-last-bar-keit, Un-be-fahr-bar-keit, Un-acht-sam-keit, Un-ver-wund-bar-keit, Ver-füg-bar-keit, un-miss-ver-ständ-lich, un-be-lehr-bar, un-ver-käuf-lich

Seite 56

1 **waagerecht:** finden (1. Zeile), Finderlohn (2. Zeile), Erfindung (4. Zeile), Befindlichkeit (8. Zeile), Findling (10. Zeile), Fund (12. Zeile), Pfadfinder (12. Zeile)
senkrecht: findig (Zeile C), Erfinderin (Zeile F), Goldfund (Zeile P), unerfindlich (Zeile T), befinden (Zeile V)

2 Mögliche Wörter der Wortfamilie:
Zusammensetzungen: Fundsache, Schatzfund, Findelkind, abfinden, Abfindung
Ableitungen: erfinden, erfinderisch, Erfinder, Befund

3 ●●● **Nomen:** Festredner, Redewendung, Redefluss, Vielredner
Adjektive: rednerisch, beredsam, redselig, redegewandt
Verben: ausreden, überreden, bereden, anreden

Seite 57

Teste dich! – Wortarten und Wortbildung

1	7 2 1 3 6 5 4 8 2 1 Diese tiefe Schlucht überflog ich gestern auf meinem wunderbaren Zauberteppich.	10 Punkte
2	A **jagen:** er hatte gejagt – er jagte – er hat gejagt – er wird jagen B **fliehen:** er war geflohen – er floh – er ist geflohen – er wird fliehen	8 Punkte
3	**Nebelschleier:** Nomen + Nomen – **steinalt:** Nomen + Adjektiv	2 Punkte
4	A **legen:** belegen, erlegen, verlegen, zerlegen – B **ziehen:** beziehen, erziehen, entziehen, verziehen	8 Punkte
5	die Frechheit, die Finsternis, der Reichtum, die Kostbarkeit	4 Punkte
6	V bilden – N Spiegelbild – A bildlich – N Bildung – A bildhaft – V abbilden	6 Punkte
	Insgesamt zu erreichende Punktzahl:	**38 Punkte**

Satzglieder unterscheiden

Seite 58

1 a A Ein Detektiv beobachtet eine verdächtige Person unauffällig.
B In den meisten Fällen übersieht der Verdächtige die Beschattung.
b A Unauffällig beobachtet ein Detektiv eine verdächtige Person. – Eine verdächtige Person beobachtet ein Detektiv unauffällig. (Auch möglich: Eine verdächtige Person beobachtet unauffällig ein Detektiv.)
B Der Verdächtige übersieht in den meisten Fällen die Beschattung. – Die Beschattung übersieht der Verdächtige in den meisten Fällen. – Der Verdächtige übersieht die Beschattung in den meisten Fällen.

2 A Eine Zeitung | hilft | jedem Detektiv. – Er | schneidet | kleine Löcher | in die Zeitung. – Durch die Löcher | sieht | er | die Umgebung. – Die Anwesenden | bemerken | nichts Auffälliges.
B Kluge Detektive | sind | vorsichtig. – Jede schlaue Spürnase | besitzt | einen Taschenspiegel. – Dem Verdächtigen | zeigt | der Detektiv | den Rücken. – Der Spiegel | offenbart | dem Ermittler | Verdächtige.

Seite 59

1 a + b + c Prädikatsklammer, Personalform
A Mit dieser geheimen Bilderschrift tauschten Räuber Nachrichten aus. – austauschen
B Man konnte sie an Hauswänden, Zäunen oder Türen entdecken. – können, entdecken
C Durch die Zinken gaben die Gauner Tipps und Warnungen weiter. – weitergeben
D Mit einer gezackten Linie haben sie ihre Kollegen vor einem bissigen Hund gewarnt. – haben, warnen
E Drei kleine Kreise zeigten großzügige Geldgeber als Bewohner an. – anzeigen
F Bei einem Kreuzchen mussten die Bettler weiterziehen. – müssen, weiterziehen
G Die Kollegen waren an diesen Haustüren ohne Erfolg geblieben. – sein, bleiben

2 + 3 a + b Rotwelsch ist eine Mischung aus verschiedenen Sprachen. „Polizist" heißt „Quetsch". Durch die Ganovensprache bleiben Gespräche unverständlich. (denn: Gespräche bleiben unverständlich.) Mit viel „Kies" oder einer Menge „Blech" werden die Gauner reich. (denn: Die Gauner werden reich.)

Seite 60

1 a + b A Die Polizeibehörde Scotland Yard hat einem Brettspiel den Namen gegeben.
Wem hat Scotland Yard den Namen gegeben? einem Brettspiel = Dativobjekt, Wen oder was hat Scotland Yard einem Brettspiel gegeben? den Namen = Akkusativobjekt
B Der Spielplan stellt den Londoner Stadtplan dar.
Wer oder was stellt den Stadtplan von London dar? der Spielplan = Subjekt, Wen oder was stellt der Spielplan dar? den Stadtplan von London = Akkusativobjekt
C Die Jagd nach Mister X bedarf einer guten Abstimmung.
Wer oder was bedarf der guten Abstimmung? die Jagd nach Mister X = Subjekt, Wessen bedarf die Jagd nach Mister X? der guten Abstimmung = Genitivobjekt
D Den Verbrecher Mister X muss ein einzelner Spieler spielen.
Wer oder was muss den Verbrecher Mister X spielen? ein einzelner Spieler = Subjekt, Wen oder was muss ein einzelner Spieler spielen? den Verbrecher Mister X = Akkusativobjekt
E Seine verdeckten Spielzüge verleihen dem Spiel Spannung.
Wer oder was verleiht dem Spiel Spannung? seine verdeckten Spielzüge = Subjekt, Wem verleihen die verdeckten Spielzüge Spannung? dem Spiel = Dativobjekt, Wen oder was verleihen die verdeckten Spielzüge dem Spiel? Spannung = Akkusativobjekt

Seite 61

2 Mögliche Sätze: A Mister X | gibt | den Mitspielern | das benutzte Verkehrsmittel | bekannt. – B Die Detektive | umzingeln oder besetzen | die Spielposition von Mister X. – C Den Titel „Spiel des Jahres 1983" | verlieh | man | dem Spiel „Scotland Yard".

3 ●●● a + b ... Der Flüchtige **schämt sich** seiner Tat offenbar nicht. Die Verfolger **bedürfen** einer gemeinsamen Taktik. Die Agenten **harren** des Erscheinens des Verbrechers. Nach Ergreifen des Täters **erfreuen sich** die Detektive bester Laune. Vielleicht **besinnt sich** der Verbrecher durch seine Gefangennahme eines Besseren.

Seite 62

4 a + b Mögliche Sätze: A Einige Menschen fragen nach dem Preis der Lose. (Wonach? Nach was?) – B Ein älterer Herr leidet unter der Hitze. (Worunter? Unter was?) – C Lars kümmert sich um seinen kleinen Bruder. (Worum? Um wen/was?) – D Die Polizisten suchen nach einem Dieb. (Wonach? Nach was?) – E Der Dieb fürchtet sich vor den Polizisten. (Wovor? Vor wem?)

Seite 63

1 A Die Täter sind in den Keller eingedrungen. – Wo?/Wohin? – adv. Best. des Ortes
B Sie haben die Tür brutal und rücksichtslos aufgestemmt. – Wie? Auf welche Weise? – adv. Best. der Art und Weise
C Aus Vorsicht haben die Eindringlinge keinen Lichtschalter betätigt. – Warum? – adv. Best. des Grundes
E Sie haben an der großen freien Wand der Mensa ein Bild hinterlassen. – Wo? – adv. Best. des Ortes
F Die Sprayer waren über eine Stunde lang beschäftigt. – Wie lange? – adv. Best. der Zeit
G Mit großer Sorgfalt haben sie alle Spuren beseitigt. – Wie? – adv. Best. der Art und Weise
H Die Täter sind zu Fuß geflohen. – Wie? – adv. Best. der Art und Weise
I Die leeren Dosen haben sie in einem Mülleimer entsorgt. – Wo? – adv. Best. des Ortes

2 ●●● Mögliche Fragen nach weiteren Informationen zum Tathergang:
Auf welche Weise wurde die Tat vorbereitet? – Wie sind die Täter vorgegangen? – Womit haben die Täter ihr Bild angefertigt? – Wo wurden die Materialien gekauft? – Wo genau sind sie in den Keller eingedrungen? – Warum hat sie niemand gesehen? – Weswegen haben sie die leeren Spraydosen fortgeworfen?

Seite 64

3 **Am 26. 7. 20xx** wurde der Täter Jan E. **in seiner Wohnung im Stadtteil Westend, Remigiusweg 16 a** angetroffen. **Wegen der Farbreste an seiner Kleidung** bestand kein Zweifel, dass der junge Mann der Täter war. **Schon nach wenigen Minuten** gestand er die Tat **freimütig**. Er ließ sich **ohne Widerstand** abführen.

4 a Eines Morgens planten wir ziemlich dumm und unüberlegt eine Mutprobe. Die Idee kam uns schlagartig in der Mensa. Wir verabredeten uns verschwörerisch und trafen uns nachts vor der Schule. Bald hatten wir die Tür geknackt. Aus purem Übermut gestalteten wir die Wand wunderschön und bewunderten sie am Ende begeistert. Das war eine leichtsinnige Aktion! Ich hätte vor der Tat nachdenken sollen.

b **adv. Best. der Zeit:** Eines Morgens, nachts, Bald, am Ende, vor der Tat
adv. Best. des Ortes: in der Mensa, vor der Schule
adv. Best. des Grundes: Aus purem Übermut
adv. Best. der Art und Weise: ziemlich dumm und unüberlegt, schlagartig, verschwörerisch, wunderschön, begeistert

Seite 65

1 Mögliche Wortgruppen: entscheidende Fragen, Lösung des Falles, geheimnisvolle Informationen, rätselhafter Mord, Detektivgeschichten für besonders kluge Köpfe, beinahe unlösbarer Fall, Zeugenaussagen mit Widersprüchen, Nachforschungen ohne Ergebnis, Geschichte für Hobbydetektive, genaue Antworten

2 a + b

Ein älteres Ehepaar kommt nach Hause. Plötzlich hören sie im Keller des Hauses merkwürdige Geräusche.

Der Mann nimmt zwei Messer und will den Dieb stellen. Ein unüberhörbares, verdächtiges Rumpeln lässt ihn erschauern.

Er öffnet die quietschende Kellertür. Da sieht er die Katze der Nachbarn verschreckt in der Ecke sitzen.

Seite 66

3 a Listiges Hausschwein mit Spürsinn – Tierheld des Tages: Filou –

Körniger Finderlohn eines Wellensittichs – Diebisches Kaninchen entlaufen –

Verrückte Hennen ohne Mut rennen davon

b **Adjektivattribut:** Körniger, Diebisches, Verrückte – **präpositionales Attribut:** mit Spürsinn, ohne Mut – **Genitivattribut:** des Tages, eines Wellensittichs

4 ●●●
A Lärmende Katze ohne **verbrecherische** Absichten – 3 Attribute (1 Attribut ist in ein anderes eingebettet)

B Ratten sind gefürchtete Schrecken **ängstlicher** Hausbesitzer – 3 Attribute (1 Attribut ist in ein anderes eingebettet)

5 Paul, mein Nachbar, kennt ungewöhnliche Geschichten. Neulich erzählte er von einem Dackel, einem äußerlich ganz normalen Tier, das zum Dieb dressiert wurde. Er gehörte einem Jungen, dem Sohn des Hausmeisters der Schule. Er soll dem Dackel beigebracht haben, durch die Hintertür in fremde Häuser, alles Gebäude mit Garten, zu schlüpfen. Dort entwendete der vierbeinige Einbrecher zie sicher die Wurst, seine Lieblingsspeise, aus den Fächern des Kühlschrankes, eines für eine Hundenase leicht zu findenden Gerätes.

Texte überarbeiten mit Hilfe von Proben

Seite 67

1 Mögliche Begründung: Die stete Wiederholung des Subjekts „Inspektor Casper" am Satzbeginn muss vermieden werden. Die Satzanfänge wirken eintönig.

2 a Mögliche Verbesserung (Ersatzprobe):
Inspektor Casper schaute den roten Sportwagen der Luxusklasse, der vor der Villa Hortensia stand, in aller Ruhe an. ~~Inspektor Casper~~ **Er** stellte an der Lackierung des rechten Kotflügels keine Schäden fest. ~~Inspektor Casper~~ **Der Ermittler** prüfte die Lackierung anhand einer Farbtabelle des Herstellers. Inspektor Casper war auf der Suche nach dem Fahrer eines kirschroten Unfallwagens, der vor drei Tagen gegen 20:30 Uhr einen Fahrradfahrer angefahren und Unfallflucht begangen hatte. ~~Inspektor Casper~~ **Er** hatte an der Unfallstelle rote Lackspuren und Splitter eines Scheinwerfers entdeckt.

b Mögliche Verbesserung (Umstellprobe):
Inspektor Casper schaute den roten Sportwagen der Luxusklasse, der vor der Villa Hortensia stand, in aller Ruhe an. **An der Lackierung des rechten Kotflügels** stellte **er** keine Schäden fest. **Anhand einer Farbtabelle des Herstellers** prüfte **der Ermittler** die Lackierung. **Der Inspektor** war auf der Suche nach dem Fahrer eines kirschroten Unfallwagens, der vor drei Tagen gegen 20:30 Uhr einen Fahrradfahrer angefahren und Unfallflucht begangen hatte. **An der Unfallstelle** hatte **Casper** rote Lackspuren und Splitter eines Scheinwerfers entdeckt.

Seite 68

3 Mögliche Textergänzungen (Erweiterungsprobe):
Der Ermittler klingelte an der Haustür der Villa, die Jack Cobb gehörte. Cobb, **der Besitzer des Sportwagens**, öffnete, er wirkte **beim Anblick des Dienstausweises** sehr gelassen. „Waren Sie vor drei Tagen **in der Nähe von Glasgow** mit Ihrem italienischen Flitzer unterwegs?", fragte Casper. „Ich war **seit Jahren** nicht in der Gegend. Was ist passiert?", erwiderte Cobb „Ein Junge wurde **von einem Fahrzeug, wie Sie es fahren,** angefahren", erklärte Casper. „Man fand Lacksplitter. Mit der Speziallackierung Kirschrot wurden nur zwanzig Wagen **nach England** geliefert. Wir überprüfen **wegen des Unfalls** alle diese Fahrzeuge." Cobbs Gesichtsausdruck blieb bei diesen Erklärungen unbewegt. „Sie haben keine Unfallspuren gefunden. Kotflügel und Scheinwerfer **meines Wagens** sind in Ordnung. Lassen Sie mich in Ruhe!" „Haben Sie ein Alibi für den Abend der Tat?", fragte der Inspektor. „Tut mir leid. Ich habe **allein** in meinem Büro gearbeitet. Aber ich habe nichts mit dem Unfall **des Radfahrers** zu tun." „O doch, das haben Sie!", erwiderte Casper.

4 Mögliche Verbesserung (Weglassprobe):
„Mister Cobb, Sie haben sich ~~mehrfach~~ in eine ganze Reihe von ~~mehreren~~ Widersprüchen verstrickt. Mit Sicherheit kann ich ~~gewiss~~ sagen, dass Sie ~~sicherlich~~ ohne jeden Zweifel der Unfallfahrer sind."
„Sie können mir nichts anhaben." „Und ob", triumphierte der Inspektor. „Es gibt einen eindeutigen Beweis. Mit diesem ~~Beweis~~ kann ich Sie überführen." Was war Inspektor Casper bei der Befragung aufgefallen?

5 ●●● Mister Cobb hat sich verraten, weil nur der Täter wissen konnte, welche Fahrzeugteile nach dem Unfall beschädigt (und inzwischen wieder repariert) waren und dass ein Radfahrer angefahren wurde. Inspektor Casper hatte ihm diese Informationen noch gar nicht mitgeteilt.

Seite 69

Teste dich! – Satzglieder und Attribute

1 A Der raffinierte Dieb (Subjekt) / übergab (Prädikat) / seine Beute (Akk.-Obj.) / unauffällig (adv. Best. der Art und Weise) / im Bahnhof. (adv. Best. des Ortes) – B Wegen einer Zugverspätung (adv. Best. des Grundes) / misslang (Prädikat) / ihm (Dat.-Obj.) / die Flucht. (Subjekt) – C Lotte (Subjekt) / erkannte (Prädikat) / ihn (Akk.-Obj.) / sofort (adv. Best. der Zeit) / an seinen dreckigen Schuhen. (Präpositionalobjekt) 14 Punkte

2 A Adjektivattribut – B präpositionales Attribut – C Genitivattribut – D Apposition 4 Punkte

3 Richtig sind die Aussagen A und D. Falsch sind die Aussagen B und C. 4 Punkte

Insgesamt zu erreichende Punktzahl: 22 Punkte

Satzreihe und Satzgefüge

Seite 70

1 Das ungewöhnliche Buch „Die Entdeckung des Hugo Cabret" von Brian Selznick bleibt den Lesern im Gedächtnis, denn es ist ein Roman in Worten und Bildern. Ein Teil der Buchseiten enthält eine erzählte Geschichte, aber der größte Teil des Buches zeigt doppelseitige Bleistiftzeichnungen. Auf den Leser wirkt der Roman wie ein Bilderbuch oder ein Film, denn die Zeichnungen erzählen die Geschichte weiter. Das Buch liegt mit über 500 Seiten schwer in der Hand, doch der Roman ist selbst für Lesemuffel kein schwerer Brocken. Eine Seite Text führt in die Geschichte ein(,) und auf den nächsten 42 Seiten folgen ausschließlich Bilder. Der Leser schaut der Hauptfigur Hugo nicht sofort über die Schulter, sondern sein Blick wird wie mit einem Zoomobjektiv vom Mond über den Eiffelturm und einen großen Bahnhof in Paris langsam immer näher an den Jungen herangeführt. Plötzlich verschwindet Hugo hinter einer der riesigen Bahnhofsuhren.

2 Mögliche Satzreihen (nebenordnende Konjunktionen):
A Die Hauptfigur des Romans heißt Hugo Cabret, er erzählt von Hugos geheimem Leben in den Gemäuern des Bahnhofs.
B Ganz allein kümmert er sich um die großen Uhren im Bahnhof, denn sein Onkel, der Uhrenwächter, ist seit Monaten verschwunden.
C Auf seinen Runden durch die verborgenen Gänge des Bahnhofs zieht Hugo die Uhren auf(,) und er ölt die Mechanik.
D Keinesfalls will Hugo auffallen, aber/doch sein geheimes Leben ist in Gefahr.

Seite 71

3 **4** ●●● a + b + c Der Waisenjunge Hugo besitzt zwei geheime Schätze, die die Erinnerung an seinen verstorbenen Vater bewahren. Es handelt sich um einen kaputten Automatenmenschen und ein Notizbuch. Hugo will den Automaten unbedingt reparieren, weil sein Vater jahrelang an diesem mechanischen Menschen arbeitete. Er glaubt fest daran, dass ihm dieses Kunststück gelingt. Zum Glück enthält das Notizbuch seines Vaters wichtige Informationen, die Hugo bei der Wiederherstellung helfen. Wenn der Automatenmensch sich endlich wieder bewegt, schreibt er hoffentlich eine persönliche Botschaft des Vaters für Hugo auf. Das Material für die Reparaturen stiehlt Hugo in einem Spielwarenkiosk, den ein schrulliger alter Mann im Bahnhof betreibt. Obwohl Hugo sehr vorsichtig vorgeht, ertappt ihn der Alte eines Tages bei einem Diebstahl. Was zuerst wie ein großes Unglück erscheint, entpuppt sich letztlich als Hugos Glück. Der Spielwarenhändler hat eine Enkelin, die Isabelle heißt. Der Automatenmensch erwacht, da Isabelle den passenden Schlüssel an einer Kette um den Hals trägt, mit ihrer Hilfe zum Leben und beginnt zu zeichnen.

Seite 72

5 a + b

A Die Zeichnung, die im Automaten gewartet hat, zeigt ein großes Mondgesicht mit einer Rakete im Auge.

— HS —, — NS —, — HS —.

B Von seinem Vater wusste Hugo, dass dieser Mond im Lieblingsfilm seines Vaters vorkam.

— HS —, — NS —.

C Der Stummfilm „Die Reise zum Mond", der als erster Science-Fiction-Film gilt, wurde 1902 gedreht.

— HS —, — NS —, — HS —.

D Nachdem der Automat die Zeichnung vollendet hat, unterschreibt er mit dem Namen „Georges Méliès".

— NS —, — HS —.

6 ●●● A Weil Méliès von der Erfindung des Films begeistert ist, möchte er selbst Filme drehen.
B 1897 eröffnet der Franzose eines der ersten Filmstudios der Welt, damit er dort mit der Entwicklung des Films experimentieren kann.
C Als Méliès später große finanzielle Probleme hat, verkauft er die Negative der meisten Filme.

Seite 73

1 a + b In dem Buch „Der durch den Spiegel kommt" erzählt Kirsten Boie sehr spannend von einem Abenteuer, das in einer fremden Welt stattfindet. Die Hauptfigur ist das Mädchen Anna, das sich selbst nicht besonders mutig oder hübsch findet. Ein Spiegel, den Anna zufällig auf dem Weg zum Supermarkt findet, erweist sich als Zauberspiegel. Die silberne Seite, die Anna zuerst erblickt, spiegelt ihre normale Umgebung wider. Die goldene Seite aber bringt sie in ein fremdes Land, das zunächst ganz idyllisch auf sie wirkt. Die ersten Menschen, welche ihr in diesem Traumland begegnen, machen ihr eines bald deutlich. Anna ist die Heldin, die sie schon lange erwarten.

2 a + b

A Ein Kaninchen, das neben dem Spiegel sitzt, wird Annas frecher Begleiter.

B Abends kehren sie in ein Gasthaus ein, das am Weg liegt.

C Am Morgen flehen Anna alle Menschen, die ins Gasthaus geströmt sind, um Hilfe an.

D Das Mädchen, das völlig verwirrt ist, sehnt sich zurück in die Welt, die ihm vertraut ist.

Seite 74

1 a + b Nachdem Anna mit verschiedenen Personen gesprochen hat, (...). (...), weil der schreckliche Evil seine Herrschaft unentwegt ausdehnt. (...), während diese arglos auf dem Feld arbeiten. (...), weil sie kein Herz haben. Obwohl Anna sich ganz jämmerlich fühlt, (...). (...), da sie großes Mitleid mit den Menschen empfindet, (...). Bevor Evil das Land ganz in seinem Griff hält, (...). (...), weil sie mit seiner Hilfe jederzeit nach Hause zurückkehren kann.

2 A Bevor Anna Evils Burg erreicht, muss sie viele gefährliche Hindernisse überwinden.
B Anna schöpft immer wieder neuen Mut, weil/da ihr ein Freund hilft.
C Als sie die Burg betritt, empfindet Anna große Angst.
D Anna besteht alle Abenteuer, indem sie Mut und Klugheit anwendet.

Seite 75

Teste dich! – Satzreihe und Satzgefüge

1 Die Aussagen B, D, E und F treffen zu, die Aussagen A und C nicht. 6 Punkte

2 Mögliche Relativsätze:
A Das Buch „Alabama Moon" ist ein Abenteuerroman, den der US-Amerikaner Watt Key schrieb.
B Moon ist ein mutiger Junge, der seit seiner Geburt mit seinen Eltern in einer Erdhöhle lebt. 2 Punkte

3 a Als Moon zehn Jahre alt ist, stirbt sein Vater (SG). Moon muss sich von nun an allein durchschlagen und er geht zu dem einzigen ihm bekannten Menschen (SR). Dieser will Moon in ein Heim schicken, aber Moon will lieber zurück in die Wildnis (SR). Dies gelingt ihm aber nicht so leicht, da er von einem Polizisten gesucht wird (SG). Schließlich landet er, nachdem der Polizist ihn grob gefangen genommen hat, doch im Heim (SG). Mit seinen neuen Freunden Kit und Hal gelingt ihm die Flucht, weil er sehr genau beobachtet (SG). Die drei machen sich auf in die Wildnis, denn sie wollen frei leben (SR). 7 Punkte

b **unterordnende Konjunktion:** als, da, nachdem, weil
nebenordnende Konjunktion: und, aber, denn 7 Punkte

Insgesamt zu erreichende Punktzahl: 22 Punkte

Zeichensetzung

Seite 76

1 a + b Was macht man als Papagei**,** wenn man nach einem unerlaubten Ausflug nicht mehr nach Hause findet? Es wäre klug**,** wenn man einer Person seines Vertrauens seine Adresse verrät. Als die Polizei in der Nähe von Tokio einen Afrikanischen Graupapagei auf einem fremden Grundstück fand**,** brachte sie ihn sogleich auf die Polizeiwache. Nach einer Nacht**,** in der er völlig sprachlos war**,** brachten die Beamten den verstörten Vogel in eine Tierklinik. Obwohl sie durchaus freundlich zu dem Tier waren**,** beachtete es niemanden. Vielleicht sprach der Papagei nicht mit den Beamten**,** weil sie eine für Papageienaugen unschöne Uniform trugen.

2 a Außer Satz F sind alle Sätze Satzgefüge.

b + c Konjunktionen, **Relativpronomen**, Personalform des Verbs
A Als der entflogene Papagei in die Tierklinik kam, änderte sich sein Verhalten vollkommen.
B Der Vogel, **der** bislang ziemlich unbewegt schien, hatte nun offensichtlich großes Interesse an seiner Umgebung.
C Wenn jemand den Raum betrat, begrüßte er diesen besonders freundlich.
D Ansonsten plapperte er jedoch unaufhörlich belangloses Zeug, **das** in keiner Weise weiterhalf.
E Als ein Tierwärter dem Vogel jedoch etwas genauer zuhörte, sprach dieser die entscheidenden Worte.
G Dort fand die Polizei dann tatsächlich die Besitzer, **die** ihren Papagei überglücklich in Empfang nahmen.

Seite 77

1 Drei Wochen lang verbrachte ein Kater in einem großen Container ohne Futter**,** ohne Wasser**,** sogar ohne frische Luft. Mit seinen neun Monaten sehr jugendlich**,** aufgeweckt**,** niedlich**,** zutraulich – so wird Arthur beschrieben. Er wirkt wohl nicht besonders kräftig**,** schön oder sonst in irgendeiner Weise auffällig. Er war in Pompano Beach in Florida zu Hause**,** wo er gern die Nachbarkatze Emily besuchte**,** mit ihr spielte und manchmal auch gern einen kleinen Ausflug mit ihr machte.

2 Als der Besitzer von Emily seinen Umzug in das 4000 Kilometer entfernte Phoenix plante, zweifelte er keinen Augenblick daran, dass er seine sowohl geliebte als auch wertvolle Katze mitnehmen würde. Sehr zum Leidwesen von Arthur, der die sichtbaren und hörbaren Anzeichen des Umzugs sogleich bemerkte. In einem unbeaufsichtigten Moment muss der Kater entweder in einen Umzugskarton oder gleich in den Container geklettert sein. Drei Wochen lang hörte man weder sein klägliches Miauen noch sein verzweifeltes Kratzen. Doch dann wurde endlich ein Lagerarbeiter hellhörig und öffnete unter Videoaufsicht den Container: Heraus kam ein abgemagerter, ausgetrockneter sowie sichtlich geschwächter Kater.

3 Arthurs Besitzer Carl wurde schnell ausfindig gemacht und telefonisch benachrichtigt. Er hatte Arthur eigentlich schon aufgegeben und spielte mit dem Gedanken, einen Hund**,** ein Hängebauchschwein oder gar ein Pferd anzuschaffen, weil es keinen zweiten Kater wie Arthur gebe, der so liebevoll, schlau und auch noch anhänglich sei. Nun plant er eine große Wiedersehensparty mit Katzenleckerli, frischem Fleisch, Knabberstängli, aber auch Spritzigem und sowohl Süßem als auch Saurem für die zweibeinigen Gäste.

Seite 78

1 a + b A Er bittet den Kellner: „Bringen Sie mir doch ein großes Schokoladeneis mit Sahne." – B „Das ist ja ganz außerordentlich!", ruft die Dame. – C „Da stimme ich Ihnen voll und ganz zu", antwortet der Kellner, „sonst bestellt er immer nur Vanilleeis."

2 Mögliche Witze: **Witz I:** Zwei Hundebesitzer treffen sich beim Spaziergang. Herr Schmitz fragt Herrn Meier ganz besorgt: „Was bist du denn so traurig?" „Ach, mir ist gestern mein Hund weggelaufen", antwortet der Befragte. „Na, dann gib doch eine Suchanzeige auf!", schlägt Herr Schmitz vor. „So eine dumme Idee", wendet Herr Meier ein, „mein Hund kann doch nicht lesen." **Witz II:** Ein Vogel beobachtet, wie eine Schnecke einen Apfelbaum im Winter besteigt. „Was willst du denn mitten im Winter auf dem Apfelbaum?", fragt der Vogel ganz erstaunt. „Mich in einen Apfel hineinfressen", antwortet die Schnecke mit großer Selbstverständlichkeit in ihrer Stimme. „Aber schau mal", wirft der Vogel ein, „es sind noch gar keine Äpfel am Baum." Da erwidert die Schnecke: „Wenn ich oben bin, schon!"

Seite 79

Teste dich! – Zeichensetzung

1 A In einem Satzgefüge werden Haupt- und Nebensatz ~~nie~~/immer durch ein Komma abgetrennt.
B Der Nebensatz wird meist durch ~~Adverb~~/Konjunktion oder Relativpronomen/~~Personalpronomen~~ eingeleitet und die Personalform des Verbs steht im Nebensatz immer an ~~zweiter~~/letzter Satzgliedstelle.
C Wörter oder Wortgruppen werden in Aufzählungen durch ~~Satzschlusszeichen~~/Komma getrennt, es sei denn, sie werden durch ~~unterordnende~~/anreihende Konjunktionen wie z. B. und/~~aber~~ verbunden.
D Wörtliche Rede steht in ~~Satzschlusszeichen~~/Anführungszeichen. Der Redebegleitsatz kann ~~neben~~/zwischen, vor/~~unter~~ sowie ~~über~~/nach der wörtlichen Rede stehen. 11 Punkte

2 Der Papagei eines Verstorbenen [ ] soll versteigert werden. Der Auktionator nennt zunächst den Preis von 50 Euro [,] dann von 100 Euro [ ] und zuletzt von 200 Euro. Weil Frau Müller das schöne Tier unbedingt haben will [,] bietet sie mit. Nach einiger Zeit [ ] fällt ihr auf, dass ein anderer offensichtlich auch [ ] weder Kosten [ ] noch Mühe [ ] scheut, den Papagei zu besitzen. Als es ihr jedoch bei 1500 Euro zu bunt wird [,] ruft sie in die Runde: „Das ist mein letztes Gebot." Nachdem Frau Müller [ ] beim Auktionator bezahlt hat [,] merkt sie an: „Obwohl das Tier wirklich traumhaft schön [ ] und begehrenswert ist [,] wollte ich eigentlich nicht so viel Geld ausgeben. Ich würde mich freuen [,] wenn der Vogel wenigstens spricht." „Was glauben Sie, wer gegen Sie geboten hat", antwortet der Auktionator [,] der nicht einmal mit der Wimper zuckt. 15 Punkte

3 a + b Ein Mann kommt in eine Zoohandlung und verlangt: „Zehn Ratten bitte."
„Wozu brauchen Sie die denn?", wundert sich der Verkäufer.
„Ich habe meine Wohnung gekündigt", antwortet der Kunde, „und muss sie so verlassen, wie ich sie vorfand." 6 Punkte

Insgesamt zu erreichende Punktzahl: **32 Punkte**

Was kannst du schon? – Rechtschreibung

Seite 80

1 a Abend | stern – Sonnen | untergang – Morgen | dämmerung – Ferien | frühstück – Frei | bad | wetter – Spitzen | leistung
b Abend-stern – Son-nen-un-ter-gang – Mor-gen-däm-me-rung – Fe-ri-en-früh-stück – Frei-bad-wet-ter – Spit-zen-leis-tung 6 Punkte

2 Mun**d**dusche + bevor**m**unden – Stau**b** + abstau**b**en – richti**g** + berichti**g**en – Hal**b**zeit + hal**b**ieren – Lie**b**ling + verlie**b**en 5 Punkte

3 N**ä**hte + N**a**ht – w**ä**lzen + W**a**lze / unverk**äu**flich + k**au**fen – aufr**äu**men + R**au**m – Z**äu**ne + Z**au**n / r**ä**tselhaft + r**a**ten – g**äu**big + Gl**au**be/gl**au**ben – erkl**ä**ren + kl**a**r 8 Punkte

4 Pla**tz**karten – Gesche**nk**papier – schmü**ck**en – Ka**tz**e – Her**z**en – Holzstü**ck**chen (2 P.) – spi**tz**er – antro**ck**nen 9 Punkte

5 Moosgu**mm**imotiv – ni**mm**st – Schi**ff** – schne**ll** – Pre**ss**e – Mi**tt**e – Stempelki**ss**en – ka**nn**st – Schwa**mm**tuch – pinselst 10 Punkte

6 Abgebildet sind: Bohnen – Aal – Boot – Haare – Dose – Stuhl – Blume – Fohlen 8 Punkte

Seite 81

7 **Wörter mit i:** Liter – Margarine – Benzin; **Wörter mit ie:** frieren – schieben – verschieden; **Wörter mit ih:** ihre – ihm; **Wörter mit ieh:** sieht – flieht 10 Punkte

8 a Zu umkreisen sind: A naß – B Schloß – C wißbegierig – D Hundebiß – E Badespass – F Einlaß – G Erlebniss – H Fleiskärtchen (8 Punkte)
b A nass – B Schloss – C wissbegierig – D Hundebiss – E Badespaß – F Einlass – G Erlebnis – H Fleißkärtchen 8 Punkte

9 **U**mwelt – **K**unststoff – **M**eer – **S**chaden – **V**erbot – **S**teuer – **K**unststofftaschen – **K**opf – **J**ahr – **V**erbrauch 10 Punkte

10 Es ist kein Fehler in B, C und E. – Je ein Fehler ist in A (beim Einkauf) und D (die eigene Herstellung). 5 Punkte

Fehler vermeiden – Tipps zum Rechtschreiben

Seite 82

1 a Kiefern|holz|kiste – Zeichen|trick|filme – Tier|kranken|haus
b Kie-fern-holz-kis-te, Zei-chen-trick-fil-me, Tier-kran-ken-haus
c mögliche neue Wörter: Holztier – Spielfilm – Fußballtrick – Trickkiste – Tierkiefer – Spielball – Holzhaus – Ballkiste – Trickspiel – Filmkiste

2 A Vor|trag – vor|dem – vor|fahren – Vorder|reifen – vor|hin – Vor|jahr – vor|laut
B Ent|gegen|kommen – ent|lang|fahren – Ent|deckung – Enten|braten – ent|schieden – ent|zwei – ent|weder
C Moos|rös|chen (= Moos + Rose) – mäus|chen|still (= Maus + still) – Sommer|blüs|chen (= Sommer + Bluse) – Garten|häus|chen (=Garten + Haus) – Tee|gläs|chen (= Tee + Glas) – Rüschen|kleid
D ver|dammt – ver|zweifelt – Ver|weigerung – Ver|zinsung – ver|derben – Verb|form – |Ver|dachts|moment

3 ●●● a die **V**orankündigung – die **F**orelle – **v**orbeibringen – die **F**ortbildungsmaßnahme – zu**v**orderst – un**v**orhergesehen – die Forstwirtschaft – **f**ortsetzen – das **F**orum – **v**orurteilsfrei – **f**ormbar
b **Wörter mit vor-/ Vor-:** die Vorankündigung – vorbeibringen – zuvorderst – unvorhergesehen – vorurteilsfrei
Wörter mit f-/F-: die Forelle – die Fortbildungsmaßnahme – die Forstwirtschaft – fortsetzen – das Forum – formbar

Seite 83

1 **Nomen:** Körbe – der Korb, Kriege – der Krieg, Gelder – das Geld / **Adjektiv:** schmutziger – schmutzig, billiger – billig, wütender – wütend / **Verb:** nagen – es nagt, schenken – er schenkt, fliegen – es fliegt, reiben – sie reibt

2 ●●● a + b Mögliche Verlängerungswörter:
Abend (Abende) – Nord|west (Norden) – treibt (treiben) – Strand (stranden, Strände) – Bad (baden) – vergnügt (Vergnügen) – Sand (sandig) – Halb|insel (halbe) – Ödnis (öde) – Heimat (beheimatet) – Berg (Berge) – Traurig (trauriger)

Seite 84

1 A ~~Mitwoch~~ oder Mittwoch? Mitte, mittendrin – B ~~Erlepnis~~ oder Erlebnis? erleben, lebendig – C Gießkanne oder ~~Gieskanne~~? gießen, Gießer – D Flugzeug oder ~~Flukzeug~~? fliegen, Flüge – E ~~Abziebild~~ oder Abziehbild? abziehen, Ziehung – F Nähnadel oder ~~Nänadel~~? nähen, Näherin

2

A	Bäder	~~bleulich~~	bärtig	Blende
	Bad	blau, bläulich!	Bart	–
B	Päckchen	Pässe	~~pepstlich~~	Perle
	packen	Pass	Papst, päpstlich!	–
C	gräulich	Gäbelchen	~~Gleubigkeit~~	Geräusch
	grau oder Grauen	Gabel	Glaube, Gläubigkeit!	rauschen
D	Männchen	~~Meuserich~~	Meute	Mäuerchen
	Mann	Maus, Mäuserich!	–	Mauer

Seite 85

Teste dich! – Tipps zum Rechtschreiben

1 a + b + c A Der 50. Bundestaat der USA ist eine Inselkette im Pazifik. Sein Markenzeichen sind bunte Blumenkrenze. Wie heißt das Ferienparadies? – Verbesserung: Bundesstaat, Tipp = Zerlegen: Bundes|staat (es fehlt ein s) – Verbesserung: Blumenkränze, Tipp = Zerlegen + Ableiten: Blumen|kränze → Kranz (Richtige Antwort: c)

B Der größte Staat der Erde hat eine unforstellbar große Fläche von über 17 Millionen Quadratkilometern. Wer vom westlichsten zum östlichsten Punkt fährt, durchquert zehn ferschiedene Zeitzonen. Wie heißt seine Hauptstadt? – Verbesserung: unvorstellbar, Tipp = Zerlegen + Wortbausteine erkennen: un|vor|stell|bar, Wortbaustein vor- mit v – Verbesserung: verschiedene, Tipp = Zerlegen + Wortbausteine erkennen: ver|schiedene, Wortbaustein ver- mit v (Richtige Antwort: a)

C 1914 schipperte das erste Schif auf seinem Weg vom Pazifik in den Atlantik mitten durch dieses mitellamerikanische Land. – Verbesserung: Schiff, Tipp = Ableitungsprobe: Schiffe, verschiffen – Verbesserung: mittelamerikanische, Tipp = Zerlegen + Ableitungsprobe: mittel|amerikanische, die Mitte (Richtige Antwort: c)

D Mit 2 888 km ist die Donau der zweitlängste Strom Europas. Doch in wie vielen Lendern kann man die Füße eigentlich in ihre Fluten stäcken? – Verbesserung: Ländern, Tipp = Ableitungsprobe: Land – Verbesserung: stecken, Tipp = Ableitungsprobe: –, kein Wort mit a, also e (Richtig Antwort: c)

E Das „Land der tausend Seen" gehört zu Skandinavien. Es gipt dort runt 190 000 Gewässer. Dabei ist ... doch gar nicht so groß! – Verbesserung: gibt, Tipp = Verlängerungsprobe: geben – Verbesserung: rund, Tipp = Verlängerungsprobe: runde (Richtige Antwort: a) (je 10 Punkte)

Insgesamt zu erreichende Punktzahl: **30 Punkte**

Üben macht sicher – Regeln zum Rechtschreiben

Seite 86

1 a Die Revolution der Konsonanten
Vor vielen Jahren wanderte ein langer Vokal umher. Nichts störte ihn, keiner engte ihn ein. Nur selten traf er auf einsame Konsonanten. Diese schlossen sich ihm an, aber er blieb immerzu groß, breit und laut.
Eines Tages aber begannen die Konsonanten, sich zu ärgern. Sie wollten diesen eitlen langen Vokal nicht länger erdulden. Dieser Aufschneider, er sollte die Kraft der Konsonanten spüren! Sie bildeten Gruppen, immer zwei und zwei, selten sogar drei. Vor dem Vokal hatten sie keinen Erfolg. Aber schnell merkten sie, dass sie nur zusammen hinter den Vokal treten mussten und schon schrumpfte seine Länge und er wurde neben ihnen ein bescheidener kurzer Vokal.

b + c **Wörter mit zwei oder mehr verschiedenen Konsonanten nach dem betonten kurzen Vokal:**
wanderten – langer – Nichts – engte – selten – sich (2 ×) – und (4 ×)– ärgern – langen – nicht – länger – erdulden – Kraft – bildeten – selten – Erfolg – merkten – hinter – schrumpfte – Länge – wurde – kurzer
Wörter mit verdoppeltem Konsonanten nach dem betonten kurzen Vokal:
immerzu – begannen – wollten – sollte – Gruppen – immer – hatten – schnell – dass – zusammen – mussten

Seite 87

2 Mögliche Reimwörter: **Spatzen:** Katzen – schmatzen – Tatzen / **lecken:** schmecken – Decken – wecken / **backen:** knacken – packen – Macken / **Ritz:** spitz – Witz – Blitz

3 wollte – stellt – versteckt – mitten – Müll – kommt – total – verdreckt – zurück – kippt – Suppenschüssel – Schreck – Satz – Deckenlampe – Mittagessen – schnappt – Karotten – Schüssel – flitzt – klingelt – erschreckt – steckt – Butter – Ritzen – Heizung – zerfetzt – Sofakissen – starrt – verzückt – Packung – Nüssen – frisst – keck (oder: kess) – Sekundenschnelle – Futter – will – isst – Tellern – Kürzlich – Schwester – Autoschlüssel – verletzt – Regal – damit – völlig – zerkratzt – Dressurversuche – zwecklos – wollte – Affen

Seite 88

4 A die Zeugnisse – B die Freundinnen – C das Missverständnis – D die Zeuginnen – E das Gefängnis – F die Ergebnisse

5 ●●● a **waagerecht:** Akkordeon (1. Zeile), Oktave (2. Zeile), direkt (2. Zeile), Akkusativ (4. Zeile), Makkaroni (5. Zeile), korrekt (6. Zeile), Traktor (7. Zeile) – **senkrecht:** perfekt (Zeile A), Kontakt (Zeile C), Insekt (Zeile M), Hektik (Zeile O)
b **Fremdwörter mit kk:** Akkordeon, Akkord, Makkaroni, Akkusativ, Akku
Fremdwörter mit k: perfekt, Kontakt, direkt, Oktave, Traktor (enthält: Trakt), korrekt, Insekt, Hektik

Seite 89

1 Mögliche Wörter:
-ren: Düren – spüren – spuren/Spuren – sparen; **-len:** holen – malen – spülen – spulen; **-ten:** bluten – töten – sputen – hüten – Spaten – Daten; **-se:** Nase – Hose – Hase – Düse – Bluse – Dose; **-ne:** Düne – Töne – Krone – Hüne – Plane; **-me:** Name – Blume – Dame – Krume

2 a + b Wahrer Wohlgenuss für Pferde
Was Pferde wohl fressen, fragt sich manch einer: Wahrscheinlich hartes Brot oder Stroh? Ganz falsch. Brot hat, obwohl aus Getreide hergestellt, für Pferde keinen Nährwert. Und die Unterlage in den Boxen enthält auch nicht mehr Bekömmliches für sie. Ein Apfel oder eine Möhre ist also die bessere Wahl. Außerdem mögen die Tiere diese sehr gern und schätzen sie als Belohnung. Aber in Wahrheit ersetzt nichts davon eine echte Pferde-Mahlzeit. Würden die Vierbeiner noch verfahren wie ihre Vorfahren, dann wären sie den ganzen Tag damit beschäftigt, mit ihren Schneidezähnen hartes Steppengras zu rupfen. Das würden sie dann mit den Backenzähnen zu Brei mahlen und würden weder allzu wohlgenährt noch krank, weil Gras mager und für Pferde nährstoffreich ist.

Seite 90

3 Mögliche Wörter: **ah:** Rahm, Rahmen, Wahl, Wahn, Fahne, fahl, kahl, Kahn – **eh:** Kehle, kehlig, Kehre, Fehler, mehlig, Lehre, mehr, Hehler – **oh:** Mohn, Rohr, Sohn, Bohne, bohren, Bohrer, Lohn – **uh:** Ruhm, Ruhr, fuhr, Huhn, Stuhl

4 Gefahr – Entbehrungen – führten – Leben – Jahrhundert – sehr – bewohnten – Südwesten – wahrhaft – waren – wohl – verzehrten – Bohnen – Hüter – Zahl – geführt – Eisenbahn – Gleise – regelmäßig – zogen – zehn – fünfzehn – Ehrentitel

5 ●●● Mögliche Lösungen: Lehrerin: die Ehre, die Lehre – belohnen: ohne, Lohn, lohnen – bohren: die Ohren, das Ohr – erzählen: zählen – versöhnen: die Söhne

Seite 91

1 a A die Speere, B die Seelen, C die Meere, D die Saaten, E die Staaten
b A Sälchen, B Pärchen, C Bötchen

2 Mögliche Wörter: haarfein, staatlich, feenhaft, seelenruhig, moorig, moosig, moosgrün, schneebedeckt, meergrün, seegrün, kleeblättrig, kleegrün, erdbeerig, schneeig, meerblau

3 ●●● A Kaffee – B Allee – C Frottee – D Idee – E Tournee

Seite 92

1 **Das Geheimnis** Sagst du's mir? / Dann schwör ich dir, / will's weder ihm noch ihr, / will's niemandem verraten. / Sagst du's mir? / Sofort? / Gleich hier?
Schicksal Das Blatt Papier, noch unbeschrieben, / wäre gern so weiß geblieben, / geriet jedoch in meine Hände – / und mit der Weißheit war's zu Ende.

2 A fliegen – B riechen – C biegen – D frieren – E wiegen – F kriechen

3 adressieren – blockieren – charakterisieren – diktieren – experimentieren – fotografieren – galoppieren – hausieren – informieren – jubilieren – kassieren – linieren – maskieren – nummerieren – operieren – platzieren – quittieren – respektieren – schattieren – transportieren – uniformieren – variieren – wattieren – zensieren

Seite 93

4 Praline – Benzin – Liter – Rosine – wir – Pyramide – Kilometer – Musik – Krokodil **Lösungswort:** Literatur

5 **ziehen:** du ziehst, er zieht, er zog – **sehen:** du siehst, sie sieht, sie sah – **stehlen:** du stiehlst, er stiehlt, er stahl – **empfehlen:** du empfiehlst, sie empfiehlt, sie empfahl – **leihen:** du leihst, er leiht, er lieh – **fliehen:** du fliehst, er flieht, er floh **verzeihen:** du verzeihst, er verzeiht, er verzieh

Seite 94

1 a + b A Liederabend – B Himbeergelee – C Schwiegersohn – D Bärenhöhle – E Möhrengemüse – F Wohltat – G Knieschoner – H Leergut

2 ●●●
Es fehlt in Rom, im Dom, in Scham,
es steckt in Bohnen, Sahne, Rahm,
und mit ihm zieht man lang das Ohr
(ganz anders dehnt sich aus das Moor,
auch das Moos, das macht's wie doof),
dafür steht's falsch, steht es im Hof ...
Das Schaf braucht's nicht, jedoch der Hahn,
der Wal hat's nicht einmal im Tran,
der Kahn schwimmt mit, der Schwan schwimmt ohne
(ein rotes Boot droht mit Kanone ...)

Ja, wer die Wahl hat, hat die Qual,
bei kam und lahm und Schal und Pfahl ...
Der Sohn, der hat's, sein Saxofon
hat's nicht einmal beim schrägsten Ton ...
Ganz unbequem wär's bei bequem ...
Der Töpfer findet es im Lehm ...
Der Maler braucht es zum Bezahlen,
und wenn er Korn zu Mehl will mahlen,
ansonsten würde es ihn stören
(es sei denn, er kocht gerade Möhren ...)

Seite 95

1 A groß, Verlängerungsprobe: größer – B heiß, Verlängerungsprobe: heißer – C Kreis, Verlängerungsprobe: Kreise – D draußen – E los, Verlängerungsprobe: lose

2 A Spaß – spaßig; B Kloß – Klöße; C Gans – Gänse; D Maß – Maße; E Glas – Gläser; F Fleiß – fleißig; G Greis – Greise; H Fuß – Füße; I Gruß – grüßen/Grüße; J Haus – Häuser; K Gefäß – Gefäße

3 ●●● Nase – beweisen – Gemüse – heißen – Hals – winseln – Füße – grüßen – Meise – beißen – Dose – schließen – Mais – bremsen – Blase

Seite 96

4 a A Fass – nass – krass – Ass; B Schuss – Kuss – Fluss – muss
b A Fässer – nasser – krasser – Asse; B Schlüsse – Schüsse – Küsse – Flüsse – müssen

5 erschießen – Spaß – sprießen – Maß – essen – Fraß – besessen – wissen – verbissen

6 a + b lassen (stimmloser s-Laut nach betontem kurzen Vokal = ss) → sie ließen (stimmloser s-Laut nach betontem langen Vokal = ß) – schmeißen (stimmloser s-Laut nach Diphthong = ß) → sie schmissen (stimmloser s-Laut nach betontem kurzen Vokal = ss) – fressen (stimmloser s-Laut nach betontem kurzen Vokal = ss) → sie fraßen (stimmloser s-Laut nach betontem langen Vokal = ß) – beißen (stimmloser s-Laut nach Diphthong = ß) → sie bissen (stimmloser s-Laut nach betontem kurzen Vokal = ss) – vergessen (stimmloser s-Laut nach betontem kurzen Vokal = ss) → sie vergaßen (stimmloser s-Laut nach betontem langen Vokal = ß) – genießen (stimmloser s-Laut nach Diphthong = ß) → sie genossen (stimmloser s-Laut nach betontem kurzen Vokal = ss)

Seite 97

7 Mögliche Wörter der Wortfamilie „schließen“: der Verschluss – der Abschluss – das Schloss – die Schlosserei – entschlossen – verschlossen – die Schließe – der Schließer – das Schließfach – die Schließung – schließlich – abschließen – verschließen – aufschließen – zuschließen – (sich) entschließen

8 Mögliche Wörter aus den Wortfamilien:
genießen: genüsslich – Genießer – genießerisch – Genussmittel – (un-)genießbar – genussreich
fließen: Fluss – Flüsse – Flusskrebs – Flussufer – flussabwärts – Flüsschen – flüssig – Flüssigkeit – fließend – Fließband – Einfluss – Überfluss – überflüssig
fressen: Fraß – Fressnapf – Fresserei – Fresssucht – gefräßig – ausfressen – Kahlfraß – Vielfraß

9 Mögliche Sätze:
Frettchen Fritz fraß gefräßig fieses Fressen. – Fischer Freddy fing flussabwärts frische Flussfische für Frida.

Seite 98

1 Messe – geschlossenen – größten – Endlose – Besuchermassen – Tausende – Besucher – versammeln – Anreise – Eintrittspreise – eingelassen – pressen – Präsentationen – Nasen – Glastüren – verpassen – riesigen – fesseln – lassen – vergaßen – Maß – sodass – gestoßen – musste – abschließend – außerordentlich – positive

2 (das) Ross – (die) Rose (die) Flosse – (das) Floß, (der) Riss – (der) Riese

3 Nasenbären grasen gern, wenn der Rasen nass ist.
Straußenweibchen wissen, dass Straßen nicht zum Nisten da sind.

Seite 99

Teste dich! – Kurze Vokale, lange Vokale, s-Laute

1 a + b Stöke (Stöcke) – Herscher (Herrscher) – Unverlezlichkeit (Unverletzlichkeit) – muste (musste) – Schmuckstükk (Schmuckstück) – Wane (Wanne) – Schaz (Schatz) (je 7 Punkte) 14 Punkte

2 König – großer – ihm – widerfahren – ihn – Hofstaat – viele – Maß – vollführte – magische – Schließlich – befahl – Dienern – wiederzukehren 14 Punkte

3 weise – Fußlänge – wissen – Geheimnis – Haus – wusste – heiß – ließen – großen – schließlich – Fuß – weiß – wusste 13 Punkte

Lösung: Zafusa wusste, wer der Dieb war, weil dieser auf das gezielt gestreute Gerücht hereingefallen war. Denn natürlich wuchs keiner der verteilten Stöcke von allein um eine Fußlänge. Aber ein Stock war morgens plötzlich kürzer, denn weil der Dieb nicht auffallen wollte, hatte er ihn vorsorglich gekürzt. Pech!

Insgesamt zu erreichende Punktzahl: 41 Punkte

Seite 100

1 Artikel in Klammern = Artikelprobe:
Vor tausend Jahren gab es einen großen Wettstreit zwischen den Riesen und den Zwergen hinter den sieben Bergen. Lange Zeit hatten die Zwerge die Vorherrschaft über das Feld der Schrift inne, sie waren wendig und schnell. Aber nach und nach wurden (die) Buchstaben von den Riesen erobert und in ihrer geheimen Kiste versteckt. Bald entstand ein großes Durcheinander unter den Buchstaben. Ein Jammer! Drei Jahre lang suchte man kluge Schiedsrichter. Es waren (die) Elfen und sie gaben ein ausgewogenes Regelwerk vor, von dem nur in Ausnahmefällen abgewichen werden durfte.
Die Elfen verkündeten ihr Regelwerk: Die Buchstaben sollten die Zwerge in ihrem Spielfeld behalten dürfen. Ein Satzanfang sowie die Namen und die Nomen durften jedoch mit einem riesenhaften Anfangsbuchstaben versehen werden. Damit (der) Zwerg wie (der) Riese sogleich erkennen könnte, wo ein Nomen folgt, sollte dieses durch ein Begleitwort angekündigt werden.

2 ●●● Vor tausend Jahren = Präposition, Zahlwort – einen großen Wettstreit = Artikel (unbestimmt), Adjektiv – zwischen den Riesen = Präposition, Artikel (bestimmt) – den Zwergen = Artikel (bestimmt) – hinter den sieben Bergen = Präposition, Artikel (bestimmt), Zahlwort – Lange Zeit = Adjektiv – die Zwerge = Artikel (bestimmt) – die Vorherrschaft = Artikel (bestimmt) – über das Feld = Präposition, Artikel (bestimmt) – der Schrift = Artikel (bestimmt) – Buchstaben = (Artikelprobe anwenden) – von den Riesen = Präposition, Artikel (bestimmt) – in ihrer geheimen Kiste = Präposition, (Possessiv-)Pronomen, Adjektiv – ein großes Durcheinander = Artikel (unbestimmt), Adjektiv – unter den Buchstaben = Präposition, Artikel (bestimmt) – Ein Jammer = Artikel (unbestimmt) – Drei Jahre = Zahlwort – kluge Schiedsrichter = Adjektiv – Elfen (Artikelprobe anwenden) – ein ausgewogenes Regelwerk = Artikel (unbestimmt), – in Ausnahmefällen = Präposition – Die Elfen = Artikel (bestimmt) – ihr Regelwerk = (Possessiv-)Pronomen – Die Buchstaben = Artikel (bestimmt) – die Zwerge = Artikel (bestimmt) – in ihrem Spielfeld = Präposition, (Possessiv-)Pronomen – Ein Satzanfang = Artikel (unbestimmt) – die Namen = Artikel (bestimmt) – die Nomen = Artikel (bestimmt) – mit einem riesenhaften Anfangsbuchstaben = Präposition, Artikel (unbestimmt), Adjektiv – Zwerg = (Artikelprobe anwenden) – Riese = (Artikelprobe anwenden) – ein Nomen = Artikel (unbestimmt) – durch ein Begleitwort = Präposition, Artikel (unbestimmt)

Seite 101

1 a + b Das Leise – unglaublich Freundliche – dem Pflegen – dem Schnarchen – Das Grillen – das Herstellen – ihr fleißiges Lärmen – das Sirren – das Schönste (Adjektive: leise, freundlich, schön)

2 Putzen – Wienern – Schrubben – Saugen – Stricken – Nähen – Bügeln – wünschen

Seite 102

3 Mögliche Wendungen: manches Überraschende, alles Gute, etwas Außergewöhnliches, genug Aufregendes, allerlei Verwirrendes, wenig Interessantes, viel Erstaunliches

4 schnellen – (viel) Beeindruckendes – leuchtende – (etwas) Gigantisches – gewaltige – (allerlei) Winziges – erstaunliche – (mehr) Abenteuerliches – stürmischen – angenehm

Seite 103

1 A am schnellsten, der Schnellste – B das Langsamste, am langsamsten – C am größten, die Größte – D das Kleinste, am kleinsten – E der Beste, am besten

Seite 104

1 Wichtig ist bei einem Diktat die genaue Kontrolle des geschriebenen Textes anhand der Vorlage.

2 Mögliche Unterteilung in Sinnabschnitte:
Die armen Kinder hatten nun keinen Ort mehr, | wo sie etwas Schönes spielen konnten. | Dann kam der Frühling, | nur im Garten des Riesen war immer noch Winter. | Man hörte dort keine Vögel zwitschern | und man sah nichts Blühendes, | weil keine Kinder mehr da waren. | Die Natur hatte sich zum Schlafen zurückgezogen. | „Ich kann nicht verstehen, | was hier Merkwürdiges passiert ist“, | beklagte sich der Riese, | als er seinen kalten und weißen Garten erblickte. | Eines Morgens hörte der Riese etwas Herrliches. | Er hatte ganz vergessen, | wie schön das Singen eines Vogels | in seinen Ohren klingen konnte! | „Ich glaube, nun kommt der Frühling doch noch!“, | rief der Riese erfreut, | sprang aus seinem Bett | und guckte nach draußen. | Und was sah er da? | Die Kinder waren durch ein kleines Loch in der Mauer | in den Garten gekrochen | und saßen nun auf den Zweigen der Bäume, | die vor lauter Freude wieder blühten. | Der Riese konnte endlich das Erwachen der Natur beobachten | und bemerkte reumütig: | „Ich werde sofort mit dem Niederreißen der Mauer beginnen.“

Seite 105

Teste dich! – Groß- und Kleinschreibung

1 A Satzanfänge, Namen, Nomen und Nominalisierungen werden ~~kleingeschrieben~~/großgeschrieben.
B Nominalisierungen haben dieselben/~~andere~~ Begleiter wie Nomen.
Es sind: ~~Relativpronomen~~/Artikel, Pronomen/~~Personalformen~~, Präpositionen/~~Konjunktionen~~, Adjektive/~~Adverben~~, ~~Zeitwörter~~/Zahlwörter. — 7 Punkte

2 a + b Einem Traum nach ereignet sich in einer großen Stadt bald etwas Wunderbares.
Jede Nacht kommen in die Haushalte und einige Handwerksbetriebe viele kleine Roboter zum Arbeiten. — 8 Punkte

3 Putzen – Bügeln – Backen – Erdenklichen – Köstliche – Sägen – Schrauben – besten – Schweißen – Großartiges – Taten – neidischsten – fleißigen – Schrecklichste – arbeiten — 15 Punkte

4 allem – manches – etwas — 3 Punkte

Insgesamt zu erreichende Punktzahl: — **33 Punkte**

Ich teste meinen Lernstand

Seite 107

1 Richtig ist Antwort C. 1 Punkt

2 A 2 Kampf in der Tiefe – B 4 Beweis erbracht – C 1 Dem Jäger auf der Spur – D 3 Belauschtes Quietschkonzert 4 Punkte

3 Richtig sind die Aussagen B, D, E und G. Falsch sind die Aussagen A, C und F. 7 Punkte

Seite 108

4 Richtig ist Antwort D. 1 Punkt

5 Mögliche Antwort: Pottwale haben ein **Schallsystem** zum Auffinden von Beute. Sie **erzeugen sehr laute Geräusche** und bemerken, wenn ein Riesenkalmar **ein Echo zurückwirft**. (für jede Information 1 Punkt) 3 Punkte

6 Richtig ist Antwort B. 1 Punkt

7 Richtig ist Antwort A. 1 Punkt

8

Satzglieder	Nummer	Satzglieder	Nummer	
Subjekt	3, 9	Adverbiale Bestimmung des Ortes	4, 12	
Prädikat	5, 8	Adverbiale Bestimmung der Art und Weise	10, 16	
Akkusativobjekt	7, 11	Attribut	1, 15	
Dativobjekt	2, 14	Relativsatz	6, 13	16 Punkte

Seite 109

9 **Plusquamperfekt:** hatte ... wiedergefunden – **Präteritum:** traf – **Perfekt:** hat ... eingeschlossen – **Präsens:** gerät – **Futur I:** Wird ... retten 5 Punkte

10 3 A einen Ferienjob (Akkusativ), 7 N Er (Nominativ), 8 D seinem Vater (Dativ), 9 G des Walfangs (Genitiv), 4 A das Walfangschiff (Akkusativ), 1 N Der ältere Junge (Nominativ), 5 G der Wale (Genitiv), 6 N das Forschungsschiff (Nominativ), 2 A seine Einstellung (Akkusativ)

Seite 110

11 Z. 2: Grosvater (s-Laut, langer Vokal = ß) – Z. 3: betreipt (verlängern: betreiben) – Z. 4: Gewiters (kurzer Vokal: Konsonantenverdoppelung = tt) – Z. 5: verirt (kurzer Vokal: Konsonantenverdoppelung = rr) – Z. 6: im (langes i mit h: ihm) – Z. 7: unbedinkt (ableiten: Bedingung) – Z. 8: geltgieriger (zerlegen und verlängern: Gelder) – Z. 8: Konkurrend (verlängern: Konkurrenten) – Z. 9: weis (s-Laut, Diphthong = ß) – Z. 9: Artgenosen (s-Laut, kurzer Vokal = ss) – Z. 11: misbrauchen (s-Laut, kurzer Vokal = ss) – Z. 11 f.: Unterwaser (s-Laut, kurzer Vokal = ss) – Z. 13: gefält (kurzer Vokal: Konsonantenverdoppelung = ll) – Z. 14: Mitleit (verlängern/ableiten: mitleiden) – Z. 15: gipt (verlängern: geben) – Z. 16: auserdem (s-Laut, Diphthong = ß) – Z. 16 f.: Lantschaftsaufnahmen (ableiten: Länder) – Z. 17: spanend (kurzer Vokal: Konsonantenverdoppelung = nn) – Z. 19: kümert (kurzer Vokal: Konsonantenverdoppelung = mm) – Z. 21: kan (kurzer Vokal: Konsonantenverdoppelung = nn) (1/2 Punkt je Fehler) 10 Punkte

Seite 111

12 Überprüfe deine Ergebnisse, indem du sie Schritt für Schritt durchgehst. Vielleicht kann dir auch eine Mitschülerin oder ein Mitschüler bei der Beurteilung helfen. Notiere dir zu jedem Bereich, den du als gelungen bewertest, die angegebene Punktzahl.

a Passt die **Überschrift** zu den Informationen in der Grafik, der Tabelle und den Stichwörtern? 2 Punkte
Beispiele: Orcas – schön, aber gefährlich / Der Orca – ein gefährlicher Jäger

b Ist dein Text übersichtlich **gegliedert**? Mögliche Zwischenüberschriften: 4 Punkte
Aussehen (Angaben in Grafik und Stichwörtern) – Lebensraum (Angaben in Stichwörtern und Tabelle) – Verhalten (Angaben in Stichwörtern und Tabelle) – Jagdverhalten/Nahrung (Angaben in Stichwörtern und Tabelle)

c Hinweise zur Auswertung deines Sachtextes:
Prüfe, ob dein Text alle wichtigen Informationen aus der Grafik, der Tabelle und den Stichwörtern enthält.
Aussehen des Orcas (Farbzeichnung, Größenangaben, Fachbegriffe für Flossen, Zähne) – **Lebensraum** der Orcas allgemein und der zwei Arten im Besonderen – **Verhalten** der Orcas (Alter, Fortpflanzung, Zusammenschluss in Familien) – **Jagdverhalten und Nahrung** der Orcas allgemein und der zwei Arten im Besonderen, Schnelligkeit, Bezeichnung als „Killer-“ oder „Mörderwal“ (je 3 Punkte) gesamt 12 Punkte
Untersuche, ob du durchgängig **sachlich** und **zum Thema** geschrieben hast. Gibt es z. B. Stellen, an denen du eher spannend erzählst oder an denen du vom Thema abschweifst? Unterstreiche solche Stellen. 3 Punkte

Hast du das richtige **Tempus** gewählt? Ist dein Text durchgängig im **Präsens** geschrieben, da du über den Orca allgemein informierst und deine Angaben immer gelten? 2 Punkte

Ist die **Rechtschreibung** korrekt? Hier kannst du bis zu fünf Punkte anrechnen:
0 Fehler = 5 P., bis zu 3 Fehler = 4 P., bis zu 6 Fehler = 3 P., 7 Fehler und mehr = 0 P. max. 5 Punkte

Möglicher Text:

Orcas

Der Orca (Orcinus orca), auch Schwertwal, gehört zur Familie der Delfine.

Aussehen:
Der Orca hat ein auffälliges Aussehen. Der größte Teil der glänzenden Haut ist schwarz. An der Unterseite des gebogenen Körpers erstreckt sich vom Unterkiefer über den Bauch bis zur Fluke ein weißer Bereich. Am Ende des Bauches zieht sich ein weißer Streifen nach oben. Hinter dem Auge befindet sich ein weiterer weißer, ovaler Fleck. Hinter der Finne sieht man eine graue, unregelmäßige Zeichnung.
Der männliche Orca kann bis zu 10 m, das Weibchen bis zu 6 m lang werden. Die Finne, die nach oben abstehende Flosse, hat die Form eines Schwertes und erreicht bei Männchen eine Höhe von bis zu 1,80 m. Die beiden unteren rundlichen Flossen, Flipper genannt, werden bei Männchen bis zu 2 m lang. Die hintere Flosse, die Fluke, ist unten weiß und schwarz umrandet.
Der Kopf des Orcas ist rundlich mit einer kurzen Schnauze. Der Orca ist ein Zahnwal, der 40 bis 56 Zähne besitzt.

Lebensraum:
Der Orca bewohnt alle Ozeane, bevorzugt die kälteren Gewässer. Bei den Schwertwalen unterscheidet man zwischen den Resident Orcas und den Transient Orcas. Die Resident Orcas bleiben an einem Ort, während die nicht ansässigen Transient Orcas in größeren Gebieten unterwegs sind.

Verhalten:
Orcas können sehr alt werden. Männchen erreichen ein Alter von bis zu 60 Jahren. Weibchen werden sogar bis zu 90 Jahre alt. Männliche Orcas werden mit 12 bis 14 Jahren geschlechtsreif, Weibchen mit 14 bis 15 Jahren. Weibchen können alle 3 Jahre ein Kalb zur Welt bringen. Die Tragzeit liegt bei etwa 16 Monaten.
Orcas leben in Familien, auch „Schulen" genannt. Diese bestehen bei den Resident Orcas aus bis zu 30 Tieren. Schließen sich mehrere Familien zusammen, so können zwischen 150 bis 250 Tiere zusammenkommen. Transient Orcas hingegen leben in Gruppen von nur 2 bis 7 Tieren zusammen.

Jagdverhalten:
Orcas sind gute Jäger, die bis zu 55 km/h schnell schwimmen. Sie entwickeln unterschiedliche Jagdstrategien, z. B. kreisen sie ihre Beute in Gruppen ein. Das macht sie gefährlich, weshalb sie auch „Killer-" oder „Mörderwale" genannt werden.
Die Resident Orcas ernähren sich nur von Fischen, während die Transient Orcas größere Meeressäugetiere wie z. B. Seelöwen, Robben, andere Wale oder Vögel jagen.

Punkteverteilung

Nr.	Aufgabenstellung	Punkte
A 1	Art des Textes	1 Punkt für das richtig gesetzte Kreuz
A 2	Sinnabschnitte	4 (je ein Punkt für eine richtig gesetzte Nummer)
A 3	Richtig oder falsch?	7 Punkte für die richtig gesetzten Kreuze
A 4	Pottwale und Riesenkalmare	1 Punkt für das richtig gesetzte Kreuz
A 5	Beute im Dunkeln erkennen	3 Punkte für die richtige Antwort in ganzen Sätzen und mit allen Informationen
A 6	Redewendung	1 Punkt für das richtig gesetzte Kreuz
A 7	Wortbedeutung	1 Punkt für das richtig gesetzte Kreuz
B 8	Satzglieder	16 Punkte
B 9	Lückentext: Verben und Tempus	5 Punkte
B 10	Lückentext: Nomen und Kasus	9 Punkte (je ½ Punkt für die richtig gefüllte Lücke und je ½ Punkt für den richtig gewählten Kasus)
C 11	Rechtschreibung	10 (1/2 Punkte je entdecktem Fehler)
D 12	Informativer Sachtext	28 (Verteilung: siehe Aufgabe 12)
Summe		**86**

Bewertungsschlüssel

86 – 57 Punkte	**56 – 30 Punkte**	**29 – 0 Punkte**
Du liegst im guten bis sehr guten Bereich. Vielleicht siehst du dir trotzdem noch einmal die Stellen an, an denen du dich noch verbessern kannst.	**Einiges gelingt dir gut, manches musst du aber noch einmal üben.** Versuche anhand des Testes Fehlerschwerpunkte zu entdecken, damit du gezielt wiederholen kannst.	**Du musst vieles wiederholen und noch einmal gründlich üben.** Überlege gemeinsam mit deinen Eltern oder deinem Lehrer/deiner Lehrerin, wo besondere Fehlerschwerpunkte liegen und wie du vorgehen kannst, um dich zu verbessern.

Deutschbuch

Arbeitsheft 6

Lösungen

Name: ______________________________

Klasse: ______________

Cornelsen

Klassenarbeiten vorbereiten und schreiben

Seite 4

1 a Kläre vor jeder Klassenarbeit, die du schreibst, genau, was das Thema ist und welche Inhalte oder Aufgabenstellungen gefragt sind. In der Regel informieren Lehrerinnen und Lehrer darüber.
b Wenn du deine Hausaufgaben immer vollständig ausgeführt hast, dann weißt du sehr genau, was du schon gut kannst oder was du dir noch einmal genauer anschauen solltest. Du bist vermutlich gut vorbereitet und musst nur wenig wiederholen.
Hat dein Hausaufgabenheft Lücken, musst du mit dem Lehrbuch wiederholen und eine Klassenkameradin oder einen Klassenkameraden, die ihre / der seine Hausaufgaben sorgfältig erledigt hat, bitten, dir ihr/sein Heft zu leihen, damit du die Seiten zum Lernen kopieren kannst.
c Unterstützung findest du bei Klassenkameradinnen und -kameraden, im Deutschbuch Arbeitsheft 6 und in deinem Hausaufgabenheft/-ordner.
Tipp: Eltern oder Oma und Opa haben nicht an deinem Unterricht teilgenommen. Sie um Unterstützung zu bitten, kann für Verwirrung sorgen.

2 So könnte dein persönlicher Zeitplan aussehen:

Tag 1 Uhrzeit: 16:00–16:45 Uhr	Tag 2 ab 17:00 Uhr	Tag 3 18:00– 18:30 Uhr	Tag 4 17:45– 18:15 Uhr	Tag 5 15:00– 15:30 Uhr	Tag 6 16:30– 17:15 Uhr	Tag 7 –	Tag 8 3. Stunde
1 Überblick verschaffen 2 Stoff einteilen 3 auf Zeitplan verteilen	mit Lina und Carlo die Gliederungs-schritte wiederholen	mit Recht-schreibkartei üben	sprachliche Gestaltung trainieren	1 Rechtschreib-kartei nochmal anschauen 2 Zeichensetzung in wörtlicher Rede wieder-holen	Wiederholungs-arbeit unter Zeitdruck schreiben (Wecker)	Pause	Deutsch-arbeit schreiben

Seite 5

3 So könnte dein Lernplakat zum Thema „Zeichensetzung bei der wörtlichen Rede“ angeordnet sein:

Zeichensetzung bei der wörtlichen Rede
Im Text steht die wörtliche Rede in Anführungszeichen.
– Redebegleitsatz vor der wörtlichen Rede
Die Lehrerin behauptet: „Erzählen macht Spaß!“ ——: „ ... !“
– Redebegleitsatz nach der wörtlichen Rede
„Ich erzähle gern“, erklärt Lisa. „...“, ——.
„Erzählen macht Spaß!“, behauptet die Lehrerin. **Achtung:** ! und ? + Komma
– Redebegleitsatz zwischen der wörtlichen Rede
„Erzählen“, behauptet die Lehrerin, „macht Spaß!“ „...“, ——, „...!“

4 ●●● So könnte dein Lernplakat zum Thema „Komma in Satzreihen und Satzgefügen“ aussehen:

—— HS ——, (Konjunktion/Relativpronomen) —— HS ——.

—— HS ——, (Konjunktion/Relativpronomen) —— NS ——.

(Konjunktion/Relativpronomen) —— NS ——, —— HS ——.

—— HS ——, (Konjunktion/Relativpronomen) —— NS ——, —— HS ——.

5 a Diese Verben könntest du im Cluster für den Satz „Der Elefant ist im Zoo.“ zum Wortfeld „sein“ ergänzt haben:
sich aufhalten – existieren – herumlaufen – bleiben – wohnen – stehen
●●● b Diese Verben könntest du für den Satz „Das Fest ist schön.“ gefunden haben:
sich darstellen – sich entwickeln – wirken – erscheinen – geraten – anmuten

Seite 6

6 a Erzähle eine Geschichte zu diesen Bildern.
– Bringe zuerst die Bilder der Bildergeschichte in eine logische Reihenfolge.
– Achte beim Schreiben auf eine spannende und abwechslungsreiche Darstellung:
Verwende treffende Verben und anschauliche Adjektive. Schreibe im Präteritum.
b Aussage C gibt die Aufgabenstellung richtig und vollständig wieder.

7 Ein weiterer Mutmach-Spruch könnte sein:
Ich darf Fehler machen, denn aus Fehlern lerne ich, wie ich es das nächste Mal besser machen kann.
Tipp: Wenn du in einer Klassenarbeit/Prüfung tief durchatmest und dir deinen Mutmach-Spruch innerlich vorsagst, wirst du ganz automatisch ruhiger. Wende deinen persönlichen Spruch so oft wie möglich an.

8 Tipp: Nutze die Hinweise unter deinen Klassenarbeiten. Die Lehrer/innen wollen dir damit helfen, deine Leistungen zu verbessern.

Informationen suchen und anschaulich darstellen

Seite 7

1 In der Reihenfolge von oben nach unten und von links nach rechts:
E: Internetadresse der Suchmaschine – F: Anzahl der Suchergebnisse – C: Eingabefeld für Suchbegriffe – B: Suchergebnisse – D: Textübersichten – A: Link

2 Richtig ist Lösung C.

Seite 8

3 Mögliche Schlüsselwörter:
Haussperling – weitesten verbreiteten Singvögel der Welt – Lebensraum ... Menschen – Bestände ... stark zurück – nisten ... an Häuserwänden – ernähren – Getreide – Pflanzensamen – Insekten – In Deutschland – bedroht – Moderne Bauten – selten Nischen – Große Erntemaschinen – kaum Nahrung – Zierpflanzen ... nicht verwertbar – Garten spatzenfreundlicher – Dicke Hecken – Spatzen-Reihenhäuser – Vogeltränke

4 + 5 Mind-Map:

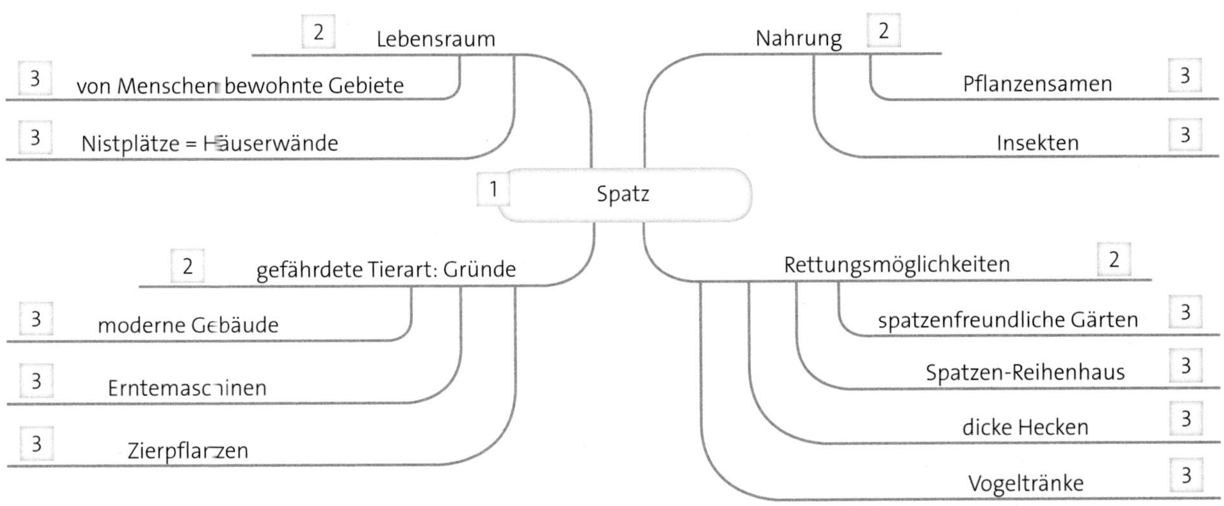

6 ●●●
a Geeignete Suchbegriffe sind z. B.: Winterfütterung, Vögel füttern
b Du findest in allen drei Suchmaschinen gut geeignete Informationen.
c Mögliche Mind-Map (sicher findest du noch viel mehr Informationen):

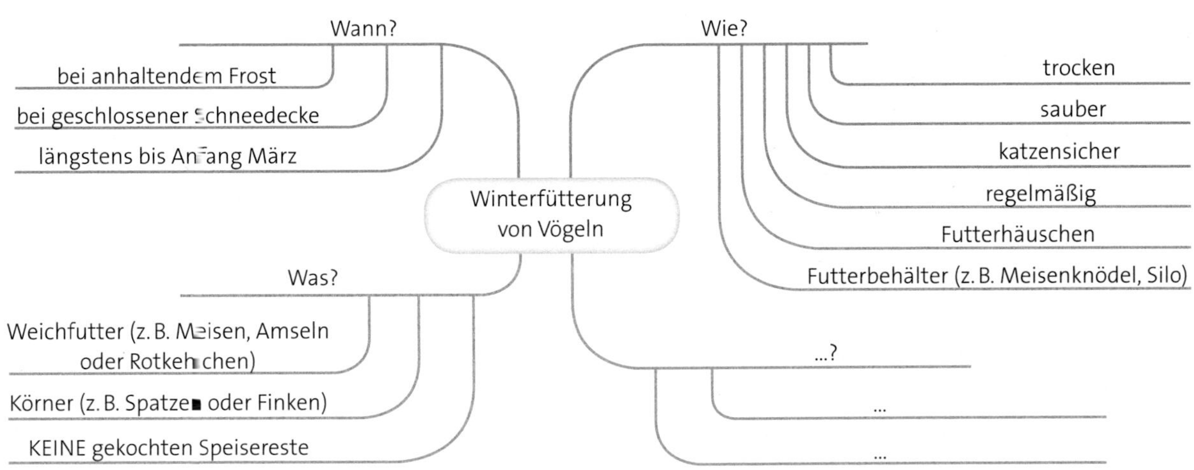

Eine Freundschaftsgeschichte schreiben

Seite 9

1 **Wer?** Kathi (= Ich-Erzählerin) und ihre Freunde, die Zwillinge Anna und Leon – **Wo?** Bad Schandau/Sächsische Schweiz, Ferienhaus von Kathis Eltern – **Wann?** Sommerferien

Seite 10

2 a + b * Diese Sätze stehen im Präsens, da es sich um allgemeine Informationen handelt.
Meine Eltern haben ein Ferienhaus in Bad Schandau.* Da **gibt's** nur Landschaft, sonst nichts.* Die Attraktion der Gegend sind die sogenannten Schrammsteine. Die kenne ich wie meinen Schulweg.* In den Sommerferien durfte ich die Zwillinge, also Anna und Leon mitnehmen, wir **schliefen** alle in einem Zimmer. Ich **wollte** ihnen alles zeigen und jeden Tag eine andere spannende Wandertour machen. Doch dann **kam** alles anders als geplant. Wenn ich das vorher gewusst hätte, wären wir besser getrennt in den Urlaub gefahren oder zusammen an die Nordsee.
c Die Ich-Erzählerin ist hier **Kathi**.

3 a A = 3 – B = 5 – C = 7 – D = 1 – E = 6 – F = 2 – G = 4

b

Erzählschritt	**Textbaustein**	**Inhalt in Stichpunkten**
1) Einleitung:		Kathi mit ihren Freunden Anna und Leon (Zwillinge), Ferienhaus in Bad Schandau, Sommerferien
2) Hauptteil:		
1. Erzählschritt	*1*	Wanderung zum Gratweg, gutes Wetter, beste Laune, Proviant
2. Erzählschritte	*2, 3*	Kathi und Anna auf dem Gratweg im Gespräch, merken erst nicht, dass Leon fehlt, plötzlich fällt es ihnen auf, Suche nach Leon
3. Erzählschritte	*4, 5, 6*	Leon allein, auf Leiter in der Felswand, Angst, Mädchen kehren zurück und finden Leon, „Hilfsaktion" durch Mutmachen/gutes Zureden, Leon überwindet Angst, Mädchen nehmen ihn in die Mitte, als er oben ankommt
3) Schluss:	7	Wanderung zurück, Ankunft im Ferienhaus, erleichtertes Lachen

4 Als Höhepunkt solltest du den 3. Erzählschritt markiert haben.

Seite 11

5 Gleich am zweiten Urlaubstag (9) wollten wir schon ganz früh zu den Schrammsteinen. Ich erinnerte Leon und Anna daran, festes (1) Schuhwerk anzuziehen, denn mit Chucks kämen wir nicht weit. Wir packten reichlich (2) Proviant ein, nahmen genug Getränke mit und marschierten (8) gut gelaunt los. Leon wollte wissen, ob das auch nicht zu anstrengend (5) wird, denn er kannte bisher nur Strandurlaub. Ich beruhigte ihn. Zuerst (11) war alles ganz lustig, gut ausgebaute Wanderwege, herrliches Wetter, wir trällerten (3) Ohrwürmer. Die Bäume boten uns Schatten. Den ersten Anstieg nahmen wir locker (10). Wir lachten und unterhielten uns angeregt (7). Anna fragte ungeduldig (6): „Wann kommen wir denn endlich zu diesen sagenhaften (4) Felsen?" „Wart's ab!", meinte ich nur.

6 a Diese Wiederholungen solltest du markiert haben:
Dann wanderten wir weiter auf dem Elbleitenweg, dann nach rechts, bis wir dann an eine s-förmige Kurve kamen. Dann verließen wir den Elbleitenweg und dann bogen wir nach links in den Falkoniergrund ab. Der kleine Pfad hatte keine Wanderzeichen. Nur ein kleines Hinweisschild wies uns den Weg zur Rotkehlchenstiege. Die Rotkehlchenstiege war erst vor ein paar Jahren neu ausgebaut und mit neuen Holztreppen, neuen Eisenstangen und neuen Haltegriffen begehbar gemacht worden. Man sollte aber trotzdem trittsicher sein, um die Rotkehlchenstiege hinaufklettern zu können.
b So könnte der verbesserte Text aussehen:
Dann wanderten wir weiter auf dem Elbleitenweg, bogen nach rechts ab und gingen weiter, bis wir an eine s-förmige Kurve kamen. Dort verließen wir den Weg und gingen links weiter in den Falkoniergrund. Der schmale Pfad hatte keine Wanderzeichen. Nur ein winziges Hinweisschild wies uns den Weg zur Rotkehlchenstiege. Diese war erst vor ein paar Jahren neu ausgebaut und mit frischen Holztreppen, stabilen Eisenstangen und vielen zusätzlichen Haltegriffen begehbar gemacht worden. Man sollte aber trotzdem trittsicher sein, um die Rotkehlchenstiege hinaufklettern zu können.

7 a + b
Mir fiel zuerst nicht auf, dass Leon beim Anblick der Rotkehlchenstiege ziemlich still wurde, denn gleichzeitig wurde Anna immer aufgedrehter. Sie jubelte: „Wie toll ist das denn? Fantastisch!" Ich kannte sowohl Annas überschwängliche Freudenausbrüche als auch die Faszination dieser Felslandschaft. Deshalb grinste ich nur, ich hatte nicht zu viel versprochen. Das war keine langweilige Wandertour.
Auf einmal merkten wir, dass Leon nicht mehr hinter uns war. **Gerade eben** war er doch noch da gewesen. Oder täuschten wir uns? Wir warteten ein paar Minuten. Was war bloß los? Wurde Leon jetzt zickig? Hatte er **plötzlich** keine Lust mehr? Aber hier, inmitten der Felsen, konnte man doch nicht einfach aufgeben. Ich rief laut nach ihm, aber er antwortete nicht. Ich forderte Anna auf, zu warten und keinen Schritt weiterzugehen. Anschließend eilte ich den Gratweg entlang zurück und **endlich** entdeckte ich Leon. Er stand hoch oben in der Felswand auf der Leiter.

Seite 12

8 a + b So könnte Kathi Leon ansprechen: „Keine Kondition, was!?“, stellte ich belustigt fest. „Komm, streng dich ein bisschen an!“, forderte ich ihn scherzhaft auf. „Kannst du etwa nicht mehr?“, erkundigte ich mich vorsichtig. Es kam keine Antwort. „Ist dir schlecht?“, wollte ich besorgt wissen. Wieder keine Antwort.

9 Leon schaute mich aus schreckgeweiteten Augen an. Seine Hände krampften sich so stark um das eiserne Geländer, dass seine Knöchel weiß hervortraten. Leon wirkte wie versteinert. Schließlich presste er hervor: „Mir ist schwindelig.“ Er stöhnte: „Ich kann nicht weiter.“ Dann wimmerte er nur noch: „Ich möchte mich hinlegen.“ Und verstummte. „Du kannst dich hier nicht hinlegen!“, rief ich verwundert. Was tun?

Seite 13

10 Mögliche Überleitung:

Ich musste ihn aus seiner Erstarrung herausholen. „Du schaffst das! Atme dreimal tief durch.“ Ich merkte, wie er versuchte, ruhiger zu atmen. „Das machst du gut! Und nun gleichmäßig weiter ein- und ausatmen. Schau nicht nach unten!“ Ich schwitzte, denn nun kam es auf mich an. „Setze einen Fuß vor den anderen! Greife mit der rechten Hand nach oben, dann mit der linken Hand. Prima!“ Ich sah, dass Leon meine Aufforderungen befolgte. Erleichtert rief ich ihm zu: „Das kriegst du hin. Ganz ruhig, ich bin da!“ Ich ließ ihn nicht aus den Augen. ...

11 Möglicher Schluss:

Abends recherchierten wir im Internet, was Höhenangst eigentlich ist. Hatte Leon uns nachmittags nur leid getan, so verstanden wir nun, wie furchtbar er sich gefühlt hatte. Der Arme! Da meinte Leon plötzlich: „Also als Fensterreiniger von Wolkenkratzern werde ich später sicher nicht arbeiten!“ Wir kicherten. Für den nächsten Tag schlug ich einen Ausflug ins Flachland vor: „Morgen ist Schiffchenfahren auf der Elbe angesagt. Einverstanden?“

12 Jede der angebotenen Überschriften ist geeignet.

13 ●●● Mögliche Erzählung aus der Sicht von Leon:

Horror im Fels

(Einleitung) Anna und ich haben eine gute Freundin. Sie heißt Kathi. Ihre Eltern besitzen ein Ferienhaus in Bad Schandau, das ist in der Sächsischen Schweiz. Kathi schwärmte uns immer sehr über die Urlaube dort vor, besonders über die Klettertouren an den Schrammsteinen. Letztes Jahr in den Sommerferien durften wir mit ihrer Familie dorthin fahren. Wir schliefen alle in einem Zimmer. Kathi wollte uns alles zeigen und jeden Tag eine andere spannende Wandertour machen. Doch dann kam alles anders als geplant. Hätte ich geahnt, was auf mich zukam, wäre ich wahrscheinlich zuhause geblieben.
(Hauptteil) Gleich am zweiten Tag wanderten wir schon ganz früh zu den Schrammsteinen. Wir hatten extra festes Schuhwerk angezogen und reichlich Proviant in die Rucksäcke gepackt. Zuerst war alles ganz lustig, gut ausgebaute Wanderwege, herrliches Wetter, wir trällerten Ohrwürmer. Den ersten Anstieg nahmen wir locker. Wir wanderten weiter, die Wege wurden immer schmaler. Bald wies uns ein winziges Hinweisschild den Weg zur Rotkehlchenstiege. Kathi erzählte noch, dass sie besonders gern dort hinaufkraxelte.
Als ich die Stiege sah, wurde mir ganz anders. Das war nur eine bessere Leiter den Fels hinauf! Ich hatte mir eine Treppe vorgestellt. Die Mädchen kletterten ziemlich flott voran, da dachte ich: „Na, du kannst jetzt nicht einfach hier stehen bleiben und die Leiter anstarren.“ Obwohl ich genau das und sonst gar nichts wollte: stehen bleiben. Ich kletterte ein paar Sprossen hoch, da fiel mein Blick plötzlich in die Tiefe. Ich sah nur noch den Abgrund. Mir wurde schwindelig, Schweißtropfen traten auf meine Stirn. Ich war wie erstarrt vor Angst. Die Mädchen hatten wohl inzwischen bemerkt, dass ich nicht hinterhergekommen war. Jedenfalls kam Kathi zurück. „Keine Kondition, was!?“, rief sie mir zu. Wenn die wüsste! „Komm, streng dich ein bisschen an!“, forderte sie mich auf. Sehr komisch! Wie denn? Ich war vollkommen steif vor Angst. „Kannst du etwa nicht mehr?“, erkundigte sich Kathi nun leise. Ich konnte nicht antworten, ich hörte sie kaum. Meine Hände krampften sich so stark um das eiserne Geländer, dass meine Knöchel weiß hervortraten. Schließlich presste ich hervor: „Mir ist schwindelig. Ich kann nicht weiter.“ Kathi verstand jetzt endlich, was mit mir los war. Sie sprach ganz ruhig und mit fester Stimme: „Du schaffst das! Atme dreimal tief durch.“ Ich merkte, dass ich ruhiger wurde. Ich konnte auch wieder Luft holen. „Prima“, sagte Kathi, „und nun gleichmäßig weiter ein- und ausatmen. Guck nicht nach unten!“ Ich setzte einen Fuß vor den anderen und griff erst mit der rechten Hand nach oben, dann mit der linken Hand, dann wieder mit der rechten und immer so weiter. „Das machst du gut!“, bestärkte Kathi mich. Irgendwann, nach gefühlten 800 Stunden, kam ich oben an. Anna war inzwischen auch zur Stiege zurückgekehrt. Die Mädchen hakten sich rechts und links unter meinen Armen ein und zusammen gingen wir weiter. Kathi kannte einen Weg, der vom Grat wegführte. Das war zwar weiter nach Hause, aber dafür konnte man nirgendwo steil nach unten schauen. Langsam beruhigte ich mich wieder und nach drei Stunden kamen wir wohlbehalten daheim an.
(Schluss) Abends recherchierten wir im Internet, was Höhenangst eigentlich ist. Ich wollte verstehen, warum ich mich so elend gefühlt hatte. Für den nächsten Tag schlug Kathi einen Ausflug ins Flachland vor.

Einen Erzählkern ausgestalten

Seite 14

2 Richtig ist Antwort B.

3 **Wer?** Jan und Ben, der Ich-Erzähler (diese Information gibt dir das Bild)
Wo? Glückstadt, zu Hause beim Ich-Erzähler (abends in seinem Bett)
Wann? im August
Was? Streetsurfing (mit Waveboards), Suche nach neuen Herausforderungen, Alptraum

4 Mögliche Ergänzungen:
weitere Freunde oder Freundinnen nehmen am Training teil, Training in der Halfpipe, Bericht über Sturz, Hinweis auf Sicherheitsmaßnahmen (z. B. Helm, Knie- und Ellbogenschützer), Beschreibung der Waveboards ...

Seite 15

5 Mögliche Begründung:
Einleitung A ist geeignet, weil sie die W-Fragen wer?, wo? und wann? beantwortet und den Leser neugierig macht: Was werden sich die beiden wohl ausdenken, um noch mehr „Action" beim Streetsurfing zu haben?

6 ●●● Mögliche Einleitung in der Ich-Form:

Seit wir streetsurfen, freuen Jan und ich uns immer sehr auf die Schulferien. Bei uns in Glückstadt ist nicht so furchtbar viel los, aber die Waveboards sorgen immer für Nervenkitzel. Langeweile kommt da selten auf. Manchmal erreichen wir jedoch auch Grenzen. Letztes Jahr im August zum Beispiel, da suchten wir die Megaherausforderung! Es sollte ein echtes Meisterstück werden.

7 a

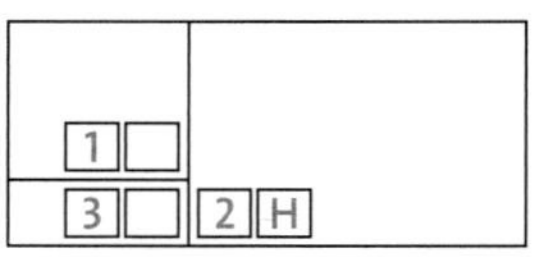

b Möglicher Hauptteil:

Wir hatten den ganzen Tag auf dem Platz vor dem Rathaus trainiert: Slalom um Flaschen herum, Sprünge an der kleinen Halfpipe, Jan wollte unbedingt noch einen Salto schaffen. Der trug ihm allerdings ein paar mächtige blaue Flecken ein. „Was geht noch, Ben?", fragte er spätnachmittags. Wir wollten gleich mal nach Hause, meine Eltern hatten uns Würstchen vom Grill versprochen.
Chrissi setzte sich zu uns und nahm den Mund mächtig voll: „Ich trau mich alles! Im Park hinten am Schwimmbad gibt es eine steile Piste, die geht zwischen den Bäumen und Büschen durch." Er machte eine Kunstpause. „Da will ich demnächst runter", schob er nach. „Unten ist die Straße, aber da fährt fast nie jemand lang", gab Chrissi noch zum Besten, „außer ins Schwimmbad."
Als Jan und ich wenig später über unseren Würstchen saßen, beschlossen wir, dass wir die ersten sein wollten, die die neue Piste ausprobierten. Chrissi würde zu spät kommen! Unser Motto hieß schließlich: Sei mutig!
Als Jan abends weg war, saß ich im Bett und grübelte. Wir hatten die lange Treppe an der Kirche geschafft, die Serpentinen hinten am Obsthang wurden langsam langweilig, die Piste im Park bedeutete wirklich eine Herausforderung. Ich rutschte ganz zufrieden tiefer in meine Kissen. Der nächste Tag wartete schon auf mich – den coolen Ben. Und da stand ich auch schon, ganz oben am Hang. Es waren ein paar mächtige Buchen im Weg, um die ich ganz elegant darum herumwedeln musste. Dazwischen einige stachelige Ilexsträucher. Wenn ich da hineinfuhr, dann würde das heftig kratzen. Also durfte es nicht geschehen. Ich fühlte mich großartig, wendig, stark – einfach rundum mutig. Auf dem Kopf hatte ich meinen Helm, auch Arm- und Beinschoner trug ich. Nur Jedi-Ritter wirkten noch cooler, da war ich sicher. Jan stand hinter mir. Ich fuhr als Erster los. Schneller und schneller wurde mein Board, kühn umrundete ich alle Hindernisse. Die Buche wollte mir nicht ausweichen? Kein Problem, ich fuhr den Stamm hinauf und wieder hinunter und dann weiter. Doch halt, da, was war das? Mitten auf dem Weg lag plötzlich ein umgestürzter Baum. „Ausweichen ist unmöglich", dachte ich noch. Was sollte ich nur tun? „Ganz klar", durchzuckte es mich, „jetzt mache ich den Salto, den Jan gestern geübt hat, und katapultiere mich über den Baumstamm hinweg." Ich setzte an und – landete in hohem Bogen mitten auf der Straße. Bremsen quietschten, ich hörte Stimmen, Jan schrie von oben. Benommen sah ich gerade noch, dass aus heiterem Himmel ein Eiswagen heranfuhr und erst kurz vor mir zum Stehen kam. Giancarlo saß am Steuer, er erkannte mich. Er wollte zum Schwimmbad, um dort sein Eis zu verkaufen. Aber nun sprang er aus dem Wagen. Ich sah nur noch den Autokühler dicht vor mir. Da plötzlich kam ich zu mir. Schweißgebadet saß ich im Bett, noch völlig geschockt von meinem Unfall. Überaus erleichtert war ich, als mir ganz langsam klar wurde, dass ich wohl nur schlecht geträumt hatte. Jetzt wusste ich ganz sicher: Den Abhang am Park hinabzufahren, war völliger Irrsinn. Das war einfach nur eines, nämlich supergefährlich.

8 Möglicher Schluss:

Nach dem Frühstück rief ich Jan an und erzählte ihm von meinem Albtraum. Ich schilderte meinen Traum wohl ziemlich lebendig, denn er schwieg lange. Dann sagte er: „Du hast vollkommen Recht! Nehmen wir dieses Zeichen ernst." Seit diesem Tag ist unser Motto: Streetsurfer sind mutig, aber nicht leichtsinnig!

9 Die Überschrift C ist treffend.

10 Mögliche Geschichte in der Er-Form:

●●●

Traumhafte Warnung
(Einleitung) Seit sie streetsurfen, freuen die Freunde Ben und Jan sich sehr auf die Schulferien. Ihre Waveboards sorgen immer für Nervenkitzel, jedes Abenteuer ist willkommen. Letztes Jahr im August zum Beispiel, da suchten die Jungen die Megaherausforderung! Es sollte ein echtes Meisterstück werden.
(Hauptteil) Sie hatten den ganzen Tag auf dem Platz vor dem Rathaus trainiert: Slalom um Flaschen herum, Sprünge an der kleinen Halfpipe, Jan wollte unbedingt noch einen Salto schaffen. Der trug ihm allerdings ein paar mächtige blaue Flecken ein. „Was geht noch, Ben?", fragte er spätnachmittags. Die beiden wollten gleich noch zu Ben. Chrissi gesellte sich zu ihnen und nahm den Mund mächtig voll: „Ich trau mich alles! Im Park hinten am Schwimmbad gibt es eine steile Piste, die geht zwischen den Bäumen und Büschen durch." Er machte eine Kunstpause. „Da will ich demnächst runter", schob er nach. „Unten ist die Straße, aber da fährt fast nie jemand lang", gab Chrissi noch zum Besten, „außer ins Schwimmbad." Wenig später beschlossen Jan und Ben, dass sie die Ersten sein wollten, die die neue Piste ausprobierten. Chrissi würde zu spät kommen! Ihr Motto hieß schließlich: Sei mutig!
Als Jan abends weg war, saß Ben im Bett und grübelte. Die beiden hatten die lange Treppe an der Kirche geschafft, die Serpentinen hinten am Obsthang wurden langsam langweilig, die Piste im Park bedeutete wirklich eine Herausforderung. Ben rutschte ganz zufrieden tiefer in seine Kissen. Der nächste Tag wartete schon auf ihn – den coolen Ben. Und da stand er auch schon, ganz oben am Hang. Es waren ein paar mächtige Buchen im Weg, um die er ganz elegant herumwedeln musste. Er fühlte sich großartig, wendig, stark – einfach rundum mutig. Auf dem Kopf trug Ben seinen Helm, auch Arm- und Beinschoner hatte er an. Jan stand hinter ihm. Aber Ben fuhr als Erster los. Schneller und schneller wurde sein Board, kühn umrundete er alle Hindernisse. Doch halt, da, was war das? Mitten auf dem Weg lag plötzlich ein umgestürzter Baum. „Ausweichen ist unmöglich", dachte Ben gerade noch. Was sollte er nur tun? „Ganz klar", durchzuckte es ihn, „jetzt mache ich den Salto, den Jan gestern geübt hat, und katapultiere mich über den Baumstamm hinweg." Ben setzte an und – landete in hohem Bogen mitten auf der Straße. Bremsen quietschten, der Junge hörte Stimmen, sein Freund Jan schrie von oben. Benommen sah Ben gerade noch, dass aus heiterem Himmel ein Eiswagen heranfuhr und erst kurz vor ihm zum Stehen kam. Der Fahrer wollte zum Schwimmbad, um dort sein Eis zu verkaufen. Aber nun sprang er aus dem Wagen. Vermutlich sah Ben nicht viel mehr als den Autokühler dicht vor sich. Da plötzlich kam er zu sich. Schweißgebadet saß Ben in seinem Bett, noch völlig geschockt von dem Unfall. Er wirkte überaus erleichtert, ganz langsam wurde ihm klar, dass er wohl nur schlecht geträumt hatte. Eines wusste er aber ganz sicher: Den Abhang am Park hinabzufahren, war völliger Irrsinn. Das war einfach nur eines, nämlich supergefährlich.
(Schluss) Nach dem Frühstück rief Ben bei Jan an und erzählte ihm von seinem Alptraum. Er schilderte den Traum ziemlich lebendig, Jan schwieg lange. Dann sagte er: „Du hast vollkommen Recht!" Seit diesem Tag lautet das Motto der beiden Freunde: Streetsurfer sind mutig, aber nicht leichtsinnig!

Beschreiben

Seite 16

1

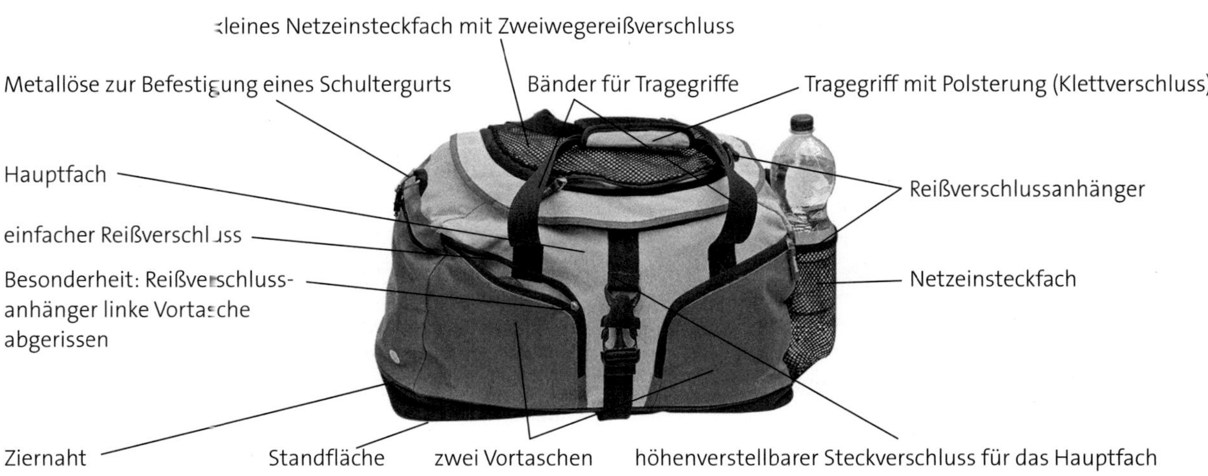

Seite 17

2 a + b **Gegenstand:** Sporttasche – Farbe/Gestaltung: hellblau, dunkelgrau, dunkelblau, schwarz, kirschrot, geschwungene Linienführung an Vortaschen, abgerundeter Taschendeckel, rote Ziernähte – **Fächer/Ausstattung:** höhenverstellbarer Steckverschluss, Hauptfach, zwei dunkelgraue Vortaschen, Netzeinsteckfach an einer Seite (für Trinkflaschen geeignet), geschlossene Seitentasche an der anderen Seite, Vortaschen und Seitentasche mit einfachem Reißverschluss, kleines Netzeinsteckfach mit Zweiwegereißverschluss auf dem Deckel, Tragegriffe mit Polster (Klettverschluss), Tragebänder, Metallöse zur Befestigung eines Schultergurtes, Standfläche – **Maße/Volumen/Gewicht:** 60 cm (Breite) x 50 cm (Höhe) x 30 cm (Tiefe), ca. 20 l, ca. 1,5 kg – **Material:** Polyester (wasserabweisendes Obermaterial) – **Besonderheiten:** auffällige kirschrote Reißverschlussanhänger, fehlender Reißverschlussanhänger an der linken Vortasche

3 Mögliche weitere Adjektive und Partizipien: dunkelblau – dunkelgrau – schwarz – kirschrot – höhenverstellbar – geschwungen – abgerundet – groß – praktisch – formschön – bequem – übersichtlich – geräumig – stabil – vielseitig – gepolstert – hochwertig – schlicht – funktional – einfach – auffällig

4 Mögliche Wortgruppen: hellblaues, geräumiges Hauptfach – zwei große, dunkelgraue Vortaschen – eine bequem erreichbare, dunkelgraue Seitentasche – geschwungene (oder: abgerundete) Linienführung der Vortaschen – Haupttasche, Vortaschen und Seitentasche mit einfachem Reißverschluss – auffällige kirschrote Reißverschlussanhänger – abgerundeter, dunkelgrau abgesetzter (oder: eingefasster) Taschendeckel – kleines Netzeinsteckfach für Kleinteile mit praktischem Zweiwegereißverschluss auf dem Deckel – praktischer höhenverstellbarer Steckverschluss – schwarze Tragebänder – funktionales schwarzes Netzeinsteckfach an einer Seite – gepolsterte, hellblaue, schwarz eingefasste Tragegriffe mit Klettverschluss – dunkelblaue Standfläche, rot eingefasste Ziernähte an Steckverschluss und Standfläche

Seite 18

5 ~~war~~ ist – ~~bestand~~ besteht – ~~befand~~ befindet – ~~teilte~~ teilt – ~~waren~~ sind – ~~verfügte~~ verfügt

6 ●●● a + b Das Hauptfach lässt sich mit einem ~~supercoolen~~ **praktischen** Zweiwegereißverschluss öffnen. ~~Schön~~ **Auffallend** sind auch die ~~hübschen,~~ kirschroten Zipper an den Reißverschlüssen. Vorn auf der Tasche befindet sich ein ~~niedliches~~ **wappenförmiges, schwarz-weißes Logo**. Außerdem ist die Tasche an ~~echt tollen~~ **funktionalen** Tragegriffen zu erkennen.
Wenn du meine ~~heißgeliebte~~ Sporttasche findest, gib sie bitte beim Hausmeister ab!

7 Mögliche Suchmeldung (von oben nach unten):

Ich möchte eine Suchmeldung für meine Sporttasche aufgeben, die ich gestern im Schulbus (Linie 8, Richtung Heuberg, 16:30 Uhr ab Wilhelm-Busch-Gymnasium) vergessen habe. Die Sporttasche ist dreifarbig in Blau-Grau-Tönen gehalten. Sie verfügt über ein hellblaues, geräumiges Hauptfach. Der abgerundete, hellgrau abgesetzte Taschendeckel wird mit einem höhenverstellbaren Steckverschluss verschlossen. Dieser ist an einem schwarzen Band befestigt, das knapp über dem Verschluss eine rote Ziernaht zeigt. Oben auf dem Taschendeckel befindet sich ein kleines Netzeinsteckfach mit Zweiwegereißverschluss. Seitlich kann ein Schultergurt an Metallösen befestigt werden, dieser fehlt jedoch. Getragen wird die Tasche an schwarzen Bändern. Der Tragegriff besitzt eine hellblaue, grau eingefasste Polsterung, die mit einem bequemen Klettverschluss verschließbar ist. Vorn verfügt die Tasche über zwei große, hellgraue Vortaschen. Links gibt es eine hellgraue Seitentasche. Alle diese Taschen sind mit Reißverschlüssen verschließbar, an denen auffällig kirschrote Anhänger hängen. Nur an der linken Vortasche ist dieser Anhänger abgerissen, was ins Auge sticht. An der rechten Seite ist ein schwarzes Netzeinsteckfach. Die Sporttasche steht auf einer dunkelblauen Standfläche, die durch rot eingefasste Ziernähte abgesetzt ist.
Bitte geben Sie mir Bescheid, falls diese Sporttasche gefunden wird. Ich heiße Arne Simmsen, meine Telefonnummer ist …

8 ●●● Mögliche Checkliste für eine Gegenstandsbeschreibung: *Habe ich …*
- in der Einleitung Gegenstand und Zweck der Beschreibung genannt?
- im Hauptteil alle wichtigen Einzelheiten aufgeführt und Unwichtiges weggelassen?
- eine sinnvolle Reihenfolge eingehalten (z. B. von oben nach unten, von links nach rechts)?
- zuerst den Gegenstand angegeben und dann einen Gesamteindruck davon vermittelt?
- Fachbegriffe verwendet, wo dies sinnvoll ist?
- am Schluss eine Bitte formuliert, die den Anlass der Beschreibung aufgreift (z. B. Verlustanzeige/Suchmeldung)?

Seite 19

1 **oben** links 3, Mitte 6, rechts 4 – **unten** links 1, Mitte 5, rechts 2

2 Mögliche Beschreibungen der Spielschritte (Stoffsammlung): **1** Sechs Kinder stehen in einer Gruppe beisammen, ein Kind erklärt die Spielregeln. – **2** Alle Kinder, bis auf den Fänger, stehen im Kreis. Der Fänger läuft um den Kreis herum. – **3** Der Fänger tippt ein beliebiges Kind auf den Rücken und ruft: „Lauf weg!" – **4** Der Fänger läuft weiter um den Kreis herum. Der Läufer startet in entgegengesetzter Richtung. Sein Platz ist frei. – **5** Wer schneller ist, erreicht den freien Platz als Erster und stellt sich in den Kreis. – **6** Der zweite Läufer ist nun der Fänger und das Spiel startet erneut.

Seite 20

3 b unpersönliche Anrede mit „man" (jedoch nicht einheitlich durchgehalten)

4 Z. 2: ~~Du auch, Tom!~~ – Z. 5–6: ~~Das gilt auch für dich, Tom, man darf nicht fest auf den Rücken hauen!~~ – Z. 9–11: ~~Die Nina würde ich zum Beispiel nie antippen, die ist viel schneller als ich, da würde ich ja verlieren! Das rate ich dir übrigens auch, Tom!~~

5 Mögliche Spielanleitung, direkte Anrede:

Spielanleitung für das Pausenspiel „Lauf weg!"
Zuerst müsst ihr mit allen Beteiligten die Spielregeln klären. Materialien sind nicht erforderlich, das Spiel eignet sich für jedes Alter. Vor Spielbeginn bestimmt ihr einen Spieler als Fänger. Ihr stellt euch in einem Kreis auf, nur der Fänger bleibt außen vor. Nun startet ihr das Spiel. Jetzt ist der Fänger gefragt: Du läufst um den Kreis herum! Irgendwann tippst du ein beliebiges Kind auf den Rücken und rufst: „Lauf weg!" Anschließend rennst du weiter um den Kreis herum. Der Läufer muss dann in entgegengesetzter Richtung starten, sein Platz ist frei. Wer von euch beiden schneller ist, erreicht den freien Platz als Erster und stellt sich auf den freien Platz im Kreis. Der zweite Läufer ist nun der Fänger und ihr könnt das Spiel erneut starten. Spielt lieber auf einer Wiese, denn oft stürzt jemand beim Laufen. (Tipp)

Seite 21

6 Mögliche Stoffsammlung:

1 Zunächst läuft der Fänger um den Kreis herum.
2 Währenddessen tippt er einem beliebigen Kind auf den Rücken und ruft: „Komm mit!" Dieser Spieler ist nun der Läufer.
3 Jetzt rennen beide Spieler, Fänger und Läufer, in derselben Richtung um den Kreis herum.
4 Schließlich beschleunigen beide Kinder und rasen fast um den Kreis herum. Ihr Ziel ist es, den freien Platz als Erster zu erreichen.
5 Am Schluss hat gesiegt, wer zuerst in der freien Lücke steht. Der Verfolger hat verloren und muss nun als neuer Fänger weiter um den Kreis herumlaufen, um das Spiel fortzusetzen.

7 Mögliche Spielanleitung, indirekte Darstellung:

Spielanleitung: „Komm mit! Lauf weg!" (Pausenspiel)
Zuerst muss man die Spielregeln mit allen Mitspielenden besprechen. Materialien benötigt man für dieses Spiel nicht, man kann es in jedem Alter spielen. Vor Spielbeginn bestimmt man einen Spieler als Fänger. Alle Kinder stellen sich in einem Kreis auf, nur der Fänger bleibt außen vor. Nun startet das Spiel: Zunächst läuft der Fänger um den Kreis herum. Währenddessen tippt er einem beliebigen Kind auf den Rücken und ruft entweder „Komm mit!" oder „Lauf weg!". Der angetippte Spieler ist nun der Läufer. Je nach Kommando des Fängers läuft er in derselben Richtung wie dieser weiter oder in entgegengesetzter Richtung. Beide Kinder beschleunigen und versuchen, den freien Platz als Erster zu erreichen. Am Schluss hat gesiegt, wer zuerst ankommt und in der freien Lücke steht. Als Verfolger hat man diese Runde verloren, darf aber als neuer Fänger weiterlaufen, um das Spiel fortzusetzen. Am besten spielt man dieses Spiel auf weichem Untergrund, zum Beispiel auf einer Wiese, weil es in besonders wilden Runden doch manchmal zu Rempeleien kommt und ein Spieler hinfällt. (Tipp)

8 ●●● Mögliche Spielanleitung, Imperativ:

Spielanleitung für das Kinderspiel „Verstecken"
Verstecken macht Spaß in einer Gruppe von etwa fünf bis sieben Mitspielenden, die ab Vorschulalter aufwärts in jedem Alter sein können. Erklärt als Erstes die Spielregeln, Material wird nicht benötigt. Bestimmt vor Spielbeginn, wer suchen darf. Wenn du der Sucher bist, dann drehe dich um und schließe die Augen. Verdecke sie am besten mit den Händen. Sprich laut einen Abzählreim, zum Beispiel: „Eins, zwei, drei, vier Eckstein, alles muss versteckt sein. Hinter mir und vorne gilt es nicht, auch an beiden Seiten nicht! Eins, zwei, drei, vier, fünf, sechs, sieben, acht neun, zehn – ich komme!" Wenn du nicht der Sucher bist, verstecke dich ganz schnell, während der Reim gesprochen wird, denn bei „Ich komme!" läuft der Sucher los und sucht die anderen Kinder, die sich versteckt haben. Wer zuerst gefunden wird, ist der neue Sucher und das Spiel geht von vorn los. Spielt dieses Spiel an verschiedenen, immer neuen Orten, dann findet ihr die Verstecke nicht so schnell. (Tipp)

Seite 22

1 b **Name:** Anna H. – **Alter:** 11 Jahre alt – **Aussehen:** halblange, blonde Haare auf der rechten Seite ein geflochtener Zopf, der die Haare aus dem Gesicht hält, rundes Gesicht, schlanke, muskulöse Gestalt, ca. 1,30 m groß – **Kleidung:** Trikot (rot-weiß-längsgestreiftes T-Shirt), rote Sportshorts, rote Fußballstrümpfe, schwarze Fußballschuhe mit weißen Streifen –

Körperhaltung: durchtrainiert, energiegeladen, sie setzt gerade zum Schuss mit dem linken Fuß an, beide Arme sind seitlich vom Körper weggestreckt, dynamisch, siegessicher – **Verhalten/Eigenschaften:** geübte Fußballerin, konzentriert, sportlich, dynamisch, spielt geschickt, gute Schusstechnik

Seite 23

2 Der Körperbau des Mädchens wirkt **kraftvoll** und **trainiert**. Ihr Blick verrät, dass sie auf den Ball und das Spiel **konzentriert** ist. Ihre Körperhaltung mit den seitlich vom Körper weggestreckten Armen wirkt sehr **selbstsicher**. Sie ist offenbar eine **erfolgreiche** und **sportliche** Spielerin.

3

4 Kopf	5 Körperhaltung	7 Verhalten/Eigenschaften
3 Körper	1 Name (evtl. Geschlecht)	2 Alter
8 persönlicher Eindruck	6 Kleidung	

4 Mögliche Personenbeschreibung für die Schülerzeitung:

Auf dem Foto seht ihr Anna H. Sie spielt in unserer Schülermannschaft „FC Aindling Mädchenabteilung" mit, ist 11 Jahre alt und wirkt sehr durchtrainiert. Wenn sie aufläuft, hat sie ihre halblangen, blonden Haare vorn rechts zu einem Zopf geflochten. Ihr Gesicht ist ein wenig rundlich, sie schaut immer äußerst konzentriert. Als Kleidung trägt sie unser rot-weiß-längsgestreiftes Trikot, rote Sportshorts und rote Fußballstrümpfe. Ihr könnt sie aber auch an den schwarzen Fußballschuhen mit weißen Streifen erkennen. Der aufmerksame Blick und eine Vorlage auf ihren linken Fuß verraten, dass sie siegessicher zum nächsten Torschuss ansetzt. Auf mich wirkt Annas Spiel insgesamt sehr dynamisch, so wie ihre gesamte Haltung, was sie zu einer geschickten und flinken Torjägerin macht. Mit Anna haben wir eine brandgefährliche Spielerin in unserem Team, da müssen sich unsere Gegner vorsehen.

5 ●●● Mögliche Beschreibung der Spielerin im blauen Trikot:

Auf dem Foto ist eine zähe Gegnerin von Anna H. zu sehen. Corinna M. gehört der gegnerischen Schulmannschaft an, wie am blauen Trikot zu erkennen ist. Corinna spielt in derselben Altersgruppe wie Anna. Sie ist etwa gleich groß, durchtrainiert, aber etwas kräftiger und ihr Gesicht ist rundlicher, was durch die eng zurückgebundenen dunklen Haare noch betont wird.
An ihrem verbissenen Gesichtsausdruck ist ihr Kampfgeist zu erkennen, der trotz einer Knieverletzung ungebrochen ist. Zur Stärkung des verletzten Knies trägt sie eine graue Bandage am rechten Bein. Ihr dunkelblaues Trikot hat weiße Ziernähte und einen weißen Aufdruck des Sponsors, ebenso wie die Shorts. Die Fußballstrümpfe sind schwarz. Besonders auffällig sind Corinnas Fußballschuhe in Gelb-Rot.
Der Ehrgeiz der jungen Spielerin ist deutlich zu erkennen. Sie lässt ihre Gegnerin Anna H. nicht einfach mit dem Ball davonlaufen. Stattdessen bleibt sie dran, um den Torschuss zu stören und möglichst zu verhindern.

Berichten

Seite 24

1 **Schreibanlass:** Bericht für die Schülerzeitung – **Adressaten des Berichts:** Mitschülerinnen und Mitschüler, Schulleitung, Lehrerschaft, Eltern – **Was?** Karnevalsfeier mit Tanzeinlagen, Büttenreden, Party und Kostümwettbewerb – **Wann?** Weiberfastnacht ab 11:11 Uhr – **Wer?** Schülervertretung als Organisationsteam, Schüler/-innen und Lehrkräfte – **Wo?** Dreigestirn-Gymnasium/Aula – **Mit welchen Folgen?** Erfolg, Planung für nächstes Jahr

Seite 25

2 Wie jedes Jahr **Weiberfastnacht** veranstaltete unsere Schule eine Karnevalsfeier. **Pünktlich um 11:11 Uhr** erschallte Karnevalsmusik durch die Lautsprecher und die Schülervertretung lud die ganze Schulgemeinde in die Aula ein.
Aus den Klassenräumen strömten **sofort** lachende Karnevalsjecken. In der Aula wurden alle von der SV begrüßt, ein besonderer Gruß ging **zunächst** an einige finstere Mafia-Bosse. **Um Punkt 12 Uhr** traten die „Luftpiraten" auf und begeisterten das Publikum. **Anschließend** hielten einige Oberstufenschüler witzige Büttenreden. Alle im Saal ließen sich vom frohen Treiben anstecken. **Schließlich** fand die Party statt, bei der zu heißen Rhythmen getanzt werden konnte.

3 a + b Währenddessen **gingen** die „Mafiosi" herum und **hielten** nach ausgefallenen Kostümen Ausschau. Sie **forderten** Schüler/-innen und Lehrkräfte auf, sich am Kostümwettbewerb zu beteiligen.
Endlich **war** es so weit: Das schönste Kostüm **sollte** prämiert werden. Die Bühne der Aula **hatte sich** in der Zwischenzeit in einen Laufsteg **verwandelt**.

Seite 26

4 ●●●

a sachlich: C, E, F, H, K, L – Umgangssprache: A, D, G, I – Vermutung: B, J, M

b Mögliche Überarbeitung:

Im Anschluss an die Büttenreden wurde der Kostümwettbewerb durchgeführt. Schade war es, dass sich einige Schüler nicht verkleidet hatten. Häufig zu sehen waren Figuren aus Harry-Potter-Filmen, aber auch zahlreiche Hippies schritten oder tanzten über den Laufsteg. Jeder Jeck wurde von Karnevalsmusik über die Bühne begleitet. Selbstgeschneiderte Kostüme, wie z. B. ein Haus mit Vorgarten, gefielen mir besonders gut. Schließlich bekam ein Wikinger unter lautem Gejohle der Menge den 1. Preis. Es handelte sich dabei um einen sehr beliebten Mathematiklehrer. Der Sieger erntete lang anhaltenden Applaus und bekam eine riesige Tüte mit Süßigkeiten.

5 Möglicher Schluss:

Nach der Prämierung kündigte die SV an, dass sie auch im kommenden Jahr eine Karnevalsfeier durchführen wird. Sie bat um Vorschläge für ein Motto, die bis zum 11.11. eingehen sollten. *(Ausblick)* Gegen 13:30 Uhr war die Karnevalsfeier zu Ende. Alles war erfolgreich verlaufen. Nun musste nur noch aufgeräumt werden. Die Jecken bildeten eine Putzkolonne. *(Folgen)*

6 Mögliche Überschriften: Jeckenalarm *(oder)* Das schönste Kostüm *(oder)* Wikinger besiegt Harry Potter

Seite 27

1 Es ist der Schüler, auf dessen Basecap „Tom“ steht.

Seite 28

2 a **Leonie:** Ich habe gesehen, dass Tom aus der 6 b angefangen hat. Er hat als Erster einen Schneeball geworfen. Und dann hat er immer weitergemacht. Aber Sebastian aus meiner Klasse hat auch zurückgeworfen. Auf die Durchsage hat niemand gehört. Das Hin-und-Her-Werfen wurde immer wilder. Warum muss Tom auch immer Blödsinn machen?

Karl Müller (Lehrer): Obwohl wir vor der Pause durchgesagt haben, dass Schneeballwerfen verboten ist, haben die Schüler sich nicht daran gehalten. Wir haben dieses Verbot mehrfach wiederholt. Ich hatte Pausenaufsicht und musste einige Schüler persönlich ermahnen, aufzuhören. Da hörte ich hinter mir einen Schrei. Ich sah sofort, dass sich Sebastian aus der 6 a das Auge hielt. Und er blutete leicht an der Stirn. Ich rief unsere Schulsanitäter an. Nach der Erstversorgung schickten wir Sebastian mit dem Vertrauenslehrer, Herrn Krause, zum Augenarzt. Der stellte einen kleinen Riss auf der Netzhaut fest, der aber von selbst heilen wird. Sebastian hatte Glück im Unglück. Schneeballwerfen kann eben ins Auge gehen! Wir überlegen, ob wir einen verschneiten Schulhof in Zukunft absperren müssen.

Tom: Ich wollte Sebastian gar nicht im Gesicht treffen. Er hat sich vorher immer rumgedreht, wenn ich geworfen habe. Sie können die Schneespuren auf dem Rücken seines roten Pullovers noch sehen. Und das ist nun echt nicht schlimm. Wenn mal Schnee liegt, darf man das doch. Das ist nur Spaß. Es tut mir leid, dass Sebastian verletzt wurde. Das wollte ich nicht.

b + c

Was? Schneeballschlacht – **Wann?** 6. 12. 2012, Pause, gegen 9:45 Uhr
Wo? Schulhof des Jutta-Richter-Gymnasiums
Wer? Tom, 6 b (Verursacher) und Sebastian, 6 a (Opfer); Zeugen: Leonie, ein Lehrer (Karl Müller)
Wie? Schneebälle gingen zwischen Tom und Sebastian hin und her, ein Schneeball traf Sebastian direkt ins Auge
Warum? Verbot einer Schneeballschlacht (Durchsage) wurde missachtet
Mit welchen Folgen? Sebastian: Augenverletzung, wird heilen, Kratzer an der Stirn

3 ●●● 1 obwohl, 2 dass, 3 weil/da, 4 als

4 ●●● Möglicher Unfallbericht:

Unfallbericht: Schneeballschlacht
Am 6. 12. 2012 fand in der großen Pause gegen 9:45 Uhr auf dem Schulhof des Jutta-Richter-Gymnasiums eine Schneeballschlacht statt, obwohl dies durch Lautsprecherdurchsagen verboten worden war. Tom, 6 b, und Sebastian, 6 a, bewarfen sich wechselseitig mit Schneebällen. Sebastian wurde von einem Schneeball im Gesicht getroffen, das rechte Auge schmerzte und die Stirn darüber blutete. Weil der aufsichtführende Lehrer, Karl Müller, sich kurz anderen Schüler zugewandt hatte, bemerkte er den Unfall erst, als dieser bereits geschehen war. Leonie aus der Klasse 6 a konnte den Unfallhergang bezeugen. Nachdem der Schulsanitätsdienst Sebastians Verletzung versorgt hatte, begleitete ihn Herr Krause, Vertrauenslehrer, zum Augenarzt. Festgestellt wurde ein Riss der Netzhaut, der folgenlos verheilen wird.

Argumentieren und überzeugen

Seite 29 und Seite 30

1 a + b + c, Zusammen mit Aufgabe 2 b.

2 b (2 a nachfolgend)

Thema: Sollte der Unterricht in einzelnen Unterrichtsstunden aus dem Klassenraum ins Freie verlegt werden?	
Meinung der Klasse: für Unterricht im Freien	**Meinung des Lehrers:** gegen Unterricht im Freien
Argumente der Klasse: – Abwechslung durch Unterricht draußen – frische Luft verbessert Konzentration und Mitarbeit – Improvisation löst organisatorische Probleme – Klassen könnten sich abwechseln	**Argumente des Lehrers:** – kann nicht allen Klassen geboten werden – stört die anderen Klassen (Geräuschpegel) – draußen fehlen wichtige Gegenstände (Tafel, Strom o. Ä.) – es ist durch die Schulleitung verboten

2 a Argumente der Schüler sind gerade unterstrichen, Argumente des Lehrers gepünktelt:
Z. 6–7: „Draußen könnten wir uns bestimmt viel besser konzentrieren und würden besser mitarbeiten!"/Z. 9–11: „Kinder, ihr wisst doch, dass das nicht geht – es können ja nicht alle Klassen machen!"/Z. 11–12: „Die Klassen könnten sich doch abwechseln", ... /Z. 14–15: zu laut, ... Das stört nur./ Z. 15–18: Und draußen fehlen doch auch alle Voraussetzungen für richtigen Unterricht: Es gibt keine Tische und keine Stühle, keine Tafel und keinen Strom!"/ Z. 19–24: „Dann müssen wir eben ein bisschen improvisieren: Wir sitzen auf dem Boden und machen etwas, bei dem man nicht schreiben muss und keine Tafel braucht." – „Genau, so ein Unterricht ist eine klasse Abwechslung und macht bestimmt Spaß!"/ Z. 25–26: ... die Schulleitung hat es sowieso verboten, dass Klassen während der Unterrichtszeit draußen sind.

3 Pauls Beispiel passt zu einem Argument des Lehrers: „Es ist durch die Schulleitung verboten."

4 a A 5, B 4, C 2, D 3, E 1
b Bei der Bewertung und Gewichtung der Argumente kann man unterschiedlicher Ansicht sein.
Vorschlag (überzeugendstes Argument zuerst, dann schwächer werdend): B → E → C → A → D

Seite 31

5 **Meinung:** 2 Wir sind der Ansicht, dass ... – 4 Ich vertrete den Standpunkt, dass ... – 6 Ich fände es gut, wenn ...
Argumente: 5 Dies ist zu begründen, indem man ... hervorhebt. – 7 Außerdem spricht für diesen Standpunkt, dass ... – 8 Schließlich ist als Argument noch anzuführen, dass ...
Beispiele: 1 Ich habe selbst letzte Woche die Erfahrung gemacht, dass ... – 3 Im Internet habe ich folgendes Beispiel gefunden ... – 9 An der Schule meines Bruders gibt es einen solchen Fall, nämlich ...

6 Mögliche Argumentationen (Verknüpfungen = *kursiv*):
A *Ich vertrete den Standpunkt,* dass ein „offenes Klassenzimmer" überdacht sein sollte, *denn* dann ist die Nutzung nicht so witterungsabhängig. In diesem Sommer *zum Beispiel* war das Wetter sehr wechselhaft, *sodass* man ohne Überdachung öfter hätte nach drinnen flüchten müssen. *Zudem* muss man sich auch vor starker Sonneneinstrahlung schützen.
B *Meiner Meinung nach* sollte ein „offenes Klassenzimmer" richtige Sitzplätze anbieten, *da* unbequemes Sitzen die Konzentration stört. Beim Knien oder Hocken *beispielsweise* schlafen einem die Beine ein und man muss Lockerungsübungen machen, *was* sich störend auf den Unterricht auswirken würde.
C Für ein „offenes Klassenzimmer" *würde ich* keinen Standort in unmittelbarer Nähe des Schulgebäudes *vorschlagen. Der Grund dafür liegt in* der Geräuschkulisse, die die übrigen Klassen stören und ablenken könnte. *Man denke beispielsweise daran, dass* so ein „offenes Klassenzimmer" gut für szenische Spiele genutzt werden könnte, bei denen es aber häufig etwas lauter zugeht.

Seite 32

7 Mögliche E-Mail an die SV:

Liebe Schülervertreterinnen und Schülervertreter,

wir haben in unserem Klassenrat das Thema „offenes Klassenzimmer" diskutiert, also die Frage, ob es möglich ist, im Freien dauerhaft einen Raum für Unterricht einzurichten.

Unserer Ansicht nach ist eine solche Einrichtung sehr wünschenswert und es sollte überprüft werden, wo und wie man sie an unserer Schule verwirklichen kann.

Aus unserer Sicht sprechen vor allem zwei Argumente für das „offene Klassenzimmer": Zum einen ist es eine Abwechslung zum regulären Unterricht im Klassenraum und wirkt deshalb positiv und anregend auf die Schülerinnen und Schüler. Diese Erfahrung konnten wir zum Beispiel schon einmal bei einem Ausflug ins Freiluftmuseum machen: Dort fand der Unterricht auch draußen statt und alle haben konzentriert mitgearbeitet. Zum anderen bietet das offene Klassenzimmer für manche Unterrichtsformen bessere Möglichkeiten als der Klassenraum. Um beispielsweise in der Klasse einen Gesprächskreis zu bilden, müssen wir immer viele Möbel umräumen. In einem offenen Klassenzimmer, in dem die Sitzplätze in Form eines Forums angeordnet sein könnten, gäbe es dieses Problem nicht.

Deshalb bitten wir euch, bei der nächsten Schulkonferenz das Thema „offenes Klassenzimmer" zur Diskussion zu stellen und unsere Position zu unterstützen. Gern können wir auch noch weitere Argumente dafür formulieren.

Vielen Dank und freundliche Grüße

eure Klasse 6 a

Einen Sachtext lesen und verstehen

Seite 33

1 Vielleicht weißt du, dass San Francisco in Kalifornien, also an der Westküste der USA liegt. Schau einmal in einem Atlas oder im Internet nach, wo genau sich die Golden Gate Bridge befindet. Falls du dich für Erdbeben (Erdkunde) interessierst, ist dir vermutlich bekannt, dass San Francisco nahe der San-Andreas-Verwerfung errichtet wurde und dass die Menschen dort in der Vergangenheit bereits mehrere gewaltige Erdbeben erdulden mussten.

2 b Das Thema des Textes ist der Bau der Golden Gate Bridge (1933–1937).

Seite 34

3 Mögliche unbekannte Wörter:

widrig (Z. 3): äußerst ungünstig, etwas behindernd
Elastizität (Z. 13): Beweglichkeit, Anpassungsfähigkeit
Spannweite (Z. 16): Entfernung zwischen Pfeilern
Dimension (Z. 18 f.): Ausmaß, Ausdehnung eines Körpers
Navy (Z. 21): Kriegsmarine (= Seeflotte) Amerikas
Chefingenieur (Z. 24): Ingenieur = Techniker
immens (Z. 26): unermesslich groß, riesig
Fundament (Z. 27): fest stehender Unterbau eines Bauwerks
Pylon (Z. 27): turmartiger Teil von Hängebrücken, in Form eines hohen Eingangstors
Stahlarmierung (Z. 38): Armierung = verstärkende Einlage aus Stahl in Beton
Senkkasten (Z. 41): Kasten aus Stahl oder Beton, der Arbeiten unter Wasser ermöglicht
Art-Déco-Stil (Z. 45): Kunstrichtung der Jahre 1920 bis 1940, eleganter Stil
vernieten (Z. 46): mit Nieten (Metallbolzen) fest verbinden
vertikal (Z. 56): senkrecht, gerade Linie von oben nach unten
kühn (Z. 72): mutig

4 a Sinnvolle Schlüsselwörter, 1. Sinnabschnitt: Brücke, widrige Baubedingungen, Bucht von San Francisco, Golden Gate, Fehlschlag, befürchteten, 1933, Elastizität, Material, Spannweite, Höhe, Rekorde, größte Schiff der Navy

b Weitere sinnvolle Schlüsselwörter: Chefingenieur Joseph B. Strauss, immensen technischen Aufwand, Fundamente der Pylone, Verankerung der Trageseile, 140 000 m³ Beton, Helmtaucher, unter Wasser, Senkkasten – Pylone im Art-Déco-Stil, Stahlplatten, 227 m, höchsten Brückenträger der Welt, Tragekabel, einen Meter dick, Flechten und Spannen, sechs Monate, salzhaltige Nebel, Brückenarchitekt Morrow, speziellen Rostschutzfarbe – 27. Mai 1937, vier Jahren Bauzeit, täglich 100 000 Kraftfahrzeuge, bekanntesten Wahrzeichen Amerikas

Seite 35

5 Passende Zwischenüberschriften: **1. Sinnabschnitt:** Ein großes Wagnis – **2. Sinnabschnitt:** Meisterhafte Ingenieurleistung – **3. Sinnabschnitt:** Stahl mit Stil – **4. Sinnabschnitt:** Ein grandioser Erfolg

6 Mögliche Zusammenfassung des Sachtextes:

(zu Abschnitt 1) 1933 wurde in San Francisco die damals längste und höchste Brücke der Welt gebaut. Die Konstruktion musste Erdbeben, Winden und Strömungen standhalten. Viele Bürger bezweifelten, dass man eine Hängebrücke über das Golden Gate bauen könne.
(zu Abschnitt 2) Das Team um Chefingenieur Strauss musste viele technische Probleme lösen. Der Bau der riesigen Fundamente für die zwei Pylone erwies sich als besonders schwierig. Einer davon musste mit Hilfe eines sogenannten Senkkastens unter Wasser erstellt werden.
(zu Abschnitt 3) Die Pylone bestehen aus vernieteten Stahlplatten und waren damals die höchsten der Welt. Keine leichte Aufgabe stellte die Konstruktion der Tragkabel dar. Dafür benötigten die Handwerker mehr als sechs Monate. Brückenarchitekt Morrow ließ die Brücke wegen des salzhaltigen Nebels in der Bucht mit einem speziellen orangefarbenen Rostschutzlack streichen.
(zu Abschnitt 4) 1937 wurde das Bauwerk erfolgreich fertiggestellt. Heute überqueren täglich etwa 100 000 Fahrzeuge die Brücke. Die Golden Gate Bridge gehört zu den bekanntesten Wahrzeichen Amerikas.

7 a 2 und 3
b Konstruktion, Untergrund, Maße, Farbe
c Mögliche Wiedergabe der Informationen: Die Gesamtlänge der Brücke beträgt 1980 m bei einer Spannweite von 1280 m. Sie ist 227 m hoch. Das Bauwerk ist orangefarben gestrichen. Die Pylone stehen 350 m von den Verankerungen entfernt.

8 ●●● Mögliche Tabelle:

Anforderungen	**Lösungen**
sturmfest und erdbebensicher	elastische Hängebrücke
passierbar für alle Schiffe	hohe Brückenträger
Fundament teils unter Wasser	Senkkasten
Gewicht der Fahrbahn	dicke Kabel
Eleganz	Art-Déco-Stil
salzhaltiger Nebel	spezielle Rostschutzfarbe

Einen Erzähltext lesen und verstehen

Seite 36

2 Mögliche unbekannte Wörter: **Sankt Petersburg** (Z. 4): russische Großstadt an der Newa – **Estland** (Z. 4): Staat, der im Osten an Russland grenzt, und von 1710–1918 zum Russischen Reich gehörte. – **Ingermanland** (Z. 5): historische Provinz im nordwestlichen Russland rund um das heutige Sankt Petersburg – **ausersehen** (Z. 17): auswählen – **behagen** (Z. 26): angenehm sein – **Geschirr** (Z. 30): Seile und Riemen zum Anspannen von Zugtieren

Seite 37

3 1: P – 2: F – 3: E – 4: R – 5: D **Lösungswort:** Pferd

4 Mögliche Zusammenfassungen der Erzählschritte:
Einleitung: (Z. 1–4) Baron von Münchhausen fährt mit dem Schlitten nach Sankt Petersburg.
Hauptteil: (Z. 4–12) Plötzlich wird sein Schlitten von einem hungrigen Wolf verfolgt.
(Z. 13–24) Dank einer List verfehlt der Wolf Münchhausen und beißt sich stattdessen am Pferd fest.
(Z. 25–33) Der Wolf verschlingt im Rennen das ganze Pferd und übernimmt den Schlitten im Geschirr des Pferdes als Zugtier.
Schluss: (Z. 34–39) Münchhausen erreicht Sankt Petersburg mit dem Schlittenwolf unerwartet schnell und unversehrt. Die Petersburger bestaunen ihn.

5 Mögliche Zusammenfassung des Textes:

In der Einleitung der Geschichte erfährt man, dass Baron von Münchhausen mit seinem Pferd und seinem Schlitten frohgemut nach Sankt Petersburg aufbricht. Der Hauptteil beginnt damit, dass in einem dichten Wald ein riesiger Wolf hinter dem Schlitten auftaucht. Dieser jagt auf Beutesuche hinter dem Schlitten her und springt schließlich, weil Münchhausen sich wegduckt, auf den Rücken des Pferdes. Im Dahinrennen frisst der Wolf nach und nach das ganze Pferd, bis er statt seiner im Schlittengeschirr festhängt. Münchhausen schlägt kräftig auf den Wolf ein und zwingt ihn so, den Schlitten zu ziehen. Am Schluss der Geschichte erreicht der seltsame Schlitten Sankt Petersburg unerwartet schnell und Münchhausen ist völlig unversehrt. Die Bürger staunen.

Seite 38

6 **Wahr könnte sein, dass ...:** Münchhausen eine Reise nach Sankt Petersberg unternimmt – Münchhausen die Reise (im Winter) mit Pferd und Schlitten antritt – Mann und Pferd durch einen Wolf angegriffen werden – das Pferd auf den Angriff des Wolfes durch Flucht reagiert
Erfunden oder stark übertrieben ist, dass ...: Münchhausen vom Wolf übersprungen wird und unversehrt weiterreist – das Pferd vom Wolf angefressen wird und dennoch weiterläuft – der Wolf zusammen mit dem halben Pferd den Schlitten zieht – der Wolf ins Geschirr des Pferdes passt und sich wie dieses verhält – Münchhausen den Wolf pausenlos antreibt – Mann und Wolf unversehrt in Sankt Petersburg ankommen – Petersburger staunen

7 Z. 19 f.: ... als wär's nicht mehr als ein Stückchen Wurst – Z. 26: ... und schlug wie besessen auf den Wolf ein

8 ●●● Grafik B gibt die Lesefieber-Kurve dieser Lügengeschichte richtig wieder, weil sie die kurze Einleitung, die Steigerung der Lügen im Hauptteil (Lügenkette) und den kurz ausklingenden Schluss veranschaulicht.

Ein Gedicht gestaltend vortragen

Seite 39

1 b In dem Gedicht „Wenn die Nebelfrau kocht" von Hanna Hanisch geht es um eine Hexe, die Nebel kocht.

2 schöpft – kocht – Grütze – Mischt – mengt – Suppe – Gebrau – Ein Löffel Warm – zwei Handvoll Kalt – brodelt's – dampft – Prise – halb kalt – halb lau – schmeckt – blubbert – steigt über den Rand

3 unheimlich – kühl – geheimnisvoll

4 Mögliche Hervorhebungen: a Ausrufezeichen, Fragezeichen und Gedankenstriche sind grau hinterlegt.
b Lautmalerische Wörter sind eingekreist.
c Parallele Stellen sind in der gleichen Art unterstrichen.
d Die zu betonenden Stellen sind fett hervorgehoben.

Wer hockt hinterm Berge,
verhutzelt und grau?
Die alte Hexe,
die Nebelfrau.

Sie schöpft aus der Pfütze,
kocht graudicke Grütze.
Mischt **Wasser** mit **Luft**,
mengt **Sonne** mit **Tau**.
Das gibt eine Suppe!
Das gibt ein Gebrau!

Ein Löffel **Warm**,
zwei Handvoll **Kalt** –
schon **brodelt's** am Berge.
Schon **dampft** es im Wald.

Eine Prise Wind,
halb **kalt**, halb **lau**. –
Hihi, so schmeckt es der Nebelfrau.

Die Grütze blubbert,
steigt über den Rand.
Hu, was für ein Nebel!
Verschwunden das Land.

Was kannst du schon? – Grammatik

Seite 40

1 A Adjektive – B Präpositionen – C Nomen – D Pronomen – E Verben — 5 Punkte

2 A Nomen + Nomen + Nomen – B Adjektiv + Adjektiv – C Adjektiv + Adjektiv + Adjektiv — 3 Punkte

3 Diese Adjektive könntest du gefunden haben: A dunkel – B löslich (Wortfamilie: auflösen); lösbar (Wortfamilie: lösen) – C ehrlich; ehrbar; ehrenhaft – D zauberhaft – E freudig; freudlos; freudvoll – F kindisch kindlich; kindhaft; kinderlieb; kinderlos; kinderleicht — 6 Punkte

4 gut – besser – am besten, hoch – höher – am höchsten — 4 Punkte

5 A + e – B + d – C + b – D + a – E + c — 5 Punkte

6 A regelmäßig – B unregelmäßig – C unregelmäßig – D regelmäßig — 4 Punkte

Seite 41

7 A Vor dem Konzert strömen viele Schüler und Eltern in die geschmückte Aula.
B Viele Schüler und Eltern strömen vor dem Konzert in die geschmückte Aula. — 2 Punkte

8

Satz	Subjekt	Prädikat	Akkusativobjekt	Dativobjekt	adverbiale Bestimmung
1	A		B		
2			D		C
3	G	E		F	

7 Punkte

9 A NS + HS – B HS + HS – C HS + NS – D HS + HS — 4 Punkte

10 A Das Konzert wurde unterbrochen, denn Max kam zu spät.
B Das Konzert wurde unterbrochen, weil Max zu spät kam. — 2 Punkte

Wortarten

Seite 42

1 **Maskulinum:** (Harry,) der Stein, (Ron,) der Kelch, der Elch, der Tisch, der Fisch – **Femininum:** die Flöte, die Kröte, die Keule, die Eule, (Hermine, die Kohle – **Neutrum:** das Schwein, das Fohlen

2 A Ron: Wem hat die alte Hexe eine besondere Schreibfeder gegeben? (Dativ) Harry (mir) – B Ron: Wen (was) solltest du immer wieder notieren? (Akkusativ) den gleichen Satz – C Ron: Wessen hast du dich bedient ...? (Genitiv) der Feder – D Ron: Wen (was) spürtest du? (Akkusativ) einen brennenden Schmerz – E Ron: Wer (was) ist eine Nervensäge? (Nominativ) Ron (du)

Seite 43

3 Mögliche Sätze: Der Bart von Merlin ist länger als die Bärte von Abrakadabra und Prof. Dumbledore.
Der Bart von Prof. Dumbledore ist länger als der von Abrakadabra, aber der Bart von Merlin ist am längsten.
Prof. Dumbledore ist älter als Merlin, Abrakadabra ist am ältesten.
Prof. Dumbledore ist jünger als Abrakadabra, Merlin ist jedoch am jüngsten.
Merlin ist größer als Abrakadabra, aber Prof. Dumbledore ist am größten.
Merlin ist kleiner als Prof. Dumbledore, aber Abrakadabra ist am kleinsten.
Merlin besitzt mehr Zauberbücher als Abrakadabra, Prof. Dumbledore besitzt die meisten.
Merlin besitzt weniger Zauberbücher als Prof. Dumbledore, Abrakadabra besitzt die wenigsten.

4 ●●● a + b Für den mächtigen Zaubertrank, der das Üben von Grammatik überflüssig macht, benötigst du diese Zutaten:
Stelle einen stabilen Kochtopf auf das Feuer, wirf faule Zähne, tote Fliegen, eine große Spinne und runde Kellerasseleier hinein. Besorge dir nun frische Eier und knusprige Krötenfüße. Fülle das Ganze mit altem Drachenblut auf und lasse das ekelhafte Gebräu zehn Stunden kochen. Wenn du es trinkst, musst du nie wieder lästige Grammatik lernen! Klappt es nicht, hast du etwas falsch gemacht. Da hilft Lernen!

5 Argus Filch soll von/über/mit Hilfe magischer Reiniger und der Unterstützung von/vom/bei den Hauselfen im/in/über der Schule für Ordnung sorgen. Nachts patrouilliert er über/auf/bei dem Schulgelände und passt auf, dass die Schüler zu/vor/in ihren Häusern bleiben. Dabei muss er sich vor/gegen/auf ihren Streichen unter/über/in Acht nehmen. Zu/An/Zur seinen Aufgaben gehört es, die Eingänge mit/von/ohne Geheimgängen zuzugipsen oder die Post auf/unter/über Eingeschmuggeltes zu überprüfen.

Seite 44

6 **Lösungswort:** Wichtel

7
Harry: Wie kommst du zu **meinem** Besen?
Malfoy: Das ist nicht **dein**, sondern **mein** Besen, er stand in **meinem** Zimmer.
Harry: Dass er in **deinem** Zimmer steht, heißt noch lange nicht, dass der Besen auch dir gehört.
Malfoy: Dann beweise gefälligst, dass es sich um **deinen** Besen handelt!
Harry: Nichts leichter als das, am Stiel **meines** Besens befindet sich die Aufschrift „Nimbus 2000" und wenn du **deine** Hände wegnimmst, werden wir sofort wissen, ob der Besen **mein** oder **dein** Eigentum ist.
Malfoy: Da hast du **deinen** blöden Besen und lass dich nie wieder in **meinem** Zimmer blicken.

Seite 45

8 Ron braucht dringend einen neuen Umhang. Harry deutet in ein Schaufenster: „Wie gefällt dir dieser da?" „Der sieht doch recht teuer aus!", meint Ron. Im nächsten Geschäft gibt es günstigere Angebote. Der Verkäufer führt Ron mehrere Umhänge vor. „Die gefallen mir eigentlich alle ganz gut. Aber den dort hinten können Sie mir auch noch einmal zeigen! Harry, was meinst du denn? Soll ich diesen oder lieber den da nehmen? An diesem hier hätte ich eventuell auch Interesse." Harry deutet auf einen weiteren Umhang: „Ich kann nicht glauben, dass es da solche großen Unterschiede gibt. Nimm doch einfach diesen hier, der ist am billigsten und sieht auch noch gut aus!" Zufrieden verlassen die beiden das Geschäft.

9 Heute stehen Schreibwaren auf dem Einkaufszettel von Ron und Harry. „Lass uns zu **diesem** Verkäufer gehen, der scheint eine gute Auswahl zu haben!" „Schau mal Harry, **dieses** Tintenfass sieht interessant aus, es hat die Form einer Eule. **Dieser** Federkiel ist auch nicht schlecht, solche Federn findet man sehr selten." „Dann brauchen wir noch Pergamentrollen, wir nehmen **diese** hier, die sind nicht so teuer. **Diesen** hier kaufe ich auch noch", Harry deutet auf einen Scherzartikel, „der ist toll!"

10 ●●● er (1), diese (3), Er (1), unserer (2), diesem (3), er (1), wir (1), unseren (2), Diese (3), solche (3), ihnen (1), Sie (1), solche (3), Ihr (2), meinen (2), Ihnen (1), mir (1)

Seite 46

1 Professor Sprout verteilt gestern/heute/bisher Alraunen, die umgepflanzt werden müssen. Sie ermahnt die Schüler: „Ihr müsst überall/ungefähr/unbedingt Kopfhörer aufsetzen. Nirgends/Schlimmstenfalls/Dazwischen kann der Schrei einer Alraune tödlich sein!" Hermine packt ihre Alraune oben/nacheinander/stets am Kopf und setzt sie damals/davor/danach in einen neuen Topf. Professor Sprout freut sich keinesfalls/sehr/genug über Hermines Talent. Harry ärgert sich über die Lehrerin: Sie hat ihm wenigstens/stets/kurzerhand eine besonders dicke und störrische Alraune zugeteilt. Das muss ja schiefgehen!

2 A umsonst, jetzt, bereits – B sehr, deshalb, kaum, tagsüber, dahin – C gestern, leider, irgendwo, darum, überall, sofort – D vielleicht, morgen, gern, deshalb

3 ●●●
Zeit: jetzt – bereits – tagsüber – gestern – sofort – morgen
Ort: dahin – irgendwo – überall
Art und Weise: umsonst – sehr – kaum – leider – vielleicht – gern
Grund: deshalb – darum – deshalb

Information **Das Pronomen (2)**

Demonstrativpronomen (hinweisende Fürwörter) **weisen besonders deutlich auf eine Person oder Sache hin**. Sie können Begleiter eines Nomens sein oder für ein Nomen stehen.
Beispiele für Demonstrativpronomen sind:
- *der, die, das*: z. B. *Wie findest du den Pullover? Der da drüben gefällt mir besser.*
- *dieser, diese, dieses*: z. B. *Diese Schülerin ist in Zauberkunde besonders fleißig.*
- *solcher, solche, solches*: z. B. *Ron hat solche Magenschmerzen, dass er nicht lernen kann.*

8 **Unterstreiche im folgenden Text die zehn Demonstrativpronomen.**

Ron braucht dringend einen neuen Umhang. Harry deutet in ein Schaufenster: „Wie gefällt dir dieser da?“ „Der sieht doch recht teuer aus!“, meint Ron. Im nächsten Geschäft gibt es günstigere Angebote. Der Verkäufer führt Ron mehrere Umhänge vor. „Die gefallen mir eigentlich alle ganz gut. Aber den dort hinten können Sie mir auch noch einmal zeigen! Harry, was meinst du denn? Soll ich diesen oder lieber den da nehmen? An diesem hier hätte ich eventuell auch Interesse.“ Harry deutet auf einen weiteren Umhang: „Ich kann nicht glauben, dass es da solche großen Unterschiede gibt. Nimm doch einfach diesen hier, der ist am billigsten und sieht auch noch gut aus!“ Zufrieden verlassen die beiden das Geschäft.

9 **Setze die Demonstrativpronomen dieser, diese, dieses im richtigen Kasus in die Lücken ein.**

Heute stehen Schreibwaren auf dem Einkaufszettel von Ron und Harry. „Lass uns zu ________ Verkäufer gehen, der scheint eine gute Auswahl zu haben!“ „Schau mal Harry, ________ Tintenfass sieht interessant aus, es hat die Form einer Eule. ________ Federkiel ist auch nicht schlecht, solche Federn findet man sehr selten.“ „Dann brauchen wir noch Pergamentrollen, wir nehmen ________ hier, die sind nicht so teuer. ________ hier kaufe ich auch noch“, Harry deutet auf einen Scherzartikel, „der ist toll!“

10 ●●● **Welche Wortart? Trage die richtige Nummer in die Kästchen ein: Personalpronomen (1), Possessivpronomen (2) oder Demonstrativpronomen (3)?**

Prof. Dumbledore sucht einen neuen Lehrer. Zu diesem [3] Zweck hat er [ ] diese [ ] Anzeige aufgegeben:

Lehrer für die Verteidigung in dunklen Künsten gesucht!

Er [ ] sollte sich mit gefährlichen Kreaturen auskennen. An unserer [ ] Schule wird von diesem [ ] Lehrer erwartet, dass er [ ] mit Flüchen umzugehen weiß. Ferner verlangen wir [ ] Autorität gegenüber unseren [ ] Schülern. Diese [ ] brauchen eine feste Hand, eine solche [ ] fehlt ihnen [ ] im Moment. Wenn Sie [ ] solche [ ] Qualifikationen vorweisen können und Ihr [ ] Profil meinen [ ] Erwartungen entspricht, steht Ihnen [ ] ein fürstliches Gehalt zu. Interessenten mögen sich bei mir [ ] melden.

Adverbien

Information **Das Adverb** (Umstandswort; Plural: die Adverbien)

Adverbien machen **nähere Angaben zu einem Geschehen.** Sie geben beispielsweise an,
- **wo** etwas passiert (Ort), z. B. *dort, rechts, bergab, oben, unten,*
- **wann** etwas geschieht (Zeit), z. B. *gestern, heute, morgen, danach, stets,*
- **wie** etwas stattfindet (Art und Weise), z. B. *gern, sehr, irgendwie, einigermaßen, glücklicherweise,*
- **weshalb** etwas eintritt (Grund), z. B. *deshalb, daher, darum.*

Das Adverb ist (im Gegensatz zum Adjektiv) in der Regel **nicht flektierbar**, also nicht veränderbar.

1 **Überarbeite den folgenden Text: Entscheide, welches der jeweils angebotenen Adverbien passt, und unterstreiche es.**

Zauberhafte Alraunen – Kräuterkunde bei Professor Sprout

Professor Sprout verteilt gestern/heute/bisher Alraunen, die umgepflanzt werden müssen. Sie ermahnt die Schüler: „Ihr müsst überall/ungefähr/unbedingt Kopfhörer aufsetzen. Nirgends/Schlimmstenfalls/Dazwischen kann der Schrei einer Alraune tödlich sein!“ Hermine packt ihre Alraune oben/nacheinander/stets am Kopf und setzt sie damals/davor/danach in einen neuen Topf. Professor Sprout freut sich keinesfalls/sehr/genug über Hermines Talent. Harry ärgert sich über die Lehrerin: Sie hat ihm wenigstens/stets/kurzerhand eine besonders dicke und störrische Alraune zugeteilt. Das muss ja schiefgehen!

2 **Lies diese Anzeigen, die im Internat „Hogwarts – Schule für Hexerei und Zauberei“ am Schwarzen Brett hängen. Unterstreiche jedes Wort, das zur Wortart Adverb gehört.**

A **Achtung:**
Gebe umsonst qualifizierte Nachhilfe in Zauberkunde. Melde dich jetzt bei Hermine Granger, Haus Gryffindor, und du wirst bereits in diesem Schuljahr Fortschritte in Zauberkunde machen!

B Wer hat meinen Drachen gesehen?
Ich vermisse ihn sehr, kann deshalb kaum schlafen! Du findest mich tagsüber in meiner Hütte. Komm mit dem Drachen dahin! Hagrid

C **Hilfe!** Habe gestern bei der Quidditchfeier leider irgendwo meinen Besen liegen lassen. Habe darum überall gesucht. Der ehrliche Finder erhält sofort 10 Schokofrösche,
Harry Potter

D Wer von den Neuen hat vielleicht Interesse an unserer Experimentiergruppe? Morgen basteln wir Scherzartikel. Wir nehmen gern neue Mitglieder auf. Melde dich deshalb bei Ron Weasley.

3 ●●● **Lege im Heft eine Tabelle nach folgendem Muster an und trage die Adverbien von Aufgabe 2 dort ein.**

Zeit	Ort	Art und Weise	Grund
…	…	…	…

Die Tempora (Zeitformen) der Verben

Das Präsens und das Futur

Information **Die Tempora Präsens und Futur**

Das **Präsens** (die Gegenwartsform) verwendet man
- für etwas, das in der **Gegenwart** (in diesem Augenblick) geschieht: *Die Kinder spielen (heute) im Haus.*
- für **Aussagen, die immer gelten**: *Faune sind Fabelwesen.*
- um etwas **Zukünftiges** auszudrücken: *Morgen besucht Lucy den Faun Herrn Tumnus.* Meist verwendet man dann ein Adverb der Zeit (► S. 46) wie z. B. *morgen, übermorgen, bald.*

Das **Futur** (die Zukunftsform) verwendet man,
- um **ein zukünftiges Geschehen** auszudrücken, z. B.: *Die Kinder werden bald ein Abenteuer erleben.* Gebildet wird es durch: Personalform von *werden* im Präsens + Infinitiv des Verbs, z. B.: *Die Geschwister werden sich in Narnia treffen.*

1 **Trage die passende Nummer in die Kästchen ein: [1] Der Satz steht im Präsens, [2] der Satz steht im Präsens und macht eine Aussage über die Zukunft, [3] der Satz steht im Futur.**

Heute spielen Lucy, Susan, Edmund und Peter Verstecken [1]. „Ich werde in den Wandschrank kriechen [ ]“, überlegt Lucy [ ], „da können die anderen mich morgen noch suchen [ ]!“ Doch was ist das [ ]? Der Schrank hat gar keine Rückwand [ ], plötzlich steht Lucy auf einer verschneiten Lichtung [ ]. Gerade noch denkt sie: „Hoffentlich finde ich bald wieder nach Hause [ ]“, als sie ein seltsames Wesen entdeckt [ ]: Von der Mitte aufwärts hat es die Gestalt eines Mannes, aber es läuft auf zwei Ziegenbeinen und aus dem lockigen Haar ragen zwei Hörner hervor [ ]! Es ist ein Faun [ ]! „Das wird mir niemand glauben [ ]“, denkt Lucy noch, als der Faun erschrocken alles fallen lässt [ ].

2 **Bestimme für jeden Satz links die Personalform des Verbs. Verbinde ihn mit der richtigen Lösung in der rechten Spalte.**

Der Faun stellt sich Lucy als Herr Tumnus vor und schlägt ihr Folgendes vor:

A Wir gehen jetzt gemeinsam zu meiner Wohnung.	a 2. Person Singular Präsens
B Ich mache ein wunderbares Feuer im Kamin an.	b 1. Person Singular Futur
C Du wärmst dich davor schnell wieder auf.	c 3. Person Plural Futur
D Meine Küchlein werden dir sicher schmecken.	d 1. Person Singular Präsens
E Anschließend werde ich dir von unserem Land Narnia erzählen.	e 3. Person Plural Präsens
F Du wirst staunen.	f 1. Person Plural Präsens
G Aber es kommen auch traurige Dinge zur Sprache.	g 2. Person Singular Futur

Das Perfekt

Information **Das Perfekt**

Das Perfekt verwendet man vorwiegend, wenn man **mündlich** von etwas erzählt oder berichtet, das bereits vergangen ist, z. B.: *Lucy hat mit Herrn Tumnus Tee getrunken.*
Es ist eine **zusammengesetzte Zeitform der Vergangenheit:** Es wird gebildet aus einer Personalform von *haben* oder *sein* im Präsens (z. B. *er hat, sie sind*) und dem Partizip II (Partizip Perfekt) des Verbs (z. B. *getrunken, gelaufen*).

1 **Lucy berichtet ihren Geschwistern von ihrem Abenteuer. Erzähle ihr Erlebnis im Perfekt. Schau dir die Bilder oben an und verwende die angebotenen Wörter und Wortgruppen.**

hinten im Schrank • auf eine verschneite Lichtung gelangen • seltsames Wesen entdecken
sich um einen Faun handeln, halb Mensch, halb Ziege • Faun: Lucy einladen,
gemeinsam zur Wohnung gehen • Faun: Feuer machen, Tee kochen, leckeres Essen zubereiten
Faun: spannende Geschichten erzählen • Lucy: zur Lichtung zurückkehren,
in den Schrank klettern und wieder zu Hause ankommen

Schreibe in dein Heft.

Beginne so: *„Ich habe mich im Schrank versteckt. Hinten im Schrank …*

2 ●●● **Formuliere Lucys Antworten auf die Aufforderungen ihrer Geschwister im Perfekt.**

Das Präteritum

Information **Das Präteritum**

Das Präteritum ist eine **einfache Zeitform der Vergangenheit**. Diese Zeitform wird vor allem in schriftlichen Erzählungen und Berichten verwendet, z. B.: *Lucy traf auf einer verschneiten Lichtung einen Faun.*
Das Präteritum wird auf verschiedene Weise gebildet. Man unterscheidet

- **regelmäßige (schwache) Verben:** Der Vokal *(a, e, i, o, u)* im Verbstamm verändert sich nicht, wenn das Verb ins Präteritum gesetzt wird, z. B.: *schimmer-n → es schimmer-te.*
- **unregelmäßige (starke) Verben:** Setzt man das Verb ins Präteritum, ändert sich der Vokal im Verbstamm, z. B.: *fall-en → sie fiel-en, sing-en → er sang.*

1 **Ergänze die fehlenden Verbformen.**

Infinitiv	Präsens	Präteritum
backen	ich backe	ich backte
	du guckst	
verstecken	er/sie/es	
	wir weinen	
	ihr	ihr kochtet
		sie lachten

2 **Trage zu jeder Personalform den Infinitiv des Verbs ein.**

Präteritum	Infinitiv	Präteritum	Infinitiv
A ich schlief		D du kamst	
B er lief		E wir sangen	
C ihr schriebt		F sie vergaßen	

3 **a** **Starkes oder schwaches Verb? Umrande alle Felder farbig, die ein schwaches Verb enthalten.**
b **Trage die Infinitive in die nachfolgende Übersicht ein und ergänze jeweils eine Form der 3. Person Singular im Präteritum.**

~~üben~~ | ~~fallen~~ | laufen | kaufen | springen | hören | lachen | antworten | sehen | spielen | lesen | bringen

Starke Verben: fallen – es fiel,

Schwache Verben: üben – er übte,

4 **a Lucy hat ihrer Freundin Emma von Narnia erzählt. Emma schreibt Lucy bald darauf einen Brief. Emma hat im Deutschen noch Probleme, das Präteritum richtig zu bilden. Unterstreiche im folgenden Brief die falschen Verbformen.**
b Schreibe den Brief mit den richtigen Verbformen ins Heft.

VORSICHT FEHLER!

Liebe Lucy,

nach unserem Gespräch am Telefon denkte ich die ganze Zeit an dein fantastisches Abenteuer. Auch wenn ich deine Sprache noch nicht perfekt kann, will ich dir unbedingt Folgendes erzählen: Letzte Woche leste ich ein unglaubliches Buch. Ein Mädchen namens Alice treffte dort ein sprechendes Kaninchen. Sie fallte in ein tiefes Loch und kommte, genau wie du, in eine völlig andere Welt. Am Ende des Tunnels befindete sich eine kleine Tür, aber Alice passte nicht hindurch. Sie findete ein Fläschchen mit der Aufschrift „Trink mich!“. Sie befolgte die Anweisung, trinkte das Fläschchen leer und werdete winzig klein, dann esste sie noch von einem Kuchen und plötzlich wachste sie wieder. Beim nächsten Mal schreibe ich dir, wie die Geschichte weitergeht.

Bis dahin viele liebe Grüße

Emma

5 ●●● **Erkläre Emma, was sie beachten muss, wenn sie Verben ins Präteritum setzt. Schreibe die Erklärung in dein Heft.**

6 **Schreibe den Text in dein Heft ab und setze dabei die Verben im Infinitiv, die im Rahmen stehen, in die richtige Personalform im Präteritum.**

Nach einigen Tagen spielen die Kinder wieder Verstecken. Edmund kriechen in den Schrank. Doch was sein das? Plötzlich landen etwas Feuchtes auf seinem Kopf. Es schneite. Er befinden sich mitten in einem Wald. Auf einmal hörte er Glöckchengeläut und kurz darauf entdecken er einen Schlitten mit Rentieren. Auf dem Schlitten sitzen eine riesige weiße Frau mit einer Krone auf dem Kopf, die Edmund streng mustern .

7 ●●● **Lucys Bruder Edmund reist ebenfalls nach Narnia und trifft dort auf die Weiße Hexe Jadis. Was dann geschieht, gibt der folgende Text im Präsens wieder. Markiere die Personalformen. Forme alles ins Präteritum um und schreibe den verbesserten Text in dein Heft.**

VORSICHT FEHLER!

Edmund trifft in Narnia die Weiße Hexe Jadis, die sich als Königin von Narnia ausgibt. Ganz Narnia liegt unter ihrem Zauber, der bewirkt, dass ständig Winter ist und dass es trotzdem nie, niemals Weihnachten gibt. Als die Hexe hört, dass Edmund ein Mensch ist, wird sie gleich viel freundlicher: Sie verwöhnt ihn mit Türkischem Honig, den Edmund immer gieriger verschlingt. Er ahnt nicht, dass der Honig verhext ist, und dass jeder, der davon kostet, immer mehr haben will. Die vorgebliche Königin schmeichelt Edmund und erfährt, dass er noch drei Geschwister hat. Die soll er nach Narnia bringen. Als Belohnung verspricht Jadis ihm noch mehr Türkischen Honig. Sie winkt Edmund noch einmal zu und verschwindet dann mit ihrem Schlitten im tiefen Wald.

Das Plusquamperfekt

Information | **Das Plusquamperfekt**

Das Plusquamperfekt verwendet man, wenn etwas vor dem passiert, wovon im Präteritum oder im Perfekt erzählt wird. Dieses Tempus nennt man deshalb auch **Vorvergangenheit**, z. B.: *Nachdem Lucy aus Narnia zurückgekehrt war, erzählte sie ihren Geschwistern von ihrem Abenteuer.*
Es ist eine **zusammengesetzte Zeitform der Vergangenheit:** Es wird gebildet aus einer Personalform von *haben* oder *sein* im Präteritum (z. B. *er hatte, sie waren*) und dem Partizip II (Partizip Perfekt) des Verbs (z. B. *getrunken, gelaufen, begonnen, verstanden*).

1 **Um das Plusquamperfekt zu bilden, benötigst du das Partizip II (Partizip Perfekt). Notiere zu jedem Infinitiv das Partizip II. Die gelb unterlegten Buchstaben ergeben ein Lösungswort.**

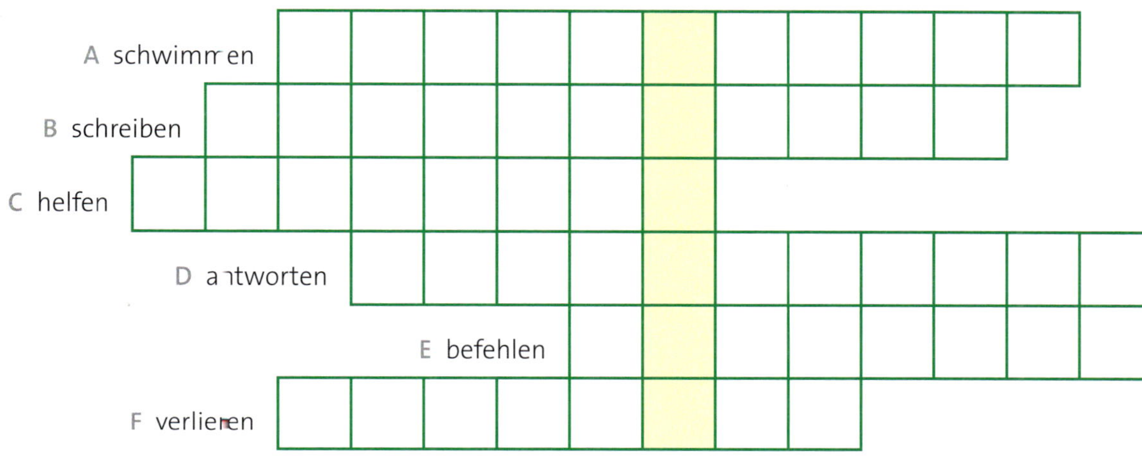

2 **Kreuze jeweils den Teil des Satzgefüges an, der im Plusquamperfekt steht.**

☐ Nachdem Lucy durch einen Schrank in das sagenhafte Land Narnia gelangt war, ☐ traf sie dort einen Faun.
☐ Nachdem Lucy nach Hause zurückgekehrt war, ☐ erfuhr die Weiße Hexe Jadis von ihrem Besuch in Narnia.
☐ Sie schickte den Chef der Geheimpolizei zum Faun, ☐ da der Faun den Besuch nicht gemeldet hatte.
☐ Der Chef der Geheimpolizei verwüstete die Wohnung des Fauns, ☐ nachdem er ihn verhaftet hatte.
☐ Da der Faun der Weißen Hexe nicht gehorcht hatte, ☐ verwandelte sie ihn zur Strafe in einen Stein.

3 ●●● **Formuliere im Plusquamperfekt, was dem Ereignis vorausgegangen ist. Verwende die Stichwörter im Rahmen.**

Schließlich gelangten die Geschwister gemeinsam nach Narnia, nachdem … | alle in den Schrank kriechen |

Schließlich gelangten die Geschwister gemeinsam nach Narnia, nachdem sie alle in den Schrank gekrochen waren.

A Dort trafen sie einen sprechenden Biber, nachdem … | einem Rotkehlchen folgen |

B Die Frau des Bibers servierte ihnen ein köstliches Dessert, nachdem alle … | frische Forellen verspeisen |

C Der Biber begann zu erzählen, nachdem … | Kinder setzen sich |

D Die Kinder sollten nach Narnia kommen, nachdem Aslan … | sich auf den Weg dorthin machen |

E Narnia und Aslan benötigten die Hilfe der Kinder, weil die Weiße Hexe Jadis … | ewigen Winter zaubern |

Verben – Aktiv und Passiv

Information **Aktiv und Passiv**

Aktiv und Passiv sind zwei Verbformen, die man bei der Darstellung von Handlungen und Vorgängen unterscheidet. Man kann aus zwei Perspektiven schauen.

- **Aktiv:** Der Handelnde (Handlungsträger) wird betont, z. B.: *Edmund kriecht in den Schrank.*
- **Passiv:** Die Handlung/Der Vorgang wird betont, z. B.: *Der Schrank wird geschlossen und verriegelt.* Das Passiv wird meist mit *werden* und dem Partizip II (Partizip Perfekt) des Verbs gebildet, z. B.: *wird geschlossen, werden verriegelt.*

1 **Hier findest du ein Rezept für Türkischen Honig. Die Sätze stehen im Aktiv. Wandle sie ins Passiv um.**

Du benötigst für die Herstellung 3 Eiweiß, 250 g Zucker, einen Esslöffel Honig, 180 g Nüsse und kandierte Kirschen und etwas Wasser.

Für die Herstellung werden 3 Eiweiß, 250 g Zucker, ein Esslöffel Honig, 180 g Nüsse und kandierte Kirschen und etwas Wasser benötigt.

Man füllt Zucker, Honig und Wasser in einen Topf und kocht das Ganze etwa eine Stunde.

Nun schlägst du das Eiweiß zu einem sehr steifen Schnee.

Dann gibt man die Zuckermasse unter ständigem Rühren hinzu.

Hacke die kandierten Kirschen und die Nüsse grob mit einem Wiegemesser.

Mische sie anschließend unter die Zuckermasse.

Lege die Masse auf ein Stück Backpapier oder auf ein Backblech.

Sie trocknet über Nacht.

Jetzt schneidest du die feste Masse in Portionsstücke.

Probiere nun die Leckerei!

Wortbildung

Wortzusammensetzungen

Information **Wörter zusammensetzen – neue Wörter bilden**

Zusammensetzungen können aus verschiedenen Wortarten gebildet werden.
Fugenelemente, z. B. *e, en, es, n, r, s,* können die Wörter verbinden.

Wort	+	Fugenelement	+	Wort	=	zusammengesetztes Wort	Wortarten
Zauber			+	*Trank*	=	*Zaubertrank*	Nomen + Nomen
Riese	+	*n*	+	*groß*	=	*riesengroß*	Nomen + Adjektiv
hell			+	*rot*	=	*hellrot*	Adjektiv + Adjektiv

Die **Teile einer Zusammensetzung** heißen **Grundwort** und **Bestimmungswort**. Das Grundwort steht immer an letzter Stelle. Es wird durch das Bestimmungswort näher beschrieben, z. B. *Haustier, Stofftier, Raubtier.*
Das **Grundwort bestimmt die Wortart** der Zusammensetzung.

- Ist es ein Nomen, wird das zusammengesetzte Wort **großgeschrieben,** z. B. *Buntspecht.*
- Ist es ein Adjektiv, wird das zusammengesetzte Wort **kleingeschrieben,** z. B. *raketenschnell.*

1 **Bestimme die Wortarten der Zusammensetzungen wie im Beispiel gezeigt.**

Schuppenkleid *Nomen + Nomen* ____________

A baumstark | B dunkelgrün | C Speerwurf

____

2 **Schreibe zusammengesetzte Wörter auf. Achte auf die Groß- und Kleinschreibung.**

A

Adjektiv	+	Nomen	=	Nomen
wild	+	*Pferd*	=	*Wildpferd*
____	+	____	=	*Spätsommer*
____	+	____	=	____

B

Nomen	+	Adjektiv	=	Adjektiv
nacht	+	*schwarz*	=	*nachtschwarz*
____	+	____	=	____
____	+	____	=	____

C

Nomen	+	Nomen	=	Nomen
Drachen	+	*Haut*	=	*Drachenhaut*
____	+	____	=	____
____	+	____	=	____
____	+	____	=	____

D

Adjektiv	+	Adjektiv	=	Adjektiv
bitter	+	*kalt*	=	*bitterkalt*
____	+	____	=	____
____	+	____	=	____
____	+	____	=	____

3 ●●● **Sammle vier weitere Zusammensetzungen mit dem Grundwort Haus und schreibe diese auf.**

Holzhaus, ____________

Mit Präfixen neue Wörter bilden

Methode **Mit Präfixen Wörter ableiten**

Mit Präfixen (Vorsilben) kann man aus vorhandenen Wörtern **neue Wörter ableiten**, indem man sie dem Wortstamm voranstellt, z. B.: *laufen* → *entlaufen*. Diese neuen Wörter haben auch eine **neue Bedeutung** und helfen, sich genau auszudrücken.

- **Neue Verben** bildet man z. B. mit den Präfixen *be-, ent-, er-, ge-, miss-, ver-, zer-*.
- **Neue Nomen** bildet man z. B. mit den Präfixen *Be-, Miss-, Un-, Ur-, Ver-, Zer-*.

1 **a** **In der Gebrauchsanweisung sind zwölf Verben durcheinandergeraten. Unterstreiche Verben, deren Präfixe nicht passen.**
b **Schreibe den Text in dein Heft ab und verbessere die markierten Wörter. Achtung: Manchmal muss das Präfix auch gestrichen werden.**

VORSICHT FEHLER!

Fliegender Teppich mit Autopilot

Zernutzen Sie zum Öffnen der Verpackung keine scharfen Gegenstände, um das Gerät nicht zu verstören. Benehmen Sie den aufgerollten Teppich sehr vorsichtig aus dem Karton. In der Hülle erfinden Sie den belegten Autopiloten und das Gerüst, um den Teppich zu entsteigen. Zerbinden Sie die Einzelteile, nachdem sie den Autopiloten zusammengesetzt und ihn missriegelt haben.
Hinweise: Beachten Sie darauf, den Teppich nicht zu stark zu erladen. Zergehen Sie sparsam mit dem Treibstoff um! Alle Teile sind austauschbar. Wenn Sie den Teppich unsachgemäß entwenden, behalten Sie keinen neuen!

2 **Bilde mit Hilfe der folgenden Präfixe und der Verben durch Ableitung möglichst viele neue Verben.**

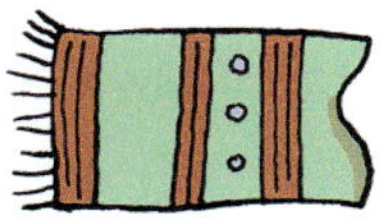

be- • ver- • ent-
er- • miss- • zer-

achten • lassen
halten • gehen

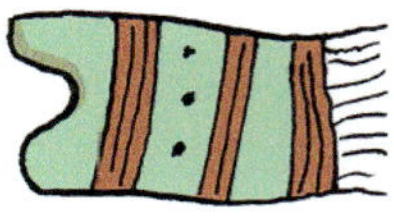

be-achten,

3 **Bilde mit Hilfe der Präfixe und der Nomen durch Ableitung möglichst viele neue Nomen.**

Be- • Ver- • Ent-
Miss- • Zer- • Un-

Achtung • Fall
Rat • Schluss

die Be-achtung,

Mit Suffixen Nomen und Adjektive bilden

Methode **Mit Suffixen Wörter ableiten**

Mit Suffixen (Nachsilben) kann man aus vorhandenen Wörtern **neue Wörter ableiten**, indem man sie an den Wortstamm anhängt, z. B.: *Ehre* → *ehrbar, Ehrung*. Diese neuen Wörter haben auch eine **neue Bedeutung** und helfen, sich genau auszudrücken.

- **Neue Adjektive** bildet man z. B. mit den Suffixen *-bar, -haft, -ig, -isch, -lich, -sam.*
- **Neue Nomen** bildet man z. B. mit den Suffixen *-heit, -keit, -nis, -schaft, -tum, -ung.*

Achtung: Suffixe bestimmen die Wortart. Beim Ableiten kann sich die Groß- und Kleinschreibung ändern.

1 **Leite von den folgenden Nomen je ein Adjektiv ab und notiere eine Wortgruppe mit Artikel und Nomen.**

Traurigkeit: traurig, die traurige Nachricht

Neid: ______

Seltenheit: ______

Wunder: ______

Heldentum: ______

Gier: ______

2 **Leite aus den folgenden Adjektiven und Verben je ein Nomen ab. Schreibe es mit dem Artikel auf.**

hinderlich: das Hindernis

melden: ______

schön: ______

lösen: ______

müde: ______

wachsen: ______

erkennen: ______

geheim: ______

3 **Umkreise im folgenden Text alle Suffixe. Bestimme die Wortarten dieser Wörter: Unterstreiche die Nomen orange und die Adjektive grün wie im Beispiel gezeigt.**

Mein erster Flug mit dem fliegenden Teppich

Mit großer Begeisterung bestieg ich den fliegenden Teppich. Obwohl es zuerst schwierig war, die Balance zu halten, begeisterte mich dieses ungewöhnliche Fahrzeug sofort. Es war ein herrliches Erlebnis, über die Stadt zu gleiten und die Schönheit der Landschaft von oben zu betrachten. Der Autopilot verrichtete seine Arbeit mit einem kaum hörbaren Geräusch, sodass ich den wunderbaren Flug ohne Störung genießen konnte. Etwas gefährlich war nur die Landung. Man muss sich dem Boden dabei äußerst langsam und vorsichtig nähern. Ich landete glücklich!

4 ●●● **Schreibe drei Wörter mit möglichst vielen Präfixen und Suffixen auf. Unterstreiche den Wortstamm.**

Un-ver-gleich-bar-keit, ______

Wortfamilien – Verwandte Wörter

Methode **Wörter einer Wortfamilie bilden**

Wörter, die den **gleichen Wortstamm** (Grundbaustein) haben, gehören zu einer Wortfamilie, z. B.: ***les**en, **Les**ebuch, **les**erlich, be**les**en*. Die Wörter einer Wortfamilie werden durch Ableitungen (*Lesung, verlesen*) und Zusammensetzungen (*Dichterlesung*) gebildet.
Der Wortstamm wird in allen verwandten Wörtern gleich oder ähnlich geschrieben, z. B.:
***bild**en → aus**bild**en, **Bild**ung, Öl**bild**.*
Tipp: Ist man beim **Schreiben eines Wortes mit ä oder äu** nicht sicher, hilft die **Ableitungsprobe** (▸ S. 84), z. B.: *ältlich* → e oder ä? → *alt*; *Bäume* → eu oder äu? → *Baum*

1 **In diesem Buchstabenrätsel sind weitere elf Wörter aus der Wortfamilie „finden“ waagerecht → bzw. senkrecht ↓ versteckt. Markiere sie.**

Achte bei jedem gefundenen Wort auf mögliche weitere Präfixe, Suffixe oder Zusammensetzungen.

	A	B	C	D	E	F	G	H	I	J	K	L	M	N	O	P	Q	R	S	T	U	V
1	H	A	F	I	N	D	E	N	Q	W	E	R	T	Z	U	G	O	P	L	U	M	B
2	W	E	I	T	F	G	G	E	F	I	N	D	E	R	L	O	H	N	S	N	J	E
3	T	M	N	B	H	E	T	G	X	D	S	X	C	A	S	L	F	G	H	E	B	F
4	A	S	D	R	E	R	F	I	N	D	U	N	G	H	K	D	H	G	F	R	O	I
5	Ä	A	I	U	H	F	B	G	U	R	F	V	O	E	R	F	D	S	A	F	P	N
6	E	C	G	R	F	I	H	R	O	N	S	D	F	X	M	U	N	K	U	I	F	D
7	R	H	O	I	U	N	K	H	G	T	F	A	H	R	Z	N	U	G	J	N	R	E
8	B	E	F	I	N	D	L	I	C	H	K	E	I	T	D	D	V	F	G	D	Y	N
9	G	F	S	D	F	E	K	L	O	F	E	E	J	K	F	A	H	R	T	L	M	Q
10	B	A	D	L	I	R	Z	G	F	A	O	R	F	D	F	I	N	D	L	I	N	G
11	N	H	E	E	R	I	T	F	G	H	D	F	W	K	L	T	Z	U	F	C	G	I
12	F	U	N	D	Ä	N	R	P	F	A	D	F	I	N	D	E	R	D	T	H	W	L

2 **Ergänze die Wortfamilie „finden“ um weitere Wörter.**

Zusammensetzungen: ______________________________

Ableitungen: ______________________________

3 **Sortiere die folgende Wortfamilie nach Wortarten.**

●●●

ausreden • rednerisch • Festredner • überreden • Redewendung • beredsam
bereden • Redefluss • redselig • Vielredner • redegewandt • anreden

Nomen: ______________________________

Adjektive: ______________________________

Verben: ______________________________

Teste dich!

Wortarten und Wortbildung

1 Bestimme im folgenden Satz alle Wortarten, indem du die richtige Ziffer darüber einträgst. (10 Punkte)

Nomen: 1 | Verb: 3 | Adverb: 5 | Demonstrativpronomen: 7
Adjektiv: 2 | Präposition: 4 | Personalpronomen: 6 | Possessivpronomen: 8

Diese tiefe Schlucht überflog ich gestern auf meinem wunderbaren Zauberteppich.

2 Bilde zu den beiden Verben in der 3. Person Singular die korrekten Tempusformen. (8 Punkte)

	Plusquamperfekt	Präteritum	Perfekt	Futur
A jagen:	er ______	______	______	______
B fliehen:	er ______	______	______	______

3 Bestimme die Wortarten der Zusammensetzungen. (2 Punkte)

Nebelschleier ______ steinalt ______

4 Leite zu den beiden Verben mit Präfixen je vier neue Verben ab. (8 Punkte)

A legen, ______

B ziehen, ______

5 Leite aus den folgenden Adjektiven je ein Nomen ab. Schreibe es mit Artikel auf. (4 Punkte)

frech ______ finster ______

reich ______ kostbar ______

6 Ordne diese Wortfamilie nach Wortarten: Trage ein N für Nomen, ein A für Adjektive und ein V für Verben ein. (6 Punkte)

☐ bilden ☐ Spiegelbild ☐ bildlich ☐ Bildung ☐ bildhaft ☐ abbilden

Vergleiche deine Ergebnisse mit dem Lösungsheft. Für jede richtige Antwort bekommst du einen Punkt.

☺ 38–29 Punkte	😐 28–19 Punkte	☹ 18–0 Punkte
Gut gemacht!	Gar nicht schlecht, aber lies dir die Merkkästen auf den Seiten 42 bis 56 noch einmal genau durch.	Arbeite die Seiten 42 bis 56 noch einmal genau durch.

Satzglieder unterscheiden

Die Umstellprobe anwenden

Information **Satzglieder erkennen**

Ein Satz besteht aus mehreren Satzgliedern, die aus einem Wort oder aus mehreren Wörtern (einer Wortgruppe) bestehen können. Mit der **Umstellprobe** kannst du feststellen,
- welches Wort oder welche Wörter gemeinsam ein Satzglied bilden,
- wie viele Satzglieder ein Satz hat.

Prüfe: Wie lässt sich der Satz umstellen, ohne den Sinn des Satzes zu verändern?
Die Wörter, die bei der Umstellprobe zusammenbleiben, gehören zu einem Satzglied.
Tipp: Bilde beim Umstellen keine Fragesätze.

Gute Detektive *beherrschen* *die Technik des Beschattens.*

Die Technik des Beschattens *beherrschen* *gute Detektive.*

1 **Führe für die folgenden Sätze die Umstellprobe durch.**
a **Umkreise jedes Satzglied.**
b **Finde mehrere Möglichkeiten, den Satz umzustellen, ohne dass er seinen Sinn verändert.**

A Ein Detektiv beobachtet eine verdächtige Person unauffällig.

B In den meisten Fällen übersieht der Verdächtige die Beschattung.

2 **Trenne die einzelnen Satzglieder mit senkrechten Strichen | voneinander ab. Wende die Umstellprobe an.**

A **Die durchsichtige Zeitung**

Eine Zeitung hilft jedem Detektiv.

Er schneidet kleine Löcher in die Zeitung.

Durch die Löcher sieht er die Umgebung.

Die Anwesenden bemerken nichts Auffälliges.

B **Der Spiegel-Trick**

Kluge Detektive sind vorsichtig.

Jede schlaue Spürnase besitzt einen Taschenspiegel.

Dem Verdächtigen zeigt der Detektiv den Rücken.

Der Spiegel offenbart dem Ermittler Verdächtige.

Satzglieder bestimmen – Das Prädikat als Satzkern

Information **Satzglieder: Das Prädikat** (Plural: die Prädikate)

Das **Prädikat** ist der **Kern des Satzes.** Es wird durch Verben gebildet.
In einem **Aussagesatz** steht die Personalform des Verbs (der gebeugte Teil) immer **an zweiter Satzgliedstelle**, z. B.: *Gauner und Ganoven verwenden geheime Zeichen und Sprachen.*
Ein Prädikat kann aus mehreren Teilen bestehen. Mehrteilige Prädikate bilden eine **Prädikatsklammer**

- bei mehrteiligen Prädikaten, z. B. anschauen: *Viele Menschen schauen diese Geheimzeichen ratlos an.*
- bei zusammengesetzten Zeitformen, z. B. Perfekt: *Kein Außenstehender hat sie bisher entschlüsselt.*

1 **a Unterstreiche in jedem der folgenden Sätze die Prädikatsklammer.**
b Umkreise im Satz die Personalform des Verbs.
c Notiere den Infinitiv der Verben, aus denen das Prädikat gebildet ist, in der Randspalte.

Du hast sicher noch nie Räuberzinken gesehen. haben, sehen

A Mit dieser geheimen Bilderschrift tauschten Räuber Nachrichten aus. ____

B Man konnte sie an Hauswänden, Zäunen oder Türen entdecken. ____

C Durch die Zinken gaben die Gauner Tipps und Warnungen weiter. ____

D Mit einer gezackten Linie haben sie ihre Kollegen vor einem bissigen Hund gewarnt. ____

E Drei kleine Kreise zeigten großzügige Geldgeber als Bewohner an. ____

F Bei einem Kreuzchen mussten die Bettler weiterziehen. ____

G Die Kollegen waren an diesen Haustüren ohne Erfolg geblieben. ____

Information **Satzglieder: Das Prädikativ**

Das **Prädikativ** ergänzt das Prädikat (Verb) und bezieht sich zugleich auf das Subjekt des Satzes, z. B.: *Eine Ganovensprache heißt Rotwelsch.*

Das Prädikativ tritt meist auf

- als Adjektiv, z. B.: *Diese Sprache ist international.*
- als Nomen im Nominativ (auch **Prädikatsnomen** genannt), z. B.: *Rotwelsch bleibt ein Rätsel.*

Verben, die häufig ein Prädikativ verlangen, sind z. B. *sein, bleiben, werden, heißen.*

2 **a Unterstreiche in den folgenden Sätzen die Prädikative.**
b Markiere die Prädikate.

A Rotwelsch ist eine Mischung aus verschiedenen Sprachen.

B „Polizist“ heißt „Quetsch“.

C Durch die Ganovensprache bleiben Gespräche unverständlich.

D Mit viel „Kies“ oder einer Menge „Blech“ werden die Gauner reich.

Satzglieder erfragen – Das Subjekt und die Objekte

Information **Mit der Frageprobe Satzglieder bestimmen**

Mit der **Frageprobe** ermittelt man weitere Satzglieder:

Frageprobe	**Satzglied**	**Beispiel**
Wer oder was ...?	Subjekt	*Mit ‚Scotland Yard' ist die Londoner Kriminalpolizei gemeint.*
Wen oder was ...?	Akkusativobjekt	*Scotland Yard unterstützt die Polizeikräfte in Großbritannien.*
Wem ...?	Dativobjekt	*Den Straftätern macht Scotland Yard das Leben schwer.*
Wessen ...?	Genitivobjekt	*Die Polizei bedient sich einer Datenbank.*

1 **a** **Unterstreiche in jedem der folgenden Sätze das Prädikat. Achte auch auf Prädikatsklammern (▶ S. 59).**
b **Bestimme für jeden Satz die anderen Satzglieder mit der Frageprobe.**

A Die Polizeibehörde Scotland Yard hat einem Brettspiel den Namen gegeben.

Wer oder was hat einem Brettspiel den Namen gegeben? die Polizeibehörde Scotland Yard = Subjekt,

B Der Spielplan stellt den Londoner Stadtplan dar.

C Die Jagd nach Mister X bedarf einer guten Abstimmung.

D Den Verbrecher Mister X muss ein einzelner Spieler spielen.

E Seine verdeckten Spielzüge verleihen dem Spiel Spannung.

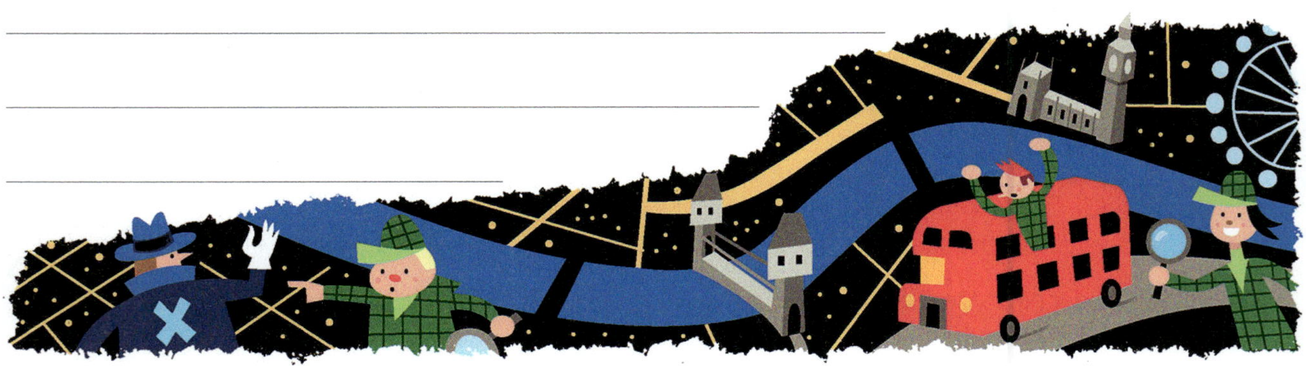

Paula ist heute „Mister X". Sie beginnt das Spiel von einem geheimen Startpunkt aus. Auch ihre Spielzüge sind geheim, sie zeigt ihren Mitspielern nur ein Ticket: Sie fährt jetzt mit der U-Bahn, nicht Bus oder Taxi. Aber wohin? Tabea, Jona und Timo jagen Mister X. Ihre Detektiv-Spielfiguren bewegen sich offen, ebenfalls mit U-Bahn, Bus oder Taxi. Sobald eine Spielfigur die Station besetzt, auf der unsichtbar auch Mister X steht, ist dieser gefangen.

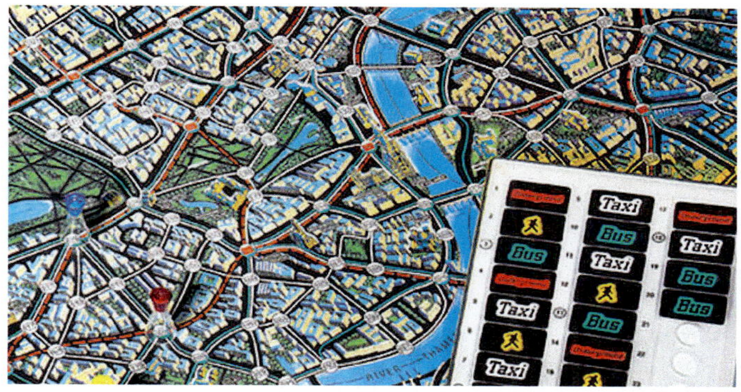

2 Beschreibe das Spiel „Scotland Yard". Nachfolgend findest du Baupläne für Sätze: Ordne den vorgegebenen Satzgliedern die angebotenen Textbausteine zu und prüfe, ob der Satz sinnvoll und grammatisch richtig ist. Schreibe ihn auf und unterteile die Satzglieder mit einem Strich |.

dem Spiel „Scotland Yard" • ~~alle Spieler~~ • die Detektive • ~~bedienen sich~~ • den Titel „Spiel des Jahres 1983" Mister X • ~~verschiedener Verkehrsmittel~~ • die Spielposition von Mister X • gibt ... bekannt verlieh • man • das benutzte Verkehrsmittel • den Mitspielern • umzingeln oder besetzen

Subjekt | Prädikat | Genitivobjekt

Alle Spieler | bedienen sich | verschiedener Verkehrsmittel.

Subjekt | Prädikat (Teil 1) | Dativobjekt | Akkusativobjekt | Prädikat (Teil 2)

A ____________________

Subjekt | Prädikat | Akkusativobjekt

B ____________________

Akkusativobjekt | Prädikat | Subjekt | Dativobjekt

C ____________________

3 Nur wenige Verben fordern ein Genitivobjekt. In den folgenden Sätzen fehlen diese Verben:
a Trage in jede Lücke ein passendes Verb ein.
b Umkreise in jedem Satz das Genitivobjekt.

sich schämen • sich besinnen • sich erfreuen • harren • ~~beschuldigen~~ • bedürfen

Scotland Yard *beschuldigt* Mister X (eines schweren Verbrechens.) Der Flüchtige ____________ ____________ seiner Tat offenbar nicht. Die Verfolger ____________ einer gemeinsamen Taktik. Die Agenten ____________ des Erscheinens des Verbrechers. Nach Ergreifen des Täters ____________ ____________ die Detektive bester Laune. Vielleicht ____________ der Verbrecher durch seine Gefangennahme eines Besseren.

Information **Das Präpositionalobjekt**

Das Präpositionalobjekt steht **nach Verben**, die **fest mit einer Präposition verbunden** sind, z. B.:
denken an, achten auf, warten auf, informieren über, lachen über.

Die Präposition ist auch in der **Frageprobe** enthalten, z. B.: An was ... ? Auf was ... ? Für wen ... ? Wonach ... ?
Die Polizisten achten auf die Spuren des Diebes. Worauf / Auf was achten die Polizisten?

4 **a** **Beschreibe die Szenen jeweils mit einem Satz. Verwende die angebotenen Verben.**
b **Unterstreiche in deinen Sätzen jeweils das Präpositionalobjekt. Kontrolliere mit der Frageprobe.**

~~sich verlieben in~~

Ein Mädchen hat sich in den Losverkäufer verliebt. –
In wen hat sich ein Mädchen verliebt?

fragen nach

A ______________________________

leiden unter

B ______________________________

sich kümmern um

C ______________________________

suchen nach

D ______________________________

sich fürchten vor

E ______________________________

Genaue Angaben machen – Adverbiale Bestimmungen

Information **Genauer schreiben mit adverbialen Bestimmungen** (auch: Adverbiale, Sg.: Adverbial)

Adverbiale Bestimmungen (Umstandsbestimmungen) liefern Informationen über den Ort, über die Zeit, über den Grund und über die Art und Weise eines Geschehens oder einer Handlung.

Durch die **Frageprobe** kann man ermitteln, welche adverbiale Bestimmung vorliegt.

Frageprobe	**Satzglied**	**Beispiel**
Wann? Wie lange? Seit wann? Wie oft?	adverbiale Bestimmung der **Zeit**	*Die Polizei braucht zwei Tage zum Lösen des Falles.*
Wo? Wohin? Woher?	adverbiale Bestimmung des **Ortes**	*Sie hat in der Nachbarschaft der Schule nach Informationen gesucht.*
Warum? Weshalb? Weswegen?	adverbiale Bestimmung des **Grundes**	*Aufgrund klugen Kombinierens gelingt den Polizisten die Lösung des Falles schnell.*
Wie? Auf welche Weise?	adverbiale Bestimmung der **Art und Weise**	*Mit Hilfe vieler Zeugenaussagen ermitteln sie den Täter zweifelsfrei.*

1 **Unterstreiche in jedem der folgenden Sätze die adverbiale Bestimmung, notiere die Frageprobe und gib die Art der adverbialen Bestimmung an.**

Vandalismus im Christian-Morgenstern-Gymnasium

Jemand hat die Wände der neuen Schulmensa mit Graffiti besprüht. Die Polizei befragt Zeugen. Hier erste Erkenntnisse zu diesem Fall:

Frageprobe **Art der adv. Best.**

Das Graffiti muss zwischen 22 Uhr und 6 Uhr angebracht worden sein. Wann? adv. Best. der Zeit

A Die Täter sind in den Keller eingedrungen. ____________

B Sie haben die Tür brutal und rücksichtslos aufgestemmt. ____________

C Aus Vorsicht haben die Eindringlinge keinen Lichtschalter betätigt. ____________

E Sie haben an der großen freien Wand der Mensa ein Bild hinterlassen. ____________

F Die Sprayer waren über eine Stunde lang beschäftigt. ____________

G Mit großer Sorgfalt haben sie alle Spuren beseitigt. ____________

H Die Täter sind zu Fuß geflohen. ____________

I Die leeren Dosen haben sie in einem Mülleimer entsorgt. ____________

2 ●●● **Welche weiteren Informationen wären wichtig? Stelle Fragen an die Polizei, die weitere Umstände der Tat aufklären könnten.**

____

3 **Der folgende Bericht über den Fall von Vandalismus im Christian-Morgenstern-Gymnasium ist zu ungenau. Überarbeite ihn: Die Fragezeichen hinter jedem Satz zeigen dir, welche Informationen hier fehlen. Wähle passende adverbiale Bestimmungen dafür aus und schreibe den verbesserten Text auf.**

Wegen der Farbreste an seiner Kleidung • in seiner Wohnung im Stadtteil Westend, Remigiusweg 16a, ohne Widerstand • Schon nach wenigen Minuten • Am 26. 7. 20xx • freimütig

Die Täter waren bald gefunden. Im Polizeibericht liest man über die Festnahme eines der Täter:

VORSICHT FEHLER!

Der Täter Jan E. wurde angetroffen. **Wann? wo?** Es bestand kein Zweifel, dass der junge Mann der Täter war. **Warum?** Er gestand er die Tat **Wann? wie?** Er ließ sich abführen. **wie?**

4 **Einer der Täter beschreibt, wie er und seine Mitschüler auf die Idee kamen, in die Mensa einzubrechen.**

a Unterstreiche im folgenden Text alle adverbialen Bestimmungen.

b Trage die adverbialen Bestimmungen passend in die nachfolgende Übersicht ein.

Eines Morgens planten wir ziemlich dumm und unüberlegt eine Mutprobe. Die Idee kam uns schlagartig in der Mensa. Wir verabredeten uns verschwörerisch und trafen uns nachts vor der Schule. Bald hatten wir die Tür geknackt. Aus purem Übermut gestalteten wir die Wand wunderschön und bewunderten sie am Ende begeistert. Das war eine leichtsinnige Aktion! Ich hätte vor der Tat nachdenken sollen.

adverbiale Bestimmung ...

der Zeit	**des Ortes**	**des Grundes**	**der Art und Weise**

Teil eines Satzglieds – Das Attribut

Information **Mit Attributen** (Beifügungen) **Nomen näher erläutern**

Attribute **bestimmen ein Bezugswort** (meist ein Nomen) **näher**. Sie sind **immer Teil eines Satzglieds** (also kein eigenes Satzglied) und bleiben bei der Umstellprobe fest mit dem Bezugswort verbunden, z. B.:

Die Polizei ermittelt in einem Fall ohne Zeugen.
In einem Fall ohne Zeugen ermittelt die Polizei.

Ein Attribut kann **vor oder nach dem Bezugswort** stehen. Man kann es mit **„Was für ...?“** erfragen, z. B.:
ein intelligenter Verbrecher → Was für ein Verbrecher? *ein Zeuge der Tat → Was für ein Zeuge?*

Attribut Bezugswort Bezugswort Attribut

Ein Attribut kann auch **mehrteilig** sein, z. B.: *ein besonders intelligenter Verbrecher.*

1 **Stelle aus den angebotenen Bezugsworten und Attributen sinnvolle Wortgruppen zusammen, die in einer spannenden Detektivgeschichte vorkommen könnten. Schreibe die Wortgruppen ins Heft.**

Bezugsworte
~~Spürsinn~~ • Fragen • Lösung • Informationen
Mord • Detektivgeschichten • Fall
Zeugenaussagen • Nachforschungen
Geschichte • Antworten

Attribute
mit Widersprüchen • des Falles • geheimnisvoll
genau • beinahe unlösbar • ohne Ergebnis
für besonders kluge Köpfe • ~~detektivisch~~
für Hobbydetektive • rätselhaft • entscheidend

detektivischer Spürsinn,

2 **a** **Unterstreiche in diesen Sätzen jedes Attribut und markiere jeweils das Satzglied, dessen Teil es ist.**
b **Zeichne unter den Satz einen Pfeil vom Attribut zum Bezugswort.**

Die **Umstellprobe** (▸ S. 58) hilft dir zu erkennen, zu welchem Satzglied das Attribut gehört.

Ein älteres Ehepaar kommt nach Hause.

Plötzlich hören sie im Keller des Hauses merkwürdige Geräusche.

Der Mann nimmt zwei Messer und will den Dieb stellen.

Ein unüberhörbares, verdächtiges Rumpeln lässt ihn erschauern.

Er öffnet die quietschende Kellertür.

Da sieht er die Katze der Nachbarn verschreckt in der Ecke sitzen.

Information **Formen des Attributs unterscheiden**

Es gibt verschiedene Formen des Attributs. Häufig kommen vor:
- **Adjektivattribut**, z. B.: *ein ungewöhnlicher Täter, ein miauendes Monster.*
- **präpositionales Attribut** (mit einer Präposition angeschlossen), z. B.: *ein Täter mit vier Beinen.*
- **Genitivattribut**, z. B.: *ein Teil der Tierwelt.*
- **Apposition** (nachgestelltes Nomen im gleichen Kasus wie das Bezugswort), z. B.: *Der Dackel, der alte Schlawiner, mopste die Wurst.*
  Beachte die **Zeichensetzung:** Eine Apposition steht zwischen **zwei Kommas**.

3 **a** **Diese Schlagzeilen enthalten zum Teil mehrere Attribute. Unterstreiche sie und zeichne für jedes Attribut einen Pfeil zum Bezugswort.**
b **Trage die Attribute in die nachfolgende Tabelle ein.**

Hund des Nachbarn war schlauer Retter

Listiges Hausschwein mit Spürsinn

Tierheld des Tages: Filou

Körniger Finderlohn eines Wellensittichs

Diebisches Kaninchen entlaufen

Verrückte Hennen ohne Mut rennen davon

Adjektivattribut	präpositionales Attribut	Genitivattribut
schlauer		des Nachbarn

4 **Notiere neben jeder der folgenden Schlagzeilen, wie viele Attribute du gefunden hast.**

A Lärmende Katze ohne verbrecherische Absichten ______

B Ratten sind gefürchtete Schrecken ängstlicher Hausbesitzer ______

Es gibt auch **Attribute innerhalb von Attributen,** z. B.: *Mia füttert den Dackel des Bruders von Tim.*

5 **Unterstreiche im folgenden Text die Appositionen und umkreise jeweils das Bezugswort.**

Paul, mein Nachbar, kennt ungewöhnliche Geschichten. Neulich erzählte er von einem Dackel, einem äußerlich ganz normalen Tier, das zum Dieb dressiert wurde. Er gehörte einem Jungen, dem Sohn des Hausmeisters der Schule. Er soll dem Dackel beigebracht haben, durch die Hintertür in fremde Häuser, alles Gebäude mit Garten, zu schlüpfen. Dort entwendete der vierbeinige Einbrecher zielsicher die Wurst, seine Lieblingsspeise, aus den Fächern des Kühlschrankes, eines für eine Hundenase leicht zu finden-den Gerätes.

Texte überarbeiten mit Hilfe von Proben

Methode **Die Textlupe anwenden: Texte überarbeiten**

Um einen Text so zu überarbeiten, dass er besser zu lesen und zu verstehen ist, sind diese vier Proben hilfreich:

1. **Ersatzprobe: Wortwiederholungen vermeiden**
   Mit der Ersatzprobe kannst du Satzglieder, die sich in deinem Text häufig wiederholen, durch andere Wörter (z. B. Pronomen) ersetzen, z. B.: *Der Detektiv kam bald. ~~Der Detektiv~~ Er sah sich um.*
2. **Umstellprobe: Satzanfänge abwechslungsreich gestalten**
   Durch die Umstellprobe kannst du deine Texte abwechslungsreicher gestalten. Stelle die Satzglieder so um, dass die Satzanfänge nicht immer gleich sind, z. B.:
   ~~Der Detektiv~~ griff als Erstes zum Handy. → Als Erstes griff der Detektiv zum Handy.
3. **Erweiterungsprobe: Genau und anschaulich schreiben**
   Mit der Erweiterungsprobe kannst du prüfen, ob eine Aussage genau genug oder anschaulich genug ist oder ob du noch etwas ergänzen solltest, z. B.: *Der Detektiv befragte den Autobesitzer. →*
   Der aufmerksame Detektiv befragte an der Haustür sofort den sehr gelassen wirkenden Autobesitzer.
4. **Weglassprobe: Texte straffen, Wiederholungen vermeiden**
   Mit der Weglassprobe kannst du prüfen, welche Wörter in einem Text gestrichen werden sollten, weil sie überflüssig sind, sich wiederholen oder umständlich klingen, z. B.: *Die Untersuchungsergebnisse wurden ~~irgendwie~~ von allen zusammen ~~gemeinsam~~ und unverzüglich ~~auf der Stelle~~ ausgewertet.*

1 **Lies die Einleitung des folgenden Kurzkrimis. Notiere: Was sollte an diesem Text verändert werden?**

Kurzkrimi: Kirschroter Fund

VORSICHT FEHLER!

Inspektor Casper schaute den roten Sportwagen der Luxusklasse, der vor der Villa Hortensia stand, in aller Ruhe an. Inspektor Casper stellte an der Lackierung des rechten Kotflügels keine Schäden fest. Inspektor Casper prüfte die Lackierung anhand einer Farbtabelle des Herstellers. Inspektor Casper war auf der Suche nach dem Fahrer eines kirschroten Unfallwagens, der vor drei Tagen gegen 20:30 Uhr einen Fahrradfahrer angefahren und Unfallflucht begangen hatte. Inspektor Casper hatte an der Unfallstelle rote Lackspuren und Splitter eines Scheinwerfers entdeckt.

2 **a** **Unterstreiche im Text von Aufgabe 1 die Satzanfänge. Wende die Ersatzprobe an: Notiere über der Zeile Formulierungen, mit denen du die Wiederholungen vermeiden kannst.**
b **Überarbeite den Text mit der Umstellprobe und schreibe ihn verbessert auf.**

3 **Wende die Erweiterungsprobe an: Prüfe, wo du die unten angebotenen Angaben einfügen könntest, um den Text genauer und lebendiger zu schreiben. Setze dazu das Korrekturzeichen √ an die richtige Stelle im Text und schreibe die Ergänzung darüber.**

~~der Besitzer des Sportwagens~~ • allein • in der Nähe von Glasgow • beim Anblick des Dienstausweises • nach England • seit Jahren • von einem Fahrzeug, wie Sie es fahren, • des Radfahrers • wegen des Unfalls • meines Wagens

, der Besitzer des Sportwagens,

Der Ermittler klingelte an der Haustür der Villa, die Jack Cobb gehörte. Cobb √ öffnete, er wirkte sehr gelassen. „Waren Sie vor drei Tagen mit Ihrem italienischen Flitzer unterwegs?“, fragte Casper. „Ich war nicht in der Gegend. Was ist passiert?“, erwiderte Cobb. „Ein Junge wurde angefahren“, erklärte Casper. „Man fand Lacksplitter. Mit der Speziallackierung Kirschrot wurden nur zwanzig Wagen geliefert. Wir überprüfen alle diese Fahrzeuge.“ Cobbs Gesichtsausdruck blieb bei diesen Erklärungen unbewegt. „Sie haben keine Unfallspuren gefunden. Kotflügel und Scheinwerfer sind in Ordnung. Lassen Sie mich in Ruhe!“ „Haben Sie ein Alibi für den Abend der Tat?“, fragte der Inspektor. „Tut mir leid. Ich habe in meinem Büro gearbeitet. Aber ich habe nichts mit dem Unfall zu tun.“ „O doch, das haben Sie!“, erwiderte Casper.

VORSICHT FEHLER!

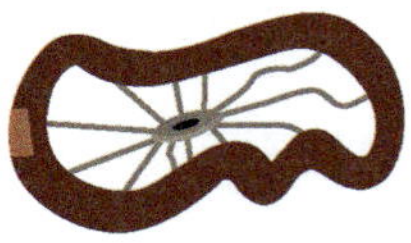

4 **Wende die Weglassprobe an: Streiche überflüssige Wörter oder Wendungen.**

VORSICHT FEHLER!

„Mister Cobb, Sie haben sich mehrfach in eine ganze Reihe von mehreren Widersprüchen verstrickt. Mit Sicherheit kann ich gewiss sagen, dass Sie sicherlich ohne jeden Zweifel der Unfallfahrer sind.“ „Sie können mir nichts anhaben.“ „Und ob“, triumphierte der Inspektor. „Es gibt einen eindeutigen Beweis. Mit diesem Beweis kann ich Sie überführen.“ Was war Inspektor Casper bei der Befragung aufgefallen?

5 **Wodurch hat Mister Cobb sich verraten?**
●●● **Schreibe die Lösung des Falles auf.**

Teste dich!

Satzglieder und Attribute

1 Trenne in den folgenden Sätzen die Satzglieder durch einen Strich | ab und schreibe die Bezeichnung der Satzglieder jeweils unter den Satz. (14 Punkte)

A Der raffinierte Dieb übergab seine Beute unauffällig im Bahnhof.

B Wegen einer Zugverspätung misslang ihm die Flucht.

C Lotte erkannte ihn sofort an seinen dreckigen Schuhen.

2 Notiere neben jedem Satz, welche Art von Attribut er enthält. (4 Punkte)

A Der aufmerksame Polizist rannte los.

B Heute war er der Streifenpolizist vom Dienst.

C Ein Polizist des Nachbarortes gesellte sich zu ihm.

D Der Polizist, ein noch ganz junger Mann, war erfreut.

3 Kreuze für jede der folgenden Aussagen an, ob sie richtig oder falsch ist. (4 Punkte)

	richtig	falsch
A Jeder Satz kann um eine adverbiale Bestimmung erweitert werden.	☐	☐
B Jedes Prädikat kann ein Präpositionalobjekt fordern.	☐	☐
C Attribute ergänzen das Prädikat.	☐	☐
D Eine Apposition steht immer hinter ihrem Bezugswort.	☐	☐

Vergleiche deine Ergebnisse mit dem Lösungsheft. Für jede richtige Antwort bekommst du einen Punkt.

☺ 22–17 Punkte	😐 16–11 Punkte	☹ 10–0 Punkte
Gut gemacht!	Gar nicht schlecht, aber lies dir die Merkkästen auf den Seiten 58 bis 68 noch einmal genau durch.	Arbeite die Seiten 58 bis 68 noch einmal genau durch.

Satzreihe und Satzgefüge

Information **Die Satzreihe** (Hauptsatz + Hauptsatz)

Ein **Hauptsatz** ist ein selbstständiger Satz.

- Er enthält **mindestens zwei Satzglieder**, nämlich Subjekt und Prädikat, z. B.:
  Mirko liest.
- Die **Personalform des Verbs** (das gebeugte Verb) steht im Hauptsatz an **zweiter Satzgliedstelle**, z. B.:
  Gute Geschichten unterhalten Jugendliche.

Ein **zusammengesetzter Satz**, der aus zwei oder mehr Hauptsätzen besteht, wird **Satzreihe** genannt.

- Die einzelnen Hauptsätze einer Satzreihe werden durch ein Komma voneinander getrennt:

  Es gibt viele Jugendbücher, die besten unter ihnen erhalten den Jugendliteraturpreis.

  —— Hauptsatz (HS) ——, ———— Hauptsatz (HS) ————.
  Komma

- Häufig werden Hauptsätze durch die nebenordnenden **Konjunktionen** *und, oder, aber, sondern, denn, doch* verbunden. Nur vor *und* bzw. *oder* darf das Komma entfallen, z. B.:
  Die prämierten Bücher werden häufig gekauft(,) und sie erreichen viele junge Leserinnen und Leser.

  ———— Hauptsatz (HS) ———— (,) und ———— Hauptsatz (HS) ————.
  (Komma) Konjunktion

1 **Umkreise im folgenden Text die Konjunktionen und setze die fehlenden Kommas.**

Das ungewöhnliche Buch „Die Entdeckung des Hugo Cabret“ von Brian Selznick bleibt den Lesern im Gedächtnis denn es ist ein Roman in Worten und Bildern. Ein Teil der Buchseiten enthält eine erzählte Geschichte aber der größte Teil des Buches zeigt doppelseitige Bleistiftzeichnungen. Auf den Leser wirkt der Roman wie ein Bilderbuch oder ein Film denn die Zeichnungen erzählen die Geschichte weiter. Das Buch liegt mit über 500 Seiten schwer in der Hand doch der Roman ist selbst für Lesemuffel kein schwerer Brocken. Eine Seite Text führt in die Geschichte ein und auf den nächsten 42 Seiten folgen ausschließlich Bilder. Der Leser schaut der Hauptfigur Hugo nicht sofort über die Schulter sondern sein Blick wird wie mit einem Zoomobjektiv vom Mond über den Eiffelturm und einen großen Bahnhof in Paris langsam immer näher an den Jungen herangeführt. Plötzlich verschwindet Hugo hinter einer der riesigen Bahnhofsuhren.

2 **Füge die folgenden Sätze zu sinnvollen Satzreihen zusammen und schreibe sie ins Heft. Verwende auch nebenordnende Konjunktionen.**

A Die Hauptfigur des Romans heißt Hugo Cabret. Der Roman erzählt von Hugos geheimem Leben in den Gemäuern des Bahnhofs.
B Ganz allein kümmert er sich um die großen Uhren im Bahnhof. Sein Onkel, der Uhrenwächter, ist seit Monaten verschwunden.
C Auf seinen Runden durch die verborgenen Gänge des Bahnhofs zieht Hugo die Uhren auf. Er ölt die Mechanik.
D Keinesfalls will Hugo auffallen. Sein geheimes Leben ist in Gefahr.

Information **Das Satzgefüge** (Hauptsatz + Nebensatz)

Einen **Satz**, der aus mindestens einem **Hauptsatz** und mindestens einem **Nebensatz** besteht, nennt man Satzgefüge. Zwischen Hauptsatz und Nebensatz muss **immer ein Komma** stehen.

Nebensätze haben folgende Kennzeichen:
- Ein Nebensatz kann **nicht ohne einen Hauptsatz** stehen.
- Der Nebensatz ist dem Hauptsatz untergeordnet. Er wird meist durch eine **unterordnende Konjunktion** (z. B. *weil, dass, als, nachdem, wenn*) oder ein **Relativpronomen** (z. B. *der, die, das, welcher*) eingeleitet.
- Die **Personalform des Verbs** (das gebeugte Verb) steht im Nebensatz immer **an letzter Satzgliedstelle**.
- Ein Nebensatz kann **vorangestellt, eingeschoben** oder **nachgestellt** werden, z. B.:

vorangestellt: *Wenn ein Leser in einem Buch versinkt, vergisst er die Zeit und seine Umgebung.*
Konj. —— Nebensatz (NS) ——, —— Hauptsatz (HS) ——.

eingeschoben: *Fantasievolle Menschen, die spannende Bücher lesen, können Reisen im Kopf unternehmen.*
—— HS ——, Relativpron. —— NS ——, —— HS ——.

nachgestellt: *Bücher begeistern, weil sie in fremde Welten entführen.*
—— HS ——, Konj. —— NS ——.

3 **a** **Unterstreiche im folgenden Text jeden Nebensatz.**
b **Umkreise die Konjunktion oder das Relativpronomen, das den Nebensatz einleitet.**
c **Markiere die Personalform des Verbs im Nebensatz.**

Der geheimnisvolle Automatenmann

Der Waisenjunge Hugo besitzt zwei geheime Schätze, die die Erinnerung an seinen verstorbenen Vater bewahren. Es handelt sich um einen kaputten Automatenmenschen und ein Notizbuch. Hugo will den Automaten unbedingt reparieren, weil sein Vater jahrelang an diesem mechanischen Menschen arbeitete. Er glaubt fest daran, dass ihm dieses Kunststück gelingt. Zum Glück enthält das Notizbuch seines Vaters wichtige Informationen, die Hugo bei der Wiederherstellung helfen. Wenn der Automatenmensch sich endlich wieder bewegt, schreibt er hoffentlich eine persönliche Botschaft des Vaters für Hugo auf. Das Material für die Reparaturen stiehlt Hugo in einem Spielwarenkiosk, den ein schrulliger alter Mann im Bahnhof betreibt. Obwohl Hugo sehr vorsichtig vorgeht, ertappt ihn der Alte eines Tages bei einem Diebstahl. Was zuerst wie ein großes Unglück erscheint, entpuppt sich letztlich als Hugos Glück. Der Spielwarenhändler hat eine Enkelin, die Isabelle heißt. Der Automatenmensch erwacht, da Isabelle den passenden Schlüssel an einer Kette um den Hals trägt, mit ihrer Hilfe zum Leben und beginnt zu zeichnen.

4 **Unterstreiche im vorangegangenen Text das Satzgefüge mit eingeschobenem Nebensatz doppelt.**

5 **a** **Unterstreiche in den folgenden Sätzen den Nebensatz und umkreise die Konjunktion oder das Relativpronomen.**
b **Zeichne zu jedem Satz einen Satzbauplan nach dem folgenden Muster. Trage dort die Kommas ein.**

Hugo und Isabelle staunen, als der Automatenmensch ein ungewöhnliches Bild zeichnet.

_______ HS _______,
_______ NS _______.

A Die Zeichnung, die im Automaten gewartet hat, zeigt ein großes Mondgesicht mit einer Rakete im Auge.

B Von seinem Vater wusste Hugo, dass dieser Mond im Lieblingsfilm seines Vaters vorkam.

C Der Stummfilm „Die Reise zum Mond“, der als erster Science-Fiction-Film gilt, wurde 1902 gedreht.

D Nachdem der Automat die Zeichnung vollendet hat, unterschreibt er mit dem Namen „Georges Méliès“.

6 ●●● **Verbinde die folgenden Sätze jeweils zu einem Satzgefüge, verwende die Konjunktion in Klammern. Konstruiere die Satzgefüge so, wie die Stufenmodelle es vorgeben. Schreibe die Sätze ins Heft.**

Georges Méliès wurde Filmemacher. Zuvor war er als Zauberer aufgetreten. (nachdem)

_______ HS _______,
_______ NS _______.

Georges Méliès wurde Filmemacher, nachdem er zuvor als Zauberer aufgetreten war.

A Méliès ist begeistert von der Erfindung des Films. Er möchte selbst Filme drehen. (weil)

_______ HS _______.
_______ NS _______,

____

B 1897 gründet der Franzose eines der ersten Filmstudios der Welt. Er kann dort mit der Entwicklung des Films experimentieren. (damit)

_______ HS _______,
_______ NS _______.

____

C Méliès hat später große finanzielle Probleme. Er verkauft die Negative der meisten Filme. (als)

_______ HS _______.
_______ NS _______,

____

Der Relativsatz

Information **Näher erklären mit einem Relativsatz** (auch: Attributsatz)

Relativsätze sind Nebensätze, die ein **vorausgehendes Bezugswort** (Nomen oder Pronomen) näher erklären. Sie werden mit einem **Relativpronomen** eingeleitet, z. B. *der, die, das, welcher, welche, welches.* Relativsätze nehmen im Satz die Rolle eines Attributs (► S. 65) ein. Man kann sie also auch mit „Was für ...?" erfragen. Relativsätze werden deshalb auch **Attributsätze** genannt.

Es gibt Jugendbücher mit fesselnden Geschichten.
Attribut

*Es gibt Jugendbücher mit Geschichten, **die** fesseln.*
Hauptsatz — Relativpron./Relativsatz

Ein Relativsatz wird **immer** durch ein **Komma** vom Hauptsatz abgetrennt. Wird er eingeschoben (► S. 71), setzt man vor und hinter dem Relativsatz ein Komma.

1 **a Unterstreiche im folgenden Text jeden Relativsatz.**
b Umkreise jeweils das Relativpronomen und markiere das Bezugswort des Relativsatzes.

In dem Buch „Der durch den Spiegel kommt" erzählt Kirsten Boie sehr spannend von einem Abenteuer, das in einer fremden Welt stattfindet. Die Hauptfigur ist das Mädchen Anna, das sich selbst nicht besonders mutig oder hübsch findet. Ein Spiegel, den Anna zufällig auf dem Weg zum Supermarkt findet, erweist sich als Zauberspiegel. Die silberne Seite, die Anna zuerst erblickt, spiegelt ihre normale Umgebung wider. Die goldene Seite aber bringt sie in ein fremdes Land, das zunächst ganz idyllisch auf sie wirkt. Die ersten Menschen, welche ihr in diesem Traumland begegnen, machen ihr eines bald deutlich. Anna ist die Heldin, die sie schon lange erwarten.

2 **a Formuliere die folgenden Sätze in Satzgefüge um: Gib die unterstrichenen Attribute als Relativsätze wieder.**
b Umkreise in deinen Sätzen die Relativpronomen und markiere jeweils das Bezugswort.

A Ein neben dem Spiegel sitzendes Kaninchen wird Annas frecher Begleiter.

____

B Abends kehren sie in ein am Weg liegendes Gasthaus ein.

____

C Am Morgen flehen Anna alle ins Gasthaus geströmten Menschen um Hilfe an.

____

D Das völlig verwirrte Mädchen sehnt sich zurück in die ihm vertraute Welt.

____

Die Adverbialsätze

Information **Zusammenhänge mit Adverbialsätzen deutlich machen**

Nebensätze mit Konjunktionen nehmen oft die Stelle einer adverbialen Bestimmung (▸ S. 63) ein. Dann nennt man sie auch Adverbialsätze. Sie fügen einer Information **genauere Angaben** hinzu.

Fantasy-Romane faszinieren jugendliche Leser wegen ihrer geheimnisvollen Welten.
adverbiale Bestimmung

Fantasy-Romane faszinieren jugendliche Leser, weil sie ihnen geheimnisvolle Welten schildern.
Adverbialsatz mit einleitender Konjunktion *weil*

- Ein Adverbialsatz wird meist mit einer unterordnenden **Konjunktion** eingeleitet, z. B.: *als, während, nachdem, bevor, seit, solange* (Zeit), *wo, woher, soweit* (Ort) *weil, da* (Grund), *wie, als, indem* (Art und Weise).
- Ein Adverbialsatz wird **immer** durch ein **Komma** vom Hauptsatz abgetrennt. Wird er eingeschoben (▸ S. 71), setzt man vor und hinter dem Adverbialsatz ein Komma.

1 **a Unterstreiche im folgenden Text die Adverbialsätze.**
b Umkreise die Konjunktionen.

Annas Aufgabe

Nachdem Anna mit verschiedenen Personen gesprochen hat, begreift sie langsam das Problem des Landes-auf-der-anderen-Seite. Die Menschen hier leben in ständiger Angst, weil der schreckliche Evil seine Herrschaft unentwegt ausdehnt. Seine Häscher rauben die Menschen, während diese arglos auf dem Feld arbeiten. Evil und seine Häscher kennen keine Gnade, weil sie kein Herz haben. Obwohl Anna sich ganz jämmerlich fühlt, feiern alle ausgerechnet sie als Retterin. Schließlich macht sie sich, da sie großes Mitleid mit den Menschen empfindet, auf den Weg. Bevor Evil das Land ganz in seinem Griff hält, will Anna ihn besiegen. Der Spiegel verleiht ihr Mut, weil sie mit seiner Hilfe jederzeit nach Hause zurückkehren kann.

2 **Formuliere die folgenden Sätze in Satzgefüge um: Gib die unterstrichenen adverbialen Bestimmungen als Adverbialsatz wieder und verwende die angegebenen Konjunktionen. Tipp: Denke ans Komma.**

A Vor dem Erreichen von Evils Burg muss Anna viele gefährliche Hindernisse überwinden. | bevor |

Bevor Anna ____________________

B Anna schöpft dank der Hilfe eines Freundes immer wieder neuen Mut. | weil/da |

____

C Beim Betreten der Burg empfindet Anna große Angst. | als |

____

D Anna besteht mit Mut und Klugheit alle Abenteuer. | indem |

____

Teste dich!

Satzreihe und Satzgefüge

1 **Kreuze für jede der folgenden Aussagen an, ob sie zutrifft oder nicht. (6 Punkte)**

	trifft zu	trifft nicht zu
A Eine Satzreihe enthält nie ein Komma.	☐	☐
B Eine Satzreihe kann durch eine nebenordnende Konjunktion verbunden sein.	☐	☐
C Ein Satzgefüge besteht aus einem Nebensatz.	☐	☐
D Die Personalform des Verbs steht im Nebensatz immer an letzter Stelle.	☐	☐
E Adverbialsätze sind Teil eines Satzgefüges.	☐	☐
F Adverbialsätze haben ihren Namen von den adverbialen Bestimmungen, deren Stelle sie einnehmen.	☐	☐

2 **Verbinde die beiden Sätze, indem du ein Satzgefüge aus Hauptsatz und Relativsatz bildest. Schreibe sie auf. (2 Punkte)**

A Das Buch „Alabama Moon" ist ein Abenteuerroman. Der US-Amerikaner Watt Key schrieb es.

____

B Moon ist ein mutiger Junge. Moon lebt seit seiner Geburt mit seinen Eltern in einer Erdhöhle.

____

3 **a Prüfe für jeden der folgenden Sätze, ob es sich um ein Satzgefüge (SG) oder eine Satzreihe (SR) handelt. Notiere hinter jedem Satz jeweils ein SG oder ein SR. (7 Punkte)**
b Markiere unterordnende Konjunktionen gelb und nebenordnende grün. (7 Punkte)

Als Moon zehn Jahre alt ist, stirbt sein Vater ☐. Moon muss sich von nun an allein durchschlagen und er geht zu dem einzigen ihm bekannten Menschen ☐. Dieser will Moon in ein Heim schicken, aber Moon will lieber zurück in die Wildnis ☐. Dies gelingt ihm aber nicht so leicht, da er von einem Polizisten gesucht wird ☐. Schließlich landet er, nachdem der Polizist ihn grob gefangen genommen hat, doch im Heim ☐. Mit seinen neuen Freunden Kit und Hal gelingt ihm die Flucht, weil er sehr genau beobachtet ☐. Die drei machen sich auf in die Wildnis, denn sie wollen frei leben ☐.

Vergleiche deine Ergebnisse mit dem Lösungsheft. Für jede richtige Antwort bekommst du einen Punkt.

☺ 22–17 Punkte	☺ 16–11 Punkte	☹ 10–0 Punkte
Gut gemacht!	Gar nicht schlecht, aber lies dir die Merkkästen auf den Seiten 70 bis 74 noch einmal genau durch.	Arbeite die Seiten 70 bis 74 noch einmal genau durch.

Zeichensetzung

Das Komma im Satzgefüge

Information **Das Komma zwischen Hauptsatz und Nebensatz**

Zwischen Hauptsatz und Nebensatz muss **immer ein Komma** stehen.
In einem Satzgefüge (► S. 71 – 74) kann der Nebensatz vor, zwischen oder nach dem Hauptsatz stehen:

- **vorangestellt**, z. B.: *Obwohl der Papagei seinen Namen wusste, konnte ihm erst nicht geholfen werden.*
- **eingeschoben**, z. B.: *Den Polizisten, die sich Mühe mit dem Vogel gaben, verriet er seinen Namen nicht.*
- **nachgestellt**, z. B.: *Die Besitzer des Papageis waren erleichtert, als sie ihn zurückerhielten.*

1 **a Füge im folgenden Text die fehlenden Kommas ein, die den Nebensatz vom Hauptsatz trennen.**
b Unterstreiche jeden Nebensatz.

Papagei ohne Worte

Was macht man als Papagei wenn man nach einem unerlaubten Ausflug nicht mehr nach Hause findet? Es wäre klug wenn man einer Person seines Vertrauens seine Adresse verrät. Als die Polizei in der Nähe von Tokio einen Afrikanischen Graupapagei auf einem fremden Grundstück fand brachte sie ihn sogleich auf die Polizeiwache. Nach einer Nacht in der er völlig sprachlos war brachten die Beamten den verstörten Vogel in eine Tierklinik. Obwohl sie durchaus freundlich zu dem Tier waren beachtete es niemanden. Vielleicht sprach der Papagei nicht mit den Beamten weil sie eine für Papageienaugen unschöne Uniform trugen.

2 **a Welcher der folgenden Sätze ist ein Satzgefüge? Kreuze an.**
●●● **b Umkreise in den Nebensätzen der Satzgefüge die Konjunktionen blau und die Relativpronomen orangefarben.**
c Unterstreiche in jedem Nebensatz die Personalform des Verbs.

- ☐ A Als der entflogene Papagei in die Tierklinik kam, änderte sich sein Verhalten vollkommen.
- ☐ B Der Vogel, der bislang ziemlich unbewegt schien, hatte nun offensichtlich großes Interesse an seiner Umgebung.
- ☐ C Wenn jemand den Raum betrat, begrüßte er diesen besonders freundlich.
- ☐ D Ansonsten plapperte er jedoch unaufhörlich belangloses Zeug, das in keiner Weise weiterhalf.
- ☐ E Als ein Tierwärter dem Vogel jedoch etwas genauer zuhörte, sprach dieser die entscheidenden Worte.
- ☐ F Er sagte: „Ich heiße Yosuke Nakamura. Ich wohne in Chiba."
- ☐ G Dort fand die Polizei dann tatsächlich die Besitzer, die ihren Papagei überglücklich in Empfang nahmen.

Das Komma bei Aufzählungen

Information **Die Zeichensetzung in Aufzählungen**

Ein **Komma muss** stehen,
- wenn Wörter oder Wortgruppen in Aufzählungen aneinandergereiht werden, z. B.:
  Kleine Haustiere wie Vögel, Kaninchen, Katzen, Hunde sind sehr beliebt.
  Bereitstellen müssen Besitzer eine geeignete Umgebung, angemessene Nahrung, liebevolle Pflege.
- wenn das Wort oder die Wortgruppe durch einschränkende Konjunktionen wie *aber, jedoch, sondern, doch, jedoch* eingeleitet wird, z. B.:
  Katzen sind zwar häuslich, aber sehr unabhängig von ihrem Menschen.

Kein Komma steht in Aufzählungen
- vor den anreihenden Konjunktionen *und, oder, sowie, entweder ... oder, sowohl ... als auch*, z. B.:
  Katzen sind eigenwillige, anschmiegsame und robuste Tiere.
  Der Kater Arthur ist sowohl mutig als auch robust.

1 **Setze im folgenden Text die Kommas bei den Aufzählungen, wo nötig.**

Kater mit mehr als neun Leben

Drei Wochen lang verbrachte ein Kater in einem großen Container ohne Futter ohne Wasser sogar ohne frische Luft. Mit seinen neun Monaten sehr jugendlich aufgeweckt niedlich zutraulich – so wird Arthur beschrieben. Er wirkt wohl nicht besonders kräftig schön oder sonst in irgendeiner Weise auffällig. Er war in Pompano Beach in Florida zu Hause, wo er gern die Nachbarkatze Emily besuchte mit ihr spielte und manchmal auch gern einen kleinen Ausflug mit ihr machte.

2 **Unterstreiche im folgenden Text die nebenordnenden Konjunktionen, vor denen kein Komma steht.**

Als der Besitzer von Emily seinen Umzug in das 4000 Kilometer entfernte Phoenix plante, zweifelte er keinen Augenblick daran, dass er seine sowohl geliebte als auch wertvolle Katze mitnehmen würde. Sehr zum Leidwesen von Arthur, der die sichtbaren und hörbaren Anzeichen des Umzugs sogleich bemerkte. In einem unbeaufsichtigten Moment muss der Kater entweder in einen Umzugskarton oder gleich in den Container geklettert sein. Drei Wochen lang hörte man weder sein klägliches Miauen noch sein verzweifeltes Kratzen. Doch dann wurde endlich ein Lagerarbeiter hellhörig und öffnete unter Videoaufsicht den Container: Heraus kam ein abgemagerter, ausgetrockneter sowie sichtlich geschwächter Kater.

3 ●●● **Setze im folgenden Text die fehlenden Kommas.**

Arthurs Besitzer Carl wurde schnell ausfindig gemacht und telefonisch benachrichtigt. Er hatte Arthur eigentlich schon aufgegeben und spielte mit dem Gedanken, einen Hund ein Hängebauchschwein oder gar ein Pferd anzuschaffen, weil es keinen zweiten Kater wie Arthur gebe, der so liebevoll schlau und auch noch anhänglich sei. Nun plant er eine große Wiedersehensparty mit Katzenleckerli frischem Fleisch Knabberstängli aber auch Spritzigem und sowohl Süßem als auch Saurem für die zweibeinigen Gäste.

Zeichensetzung bei der wörtlichen Rede

Information **Satzschlusszeichen, Kommas und Anführungszeichen**

Wörtliche Rede steht in **Anführungszeichen** (Redezeichen). Die Zeichensetzung ändert sich, je nachdem, ob der Redebegleitsatz vor, nach oder zwischen der wörtlichen Rede steht.

- Der **Redebegleitsatz vor der wörtlichen Rede** wird durch einen **Doppelpunkt** von der wörtlichen Rede abgetrennt, z. B.: *Fragt ein Pferd ein anderes: „Sag mal, wie viel PS hast du eigentlich?“*
- Der **Redebegleitsatz nach der wörtlichen Rede** wird durch **ein Komma** von der wörtlichen Rede abgetrennt, z. B.: *„Bringen Sie mir bitte ein Jägerschnitzel“, fordert ein Hase den Kellner auf.*
- Der **Redebegleitsatz zwischen der wörtlichen Rede** wird durch **zwei Kommas** von der wörtlichen Rede abgetrennt, z. B.: *„Wenn eure Mutter das wüsste“, sagt ein Hahn tadelnd zu den Küken, „würde sie sich auf dem Grill umdrehen.“*

Achtung: Wird die wörtliche Rede vorangestellt, entfällt der Punkt als Satzschlusszeichen. Ausrufezeichen und Fragezeichen bleiben erhalten, z. B.:
*„Was darf`s denn sein**?“**, fragt der Verkäufer den Frosch. **„**Quark**“**, lautet die Antwort.*

1 **a Unterstreiche in diesem Text die wörtliche Rede.**
b Ergänze die fehlenden Satzzeichen der wörtlichen Rede.

Eine Dame sitzt in ihrem Lieblingscafé und genießt ihren Pflaumenkuchen. Plötzlich geht die Tür auf und ein grauer Pudel tritt ein.

A Er bittet den Kellner   Bringen Sie mir doch ein großes Schokoladeneis mit Sahne

B Das ist ja ganz außerordentlich   ruft die Dame

C Da stimme ich Ihnen voll und ganz zu   antwortet der Kellner   sonst bestellt er immer nur Vanilleeis

2 **Arbeite jeden der beiden folgenden Comics zu einem Witz aus.**
Verwende jeweils alle drei Möglichkeiten eines Begleitsatzes und schreibe die Witze in dein Heft.

Comic I

Comic II

Teste dich!

Zeichensetzung

1 **Prüfe die folgenden Regeln zur Zeichensetzung und streiche jeweils das falsche der angebotenen Wörter. (11 Punkte)**

A In einem Satzgefüge werden Haupt- und Nebensatz nie/immer durch ein Komma abgetrennt.

B Der Nebensatz wird meist durch Adverb/Konjunktion oder Relativpronomen/Personalpronomen eingeleitet und die Personalform des Verbs steht im Nebensatz immer an zweiter/letzter Satzgliedstelle.

C Wörter oder Wortgruppen werden in Aufzählungen durch Satzschlusszeichen/Komma getrennt, es sei denn, sie werden durch unterordnende/nebenordnende Konjunktionen wie z. B. und/aber verbunden.

D Wörtliche Rede steht in Satzschlusszeichen/Anführungszeichen. Der Redebegleitsatz kann neben/zwischen, vor/unter sowie über/nach der wörtlichen Rede stehen.

2 **Überprüfe für jedes Kästchen, ob ein Komma gesetzt werden muss. Trage die fehlenden Kommas ein. (15 Punkte)**

Der Papagei eines Verstorbenen ☐ soll versteigert werden. Der Auktionator nennt zunächst den Preis von 50 Euro ☐ dann von 100 Euro ☐ und zuletzt von 200 Euro. Weil Frau Müller das schöne Tier unbedingt haben will ☐ bietet sie mit. Nach einiger Zeit ☐ fällt ihr auf, dass ein anderer offensichtlich auch ☐ weder Kosten ☐ noch Mühe scheut ☐ den Papagei zu besitzen. Als es ihr jedoch bei 1500 Euro zu bunt wird ☐ ruft sie in die Runde: „Das ist mein letztes Gebot." Nachdem Frau Müller ☐ beim Auktionator bezahlt hat ☐ merkt sie an: „Obwohl das Tier wirklich traumhaft schön ☐ und begehrenswert ist ☐ wollte ich eigentlich nicht so viel Geld ausgeben. Ich würde mich freuen ☐ wenn der Vogel wenigstens spricht." „Was glauben Sie, wer gegen Sie geboten hat", antwortet der Auktionator ☐ der nicht einmal mit der Wimper zuckt.

3 **a Unterstreiche in diesem Text den Redebegleitsatz. (3 Punkte)**
b Ergänze für die wörtliche Rede die fehlende Zeichensetzung. (3 Punkte)

Ein Mann kommt in eine Zoohandlung und verlangt: Zehn Ratten bitte.
Wozu brauchen Sie die denn? wundert sich der Verkäufer.
Ich habe meine Wohnung gekündigt antwortet der Kunde und muss sie so verlassen, wie ich sie vorfand.

Vergleiche deine Ergebnisse mit dem Lösungsheft. Für jede richtige Antwort bekommst du einen Punkt.

☺ 32–24 Punkte	😐 23–16 Punkte	☹ 15–0 Punkte
Gut gemacht!	Gar nicht schlecht, aber lies dir die Merkkästen auf den Seiten 76 bis 78 noch einmal genau durch.	Arbeite die Seiten 76 bis 78 noch einmal genau durch.

Was kannst du schon? – Rechtschreibung

1 **Zerlege die folgenden Wörter: Ziehe einen Strich | zwischen den Wortbestandteilen. Schreibe jedes Wort mit allen erlaubten Silbentrennungen auf. (6 Punkte)**

Abendstern ____________ Sonnenuntergang ____________ Morgendämmerung ____________

Ferienfrühstück ____________ Freibadwetter ____________ Spitzenleistung ____________

2 **Zu jedem Wort in der oberen Zeile gibt es ein Wort aus derselben Wortfamilie in der unteren Zeile. Verbinde beide durch eine Linie und trage dann jeweils die fehlenden Buchstaben ein. (5 Punkte)**

Urlau_b_spläne | Mun___dusche | Stau___ | richti___ | Hal___zeit | Lie___ling

berichti___en | Urlau_b_er | abstau___en | hal___ieren | verlie___en | bevormun___en

3 **Welche dieser Wörter werden mit ä bzw. äu geschrieben? Finde jeweils ein verwandtes Wort, das dir bei der Entscheidung hilft, und trage es ein. (8 Punkte)**

F_ä_lschung	e/ä?	falsch	unverk___flich	eu/ äu?	______	r___tselhaft	e/ä/ eu/ äu?	______
N___hte		______	aufr___men		______	gl___big		______
w___lzen		______	Z___ne		______	erkl___ren		______

4 **Trage im folgenden Text den oder die fehlenden Konsonanten ein. (9 Punkte)**

Einladungen, Pla___karten oder Geschen___papier kannst du hübsch schmü___en, zum Beispiel mit einer  Ka___e oder  Her___en. Ein Stempel ist schnell hergestellt: Klebe das Motiv auf ein Hol___stü___chen, nimm Klebstoff mit spi___er Tülle und lasse ihn gut antro___nen.

5 **Trage im folgenden Text die fehlenden Konsonanten ein. (10 Punkte)**

Wenn du für den Stempel ein fertiges Moosgu______imotiv ni______st, vielleicht ein  Schi___, ist er schne___ fertig. Pre___e es in der Mi___e des Holzes fest. Als Stempelki___en ka___st du ein feuchtes Schwa______tuch nehmen, auf das du Bastelfarbe pi___selst.

6 **Was ist hier abgebildet? Achte auf die langen Vokale und notiere im Heft. (8 Punkte)**

7 **Trage die Wörter in die nachfolgende Tabelle ein und ergänze dabei den richtigen i-Laut: i, ie, ih, ieh. (10 Punkte)**

s ? t   fr ? ren   L ? ter   fl ? t   sch ? ben   ? re   versch ? den   Margar ? ne   ? m   Benz ? n

i	ie	ih	ieh

8 a **Achte auf den s-Laut: Jeweils ein Wort in jedem Block ist falsch geschrieben. Umkreise es. (8 Punkte)**

VORSICHT FEHLER!

A Wasser • naß • Regenguss • Gießkanne

B Schließung • Schlüssel • Schloß • Abschluss

C Weisheit • Wissen • wussten • wißbegierig

D abbeißen • Weißwurst • Hundebiß • heiß

E draußen • Taschenmesser • Gaskocher • Badespass

F Kaufhaus • kassieren • Großmarkt • Einlaß

G Erlebniss • passieren • aufpassen • Eisglätte

H Fleiskärtchen • Zeugnis • Klassenbester • Eins

b **Schreibe die eingekreisten Wörter in der richtigen Schreibung auf. (8 Punkte)**

9 **In diesem Text müssen zehn weitere Wörter großgeschrieben werden. Unterstreiche sie. (10 Punkte)**

Plastiktüten sind praktisch – aber schlecht für die umwelt. Denn kunststoff zerfällt erst nach sehr vielen Jahren. Besonders im meer richtet Plastikmüll großen schaden an. Darum denken Politiker nun über ein verbot von Plastiktüten oder eine steuer nach, die die kunststofftaschen teurer machen soll. Mit „nur" 65 Tüten pro kopf und jahr ist der verbrauch in Deutschland zwar vergleichsweise gering – für die Umwelt aber immer noch zu hoch.

10 **Groß oder klein? Kreuze für jeden Satz an, ob er einen Fehler enthält oder nicht. (5 Punkte)**

	ein Fehler	kein Fehler
A Beim einkauf spielen Plastiktüten eine tragende Rolle.	☐	☐
B Zum Transport ihrer Einkäufe nehmen viele Menschen Plastiktüten.	☐	☐
C Mit Körben oder Stoffbeuteln kann man der Umwelt helfen.	☐	☐
D Die eigene herstellung von Stofftaschen kann viel Spaß machen.	☐	☐
E So eine selbstgestaltete Transporthilfe eignet sich auch als Geschenk.	☐	☐

11 a **Überprüfe deine Lösungen mit Hilfe des Lösungsheftes.**
b **Trage ein, wie du die Aufgaben bewältigt hast: ✔ = das Meiste richtig ? = noch etwas unsicher**

Aufgabe	1 ☐	2 ☐	3 ☐	4 ☐	5 ☐	6 ☐	7 ☐	8 ☐	9 ☐	10 ☐
Weitere Übungen	Seite 82	Seite 83	Seite 84	Seite 86–88	Seite 86–88	Seite 89–91	Seite 92–93	Seite 95–98	Seite 100–104	Seite 100–104

Fehler vermeiden – Tipps zum Rechtschreiben

Wörter in Sinneinheiten zerlegen – Wortbausteine erkennen

Methode **Lange Wörter richtig schreiben**

Wörter zu zerlegen hilft dir, besonders lange Wörter und Wörter mit schwierigen Wortbausteinen richtig zu schreiben. Durch das Zerlegen erkennst du

- **Sinneinheiten:** Lange Wörter werden übersichtlicher, z. B. *Trab|renn|bahn*.
- **Wortbausteine,** z. B.
  - *ver-* und *vor-*, die mit **v** geschrieben werden: *ver|bieten, ver|gessen, vor|tragen.*
  - *ent-: ent|decken, ent|lassen.*
- **Endungen,** z. B. die Verkleinerungsform *-chen: Kind|chen, Dös|chen.*

1 **a Zerlege die folgenden Wörter zunächst in Sinneinheiten.**
b Notiere dieselben Wörter in der nachfolgenden Übersicht in Silben.
c Bilde aus den abgetrennten Wörtern weitere fünf zusammengesetzte Wörter.

Fuß|ball|felder Kiefernholzkiste

Zeichentrickfilme Tierkrankenhaus

Silben: Fuß-ball-fel-der, ________

____

neue Wortzusammensetzungen: fußkrank, ________

Richtig trennen
- Man trennt zwischen einzelnen Wortbausteinen, z. B.: *Bett-tuch, Vor-hang, berg-auf, über-sicht-lich.*
- In die neue Zeile kommt nur ein Konsonant, z. B.: *Tep-pich, klop-fen, schmut-zig, Pos-ter, Tren-nung.*
- Buchstabenverbindungen, die für einen Laut stehen, trennt man nicht, z. B.: *ki-chern, zwi-schen, We-cker.*

2 **Zerlege die folgenden Wörter. Achte auf Sinneinheiten.**
Achtung: Jeweils ein Wort in jeder Reihe passt nicht zu den übrigen Wörtern. Umkreise es.

A Vortrag vordem vorfahren Vorderreifen vorhin Vorjahr vorlaut

B Entgegenkommen entlangfahren Entdeckung Entenbraten entschieden entzwei entweder

C Moosröschen mäuschenstill Sommerblüschen Gartenhäuschen Teegläschen Rüschenkleid

D verdammt verzweifelt Verweigerung Verzinsung verderben Verbform Verdachtsmoment

3 ●●● **a Entscheide, welche der folgenden Wörter mit Vor-/vor- und welche mit F-/f- geschrieben werden. Wenn du unsicher bist, schlage in einem Wörterbuch nach.**
b Trage die Wörter passend in die nachfolgende Übersicht ein.

die __orankündigung die __orelle __orbeibringen die __ortbildungsmaßnahme zu__orderst

un__orhergesehen die __orstwirtschaft __ortsetzen das __orum __orurteilsfrei __ormbar

Wörter mit vor-/ Vor-: ________

Wörter mit F-/f-: ________

Wörter verlängern

Methode **Verlängerungsprobe: t oder d, k oder g, p oder b?**

Meist am Wortende klingt **b** wie **p**, z. B.: *Staub, halb*; **g** wie **k**, z. B.: *Tag, Berg*; **d** wie **t**, z. B.: *Bad, wütend*.
Erst wenn du die Worte verlängerst, hörst du, welchen Buchstaben du schreiben musst (Verlängerungsprobe). So kannst du Wörter verlängern:

- Bilde bei Nomen den Plural, z. B.: *das Pferd → die Pferde*.
- Steigere Adjektive, z. B.: *klug → klüger*.
- Ergänze bei Adjektiven ein Nomen, z. B.: *rund → eine runde Sache*.
- Bilde bei Verben den Infinitiv (die Grundform) oder die Wir-Form, z. B.: *es trabt →wir traben*.

Manchmal muss man ein Wort erst zerlegen (▶ S. 82), bevor man es an der fraglichen Stelle verlängern kann, z. B. *Flugzeug → Flug|zeug → Flüge*.

1 **Kläre für jedes der folgenden Wörter die Schreibweise durch Verlängern und trage beide Formen richtig in eines der nachfolgenden Häuser ein.**

~~der Wal?~~ es na?t schmutzi? er schen?t der Kor? billi? es flie?t der Krie? wüten? das Gel? sie rei?t

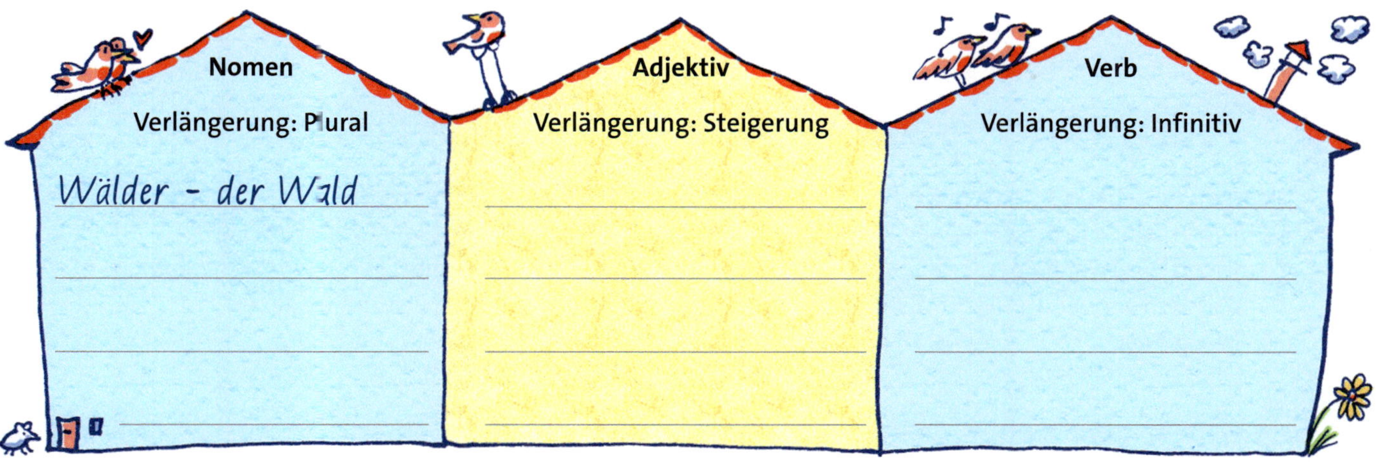

2 **a** **Kläre für jedes der Lückenwörter die Schreibweise durch Verlängern: Notiere jeweils die Verlängerung. Achtung: Einige Wörter musst du zerlegen, bevor du sie an der fraglichen Stelle verlängern kannst.**
b **Trage dann die fehlenden Buchstaben ein.**

Der spuckende Berg vor Matupit

Der Win*d* [*windig*] kommt an diesem Aben___ [ ] aus Nor___west [ ]. Ein Glück! So trei___t [ ] er die Rauchwolke des Vulkans Tavurvur weg vom Stran___ [ ], an dem Munganau ein Ba___ [ ] nehmen will. Vergnü___t [ ] springt er ins Wasser, über den San___ [ ], der schwarz ist. Der Ascheregen hat die Hal___insel [ ] Matupit in Papua-Neuguinea in eine schwarze Ö___nis [ ] verwandelt. Munganau kennt seine Heima___ [ ] gar nicht anders. Er ist mit dem spuckenden Ber___ [ ] aufgewachsen. Trauri___ [ ] ist er, weil seine Schule bei einem Ausbruch zerstört wurde.

Verwandte Wörter suchen

Methode **Ableitungsprobe (1): Den Wortstamm prüfen**

Wenn du unsicher bist, wie ein Wort geschrieben wird, hilft oft die Suche nach einem verwandten Wort. Du kannst die Schreibweise davon ableiten (Ableitungsprobe).
Der **Wortstamm** (= Grundbaustein) wird **in verwandten Wörtern gleich** oder **ähnlich** geschrieben, z. B. *berühmt, Ruhm, rühmlich, ruhmreich.*

1 **Kläre die Schreibweise der folgenden Wörter mit der Ableitungsprobe. Notiere ein verwandtes Wort und streiche jeweils die falsche Schreibweise.**

VORSICHT FEHLER!

~~Weinachten~~ oder Weihnachten? einweihen (die geweihte Nacht), Hauseinweihung

A Mitwoch oder Mittwoch? ______

B Erlepnis oder Erlebnis? ______

C Gießkanne oder Gieskanne? ______

D Flugzeug oder Flukzeug? ______

E Abziebild oder Abziehbild? ______

F Nähnadel oder Nänadel? ______

Methode **Ableitungsprobe (2): e oder ä, eu oder äu?**

Wenn du unsicher bist, ob ein Wort mit **ä** oder **e** bzw. **äu** oder **eu** geschrieben wird:

- Ein Wort wird mit **ä** geschrieben, wenn es ein verwandtes Wort mit **a** gibt: *der Graf – die Gräfin.*
- Ein Wort wird mit **äu** geschrieben, wenn es ein verwandtes Wort mit **au** gibt: *der Schaum – schäumen.*

Wenn es kein verwandtes Wort mit **a** oder **au** gibt, schreibt man das Wort meist mit **e** oder **eu**, z. B.: *heute, Eule.*

2 **In jeder der folgenden Zeilen ist ein Wort falsch geschrieben. Beweise für jedes Wort die Schreibweise mit der Ableitungsprobe. Streiche das Fehlerwort durch und schreibe es verbessert auf.**

VORSICHT FEHLER!

Falls du unsicher bist, wie ein Wort geschrieben wird, kannst du **in einem Wörterbuch nachschlagen.**

schwärmen	schäumen	schleudern	~~schemen~~
Schwarm	Schaum	-	Scham, schämen
A Bäder	bleulich	bärtig	Blende
______	______	______	______
B Päckchen	Pässe	pepstlich	Perle
______	______	______	______
C gräulich	Gäbelchen	Gleubigkeit	Geräusch
______	______	______	______
D Männchen	Meuserich	Meute	Mäuerchen
______	______	______	______

Teste dich!

Tipps zum Rechtschreiben

1 **Katrin hat für ein Quiz in Erdkunde Fragekärtchen geschrieben. Bei den schwierigen geografischen Namen hat sie gut aufgepasst – aber an anderen Stellen hat sie Fehler gemacht.**

a Auf jeder Quizkarte sind zwei Fehlerwörter. Unterstreiche diese. (10 Punkte)

b Schreibe jedes fehlerhafte Wort verbessert in die linke Randspalte. (10 Punkte)

c Notiere in der rechten Randspalte jeweils, mit welcher Methode du die Schreibweise klären konntest: Zerlegen, Ableiten und/oder Verlängern? (10 Punkte)

Verbesserung	Quiz-Karte	Methode
	VORSICHT FEHLER!	
	A Der 50. Bundestaat der USA ist eine Jnsel-kette im Pazifik. Sein Markenzeichen sind bunte Blumenkrenze. Wie heißt das Ferienparadies? a) Fidschi-Jnseln b) Bahamas c) Hawaii	
	B Der größte Staat der Erde hat eine unforstell-bar große Fläche von über 17 Millionen Quadrat-kilometern. Wer vom westlichsten zum östlichsten Punkt fährt, durchquert zehn ferschiedene Zeit-zonen. Wie heißt seine Hauptstadt? a) Moskau b) Neu-Delhi c) Peking	
	C 1914 schipperte das erste Schif auf seinem Weg vom Pazifik in den Atlantik mitten durch dieses mitellamerikanische Land. a) Costa Rica b) Honduras c) Panama	
	D Mit 2888 km ist die Donau der zweitlängste Strom Europas. Doch in wie vielen Lendern kann man die Füße eigentlich in ihre Fluten stäcken? a) 5 b) 7 c) 10	
	E Das „Land der tausend Seen" gehört zu Skan-dinavien. Es gipt dort runt 190 000 Gewässer. Dabei ist ... doch gar nicht so groß! a) Schweden b) Norwegen c) Finnland	

Vergleiche deine Ergebnisse mit dem Lösungsheft. Für jede richtige Antwort bekommst du einen Punkt.

☺ 30–23 Punkte	☺ 22–15 Punkte	☹ 14–0 Punkte
Gut gemacht!	Gar nicht schlecht, aber lies dir die Merkkästen auf den Seiten 82 bis 84 noch einmal genau durch.	Arbeite die Seiten 82 bis 84 noch einmal genau durch.

Üben macht sicher – Regeln zum Rechtschreiben

Kurze Vokale

Information **Kurze Vokale – Doppelte Konsonanten**

Nach einem **betonten kurzen Vokal** folgen fast immer **zwei** oder mehr Konsonanten. Beim deutlichen Sprechen kannst du sie meist gut unterscheiden, z. B.: *wandern, hüpfen, Kunst*.
Hörst du nur einen Konsonanten, wird er verdoppelt, z. B.: *schnell, rennen, Mitte*.

1 **a** **Lies den Text laut und sprich deutlich. Unterstreiche alle Wörter mit einem kurzen betonten Vokal.**

Die Revolution der Konsonanten

Vor vielen Jahren wanderte ein langer Vokal umher. Nichts störte ihn, keiner engte ihn ein. Nur selten traf er auf einsame Konsonanten. Diese schlossen sich ihm an, aber er blieb immerzu groß, breit und laut.

Eines Tages aber begannen die Konsonanten, sich zu ärgern. Sie wollten diesen eitlen langen Vokal nicht länger erdulden. Dieser Aufschneider, er sollte die Kraft der Konsonanten spüren! Sie bildeten Gruppen, immer zwei und zwei, selten sogar drei. Vor dem Vokal hatten sie keinen Erfolg. Aber schnell merkten sie, dass sie nur zusammen hinter den Vokal treten mussten, und schon schrumpfte seine Länge und er wurde neben ihnen ein bescheidener kurzer Vokal.

b **Trage die markierten Wörter in die Übersicht ein.**

c **Setze bei jedem Wort in der Übersicht einen Punkt unter den betonten kurzen Vokal. Markiere die Konsonanten, die ihm folgen.**

Wörter mit zwei oder mehr verschiedenen Konsonanten nach dem betonten kurzen Vokal

Konsonanten (4 x),

Wörter mit verdoppeltem Konsonanten nach dem betonten kurzen Vokal

schlossen,

2 **Suche zu jedem der folgenden Wörter je drei Reimwörter mit ck und tz. Trage sie in die folgende Tabelle ein.**

In der Regel schreibt man **ck** statt kk (z. B. *Zu**ck**er*) und **tz** statt zz (z. B. *Ne**tz**e*).
ACHTUNG: ck wird am Zeilenende **nicht getrennt**, z. B. *Schne-cke, bli-cken, So-cken, er-schro-cken.*

Spatzen	lecken	backen	Ritz
K____	schm____	kn____	sp____
schm____	D____	p____	W____
T____	w____	M____	B____

3 **Fülle die Lücken. Entscheide dabei, ob der fehlende Konsonant verdoppelt werden muss bzw. ob tz oder ck richtig ist.**

Ein turbulenter Alltag

Sebastian wo____te ihn unbedingt haben. Nun ist er da und er ste____t das Haus auf den Kopf. Erst verste____t er sich mi____en im Mü____, ko____t to____al verdre____t wieder zurü____. Dann ki____t er die Su____enschü____el um. Vor Schre____ springt er daraufhin mit einem Sa____ an die De____enlampe. Beim Mi____age____en schna____t er sich die Ka____otten aus der Schü____el, fli____t, wenn es kli____gelt, zur Tür und erschre____t die Gäste. Er ste____t die Bu____er in die Ri____en der Hei____ung, zerfe____t das Sofaki____en, sta____t verzü____t auf Mamas Pa____ung mit Nü____en und fri____t diese dann ke____ in Se____undenschne____e. Sein Fu____er wi____ er ohnehin nicht, er i____t nur von den Te____ern seiner Menschen. Kür____lich hat er sogar Sebastians Schwe____ter mit dem Autoschlü____el verle____t, auch das Re____al hat er da____it vö____ig zerkra____t. Alle Dre____urversuche sind zwe____los. Warum nur wo____te Sebastian ausgerechnet einen A____en haben?

4 **Trage jeweils die fehlende Form ein: Singular oder Plural?**

> Bei den **Nomenendungen -in** und **-nis** werden im Plural die Konsonanten verdoppelt:
> *das Ereignis → die Ereignisse,*
> *die Lehrerin → die Lehrerinnen.*

A das Zeugnis → die Z ______

B die Freundin → die F ______

C das M ______ → die Missverständnisse

D die Zeugin → die Z ______

E das G ______ → die Gefängnisse

F das Ergebnis → die E ______

5 ●●● **a Im folgenden Gitterrätsel findest du elf Fremdwörter mit k oder kk.**
Verwende zwei Farben und markiere senkrecht ↓ vier Wörter und waagerecht → sieben Wörter.
Aufgepasst: In zwei der waagerechten Wörter versteckt sich ein zweites Wort mit kk. Findest du es?

> Bei vielen **Fremdwörtern** steht nach kurzem betontem Vokal ein einfaches **k**, z. B. *aktuell, Anorak.*
> Bei wenigen Fremdwörtern folgt ein **kk** mit nachfolgendem Vokal, z. B. *Akkord, Mokka.*
> Wenn du unsicher bist, schlage im Wörterbuch nach!

	A	B	C	D	E	F	G	H	I	J	K	L	M	N	O	P	Q
1	P	A	K	K	O	R	D	E	O	N	O	E	R	T	H	A	N
2	E	X	O	K	T	A	V	E	R	U	M	D	I	R	E	K	T
3	R	E	N	A	L	S	M	R	M	T	E	D	N	E	K	O	I
4	F	I	T	H	E	I	T	M	A	K	K	U	S	A	T	I	V
5	E	V	A	M	A	K	K	A	R	O	N	I	E	N	I	M	K
6	K	A	K	E	N	D	I	K	O	R	R	E	K	T	K	E	G
7	T	U	T	R	A	K	T	O	R	D	E	I	T	R	A	P	A

b Trage die Fremdwörter in die folgende Übersicht ein. Achte auf die Groß- und Kleinschreibung.

Fremdwörter mit kk:

______

Fremdwörter mit k:

______

______

Lange Vokale

Information **Schreibweisen bei betonten langen Vokalen**

In den meisten Wörtern wird der **betonte lange Vokal** nur **mit einem Buchstaben** geschrieben.
Danach folgt meist nur ein Konsonant, z. B.: *die Frage, böse, raten, der Zug.*
Das gilt besonders für einsilbige Wörter, z. B.: *her, los, für, nur, gut.*

1 **Bilde Wörter mit den angebotenen Silben und den Silben in der Tabelle. Achte auf die Groß- und Kleinschreibung. Tipp: Manche Silben können mehrfach kombiniert werden.**

na- • ho- • ha- • dü- • blu- • tö- • kro- • ma- • spü- • spu- • hü- • pla- • spa- • da- • kru- • do-

-ren	-len	-ten	-se	-ne	-me

Wörter mit h

2 **a** **Unterstreiche im folgenden Text Wörter mit einem h hinter dem betonten langen Vokal.**
b **Umkreise diejenigen dieser Wörter, in denen l, m, n oder r auf das h folgt.**

- Bei einer kleineren Gruppe von Wörtern folgt nach den betonten langen Vokalen **a, e, o, u** sowie den Umlauten **ä, ö, ü** ein **h**, z. B.: *sehr, wohl, ungefähr, ähnlich.*
- Das **h** steht meist vor allem **vor den Konsonanten l, m, n** und **r**.
- Es bleibt auch in den verwandten Wörtern erhalten, z. B. *Jahr – jährlich, Ruhm – rühmen, Wahl – wählen, Wohnung – wohnen.*

Wahrer Wohlgenuss für Pferde

Was Pferde wohl fressen, fragt sich manch einer: Wahrscheinlich hartes Brot oder Stroh? Ganz falsch. Brot hat, obwohl aus Getreide hergestellt, für Pferde keinen Nährwert. Und die Unterlage in den Boxen enthält auch nicht mehr Bekömmliches für sie. Ein Apfel oder eine Möhre ist also die bessere Wahl. Außerdem mögen die Tiere diese sehr gern und schätzen sie als Belohnung. Aber in Wahrheit ersetzt nichts davon eine echte Pferde-Mahlzeit. Würden die Vierbeiner noch verfahren wie ihre Vorfahren, dann wären sie den ganzen Tag damit beschäftigt, mit ihren Schneidezähnen hartes Steppengras zu rupfen. Das würden sie dann mit den Backenzähnen zu Brei mahlen und würden weder allzu wohlgenährt noch krank, weil Gras mager und für Pferde nährstoffreich ist.

3 **Setze aus den folgenden Puzzleteilen Wörter mit betontem langen Vokal und h zusammen und schreibe sie auf.**

M		men	Mahl
R		ne	
W	ah	n	
F/f		l	
K/k		m	

K/k		r	
F		le	
m	eh	ler	
L		lig	
H		re	

M		ren	
R		r	
S	oh	n	
B/b		ne	
L		rer	

R		r	
f		n	
H	uh	m	
St		l	

4 **Kläre, in welchem der Lückenwörter ein h auf den betonten langen Vokal folgt. Trage es dort ein. Tipp: Wenn du unsicher bist, schlage im Wörterbuch nach.**

Cowboy – Ein Leben mit Gefa___r und Entbe___rungen

Cowboys fü___rten ein hartes Le___ben. Im 19. Ja___rhundert waren sie se___r häufig im wenig bewo___nten mittleren Westen und im Sü___dwesten der USA anzutreffen, wo sie eng mit ihren Pferden und teils wa___rhaft riesigen Rinderherden zusammen wa___ren. Sie schliefen wo___l am liebsten unter freiem Himmel und verze___rten oft getrocknetes Fleisch und Bo___nen. Cowboys verstanden sich als Hü___ter der Herden: Sie brachten Kälber auf die Welt oder trieben versprengte Rinder zurück. Die Za___l der Tiere in einer Herde konnte 2000 bis 3000 Stück umfassen. War diese gut gefü___rt, rechnete der Rancher 250 Rinder pro Mann und Pferd. Bevor die Eisenba___n ihre Glei___se durch die nordamerikanischen Ebenen geschlagen hatte, wurden Rinderherden regelmä___ßig in die Städte getrieben. Solche Trecks zo___gen nur langsam voran, sie schafften ze___n bis fünfze___n Kilometer am Tag. Die Männer waren stolz, „Cowboy" verstanden sie als E___rentitel.

5 ●●● **In jedem der folgenden Wörter hat sich ein weiteres Wort mit h versteckt: Markiere die versteckten Wörter und schreibe sie in dein Heft. Beispiel: fuhr → die Uhr. Achte auf die Wortart und die Groß- und Kleinschreibung.**

Lehrerin | belohnen | bohren | erzählen | versöhnen

Wörter mit Doppelvokal

Information **Doppelvokal aa, ee, oo**

Es gibt nur wenige Wörter, in denen der lang gesprochene Vokal durch die Verdopplung gekennzeichnet ist.
Merke sie dir gut:
- **aa:** *der Aal, das Haar, das Paar, der Saal, die Saat, der Staat, die Waage.*
- **ee:** *die Beere, das Beet, die Fee, das Heer, der Klee, das Meer, der Schnee, der See, die Seele, der Speer, der Teer.* Dazu kommen **Fremdwörter mit ee** im Wortausgang, z. B.: *die Idee, der Kaffee, der Tee, das Püree, die Allee.*
- **oo:** *das Boot, doof, das Moor, das Moos, der Zoo.*

1 **a Bilde zu den folgenden Nomen mit Doppelvokal den Plural.**
Tipp: Wenn du unsicher bist, schau im Wörterbuch nach.

Singular	Plural	Singular	Plural
das Haar	die Haare	C das Meer	______
A der Speer	______	D die Saat	______
B die Seele	______	E der Staat	______

b Notiere die Verkleinerungsformen zu folgenden Nomen: Schlage im Wörterbuch nach.

das Haar → das Härchen B das Paar → ______

A der Saal → ______ C das Boot → ______

2 **Bilde Adjektive aus den angebotenen Wortstämmen und Endungen.**
Einige Wortbausteine kannst du mehrfach verwenden.

haar- • staat- • feen- • seelen- • moor- • moos- schnee- • meer- • see- • klee- • erdbeer-

-ig • -lich • -haft • -blättrig • -grün • -blau -ruhig • -bedeckt • -fein

haarig, ______

______

3 **Gesucht sind Wörter mit der beschriebenen Bedeutung, die auf -ee enden.**
Setze sie aus dem Buchstabensalat am Ende der Zeile zusammen und schreibe sie auf.

A koffeinhaltiges Getränk: ______ FFAKEE

B Straße mit Bäumen: ______ EELLA

C Stoff für Handtücher: ______ TTEEROF

D ein neuer Gedanke: ______ DEEI

E Konzertreise: ______ TUEERNO

Wörter mit langem i

Information **Wörter mit langem i: ie, i und ih**

- **Wörter mit ie:** Mehr als drei Viertel aller Wörter mit lang gesprochenem **i** werden mit **ie** geschrieben. Das ist also die häufigste Schreibweise, z. B.: *lieben, der Dieb, das Knie, hier, wie, schief.*
- **Wörter mit i:** Manchmal wird das lang gesprochene **i** durch den Einzelbuchstaben **i** wiedergegeben, z. B.: *mir, dir, wir, der Igel, die Bibel, das Kino.*
- **Wörter mit ih:** Nur in den Personalpronomen ***ih****r,* ***ih****m,* ***ih****n,* ***ih****nen,* ***ih****re* wird der lange i-Laut als **ih** geschrieben.

1 **Ergänze die richtige Schreibweise des langen i-Lauts in den folgenden Gedichten: ie, i, ih.**

Boy Lornsen

Das Geheimnis

Sagst du's m___r?
Dann schwör ich d___r,
will's weder ___m noch ___r,
will's n___mandem verraten.
Sagst du's m___r?
Sofort?
Gleich h___r?

Manfred Schlüter

Schicksal

Das Blatt Pap___r, noch unbeschr___ben,
wäre gern so weiß gebl___ben,
ger___t jedoch in meine Hände –
und mit der Weißheit war's zu Ende.

2 **Gesucht sind passende Verben, die mit ie geschrieben werden. Schreibe diese auf.**

A Flugzeug ______________
B Geruch ______________
C Frost ______________
D gebogen ______________
E Waage ______________
F kroch ______________

3 **Bilde Verben auf -ieren zu den folgenden Nomen. Schreibe sie in alphabetischer Reihenfolge auf.**

Transport • ~~Adresse~~ • Jubel • Linie • Charakter
Experiment • Platz • Diktat • Schatten
Zensur • Fotograf • Watte • Galopp
Information • Quittung • Kasse • Nummer
Maske • Block • Operation • Respekt
Variation • Uniform • Haus

Viele Verben haben die Endung **-ieren**, z. B.: *amüsieren, dosieren, musizieren.*

adressieren

4 **Gesucht sind hier Wörter, bei denen das lang gesprochene i durch den Einzelbuchstaben i wiedergegeben wird. Das Lösungswort bezeichnet etwas zum Lesen.**

A mit Schokolade überzogene Süßigkeit

B Treibstoff, z. B. für Autos

C Maßeinheit für Flüssigkeit

D getrocknete Traube

E du und ich

F großer altägyptischer Grabbau

G 1000 Meter sind ein ...

H zum Klingen gebrachte Noten

I großes Reptil, das in tropischen Gebieten lebt

Lösungswort:

Information **Wörter mit langem i: ieh**

Es gibt nur wenige Wörter, in denen das lang gesprochene **i** mit **ieh** geschrieben wird, z. B.: *Vieh.*

Meistens kommt diese Buchstabenkombination in Verbformen vor, z. B.: *sieh!, er stiehlt, es gedieh.* Achte auf den Vokalwechsel bei diesen Verben, z. B.: *sehen → er sieht; gedeihen → sie gedieh.*

5 **Vervollständige in der folgenden Tabelle die fehlenden Infinitive und Personalformen.**

Infinitiv	2. Person Singular Präsens	3. Person Singular Präsens	3. Person Singular Präteritum
ziehen	du ziehst		
	du siehst		
stehlen			
empfehlen			
leihen			
			er floh
	du verzeihst		

Training: Lange Vokale sicher schreiben

1 **a Löse das Silbenrätsel. Schreibe zu jeder Erklärung das passende Wort.**
b Kreise bei jedem Wort die Schreibweisen der langen Vokale ein.

| höh • Bä • ren • le | beer • ge • Him • lee | scho • Knie • ner | ger • sohn • Schwie |
| der • abend • Lie | tat • Wohl | gut • Leer | ge • Möh • mü • ren • se |

A Veranstaltung, bei der zu später Stunde gesungen wird: ______________________

B eingedickter Fruchtsaft aus kleinen roten Früchten: ______________________

C Mann der Tochter: ______________________

D Unterschlupf für große Säugetiere mit braunem oder weißem Fell: ______________________

E gekochte Karotten: ______________________

F etwas, das einem anderen guttut: ______________________

G Schutzbekleidung in der Mitte der Beine: ______________________

H Flaschen, in denen nichts mehr ist: ______________________

2 ●●● **In dem folgenden Rätselgedicht geht es um Wörter mit und ohne h. Lies das Gedicht aufmerksam, denn es hilft dir an vielen Stellen zu entscheiden, wo du ein h oder einen zweiten Vokal (Doppelvokal) eintragen musst.**

Karlhans Frank

Rechtschreibrätsel

Es fe__lt in Rom, im Do__m, in Scha__m,
es steckt in Bo__nen, Sa__ne, Ra__m,
und mit i__m zie__t man lang das O__r
(ganz anders de__nt sich aus das Mo__r,
auch das Mo__s, das macht's wie do__f),
dafür ste__t's falsch, ste__t es im Ho__f ...
Das Scha__f braucht's nicht, jedoch der Ha__n,
der Wa__l hat's nicht einmal im Tra__n,
der Ka__n schwimmt mit, der Schwa__n schwimmt ohne
(ein ro__tes Bo__t dro__t mit Kano__ne ...)
Ja, wer die Wa__l hat, hat die Qua__l,
bei ka__m und la__m und Scha__l und Pfa__l ...
Der So__n, der hat's, sein Saxofo__n
hat's nicht einmal beim schrägsten To__n ...
Ganz unbeque__m wär's bei beque__m ...
Der Töpfer findet es im Le__m ...
Der Ma__ler braucht es zum Beza__len,
und wenn er Korn zu Me__l will ma__len,
ansonsten würde es i__n stö__ren
(es sei denn, er kocht gerade Mö__ren ...)

Die Schreibung der s-Laute

Information | **Schreibweisen der s-Laute: s und ß**

1 Das **stimmhafte s** (= weicher, gesummter Laut) wird **immer mit einfachem s** geschrieben, z. B. *Vase, singen, also, seltsam.*

2 Das **stimmlose s** (= harter, zischender Laut) wird **nach einem betonten langen Vokal** oder **nach einem Diphthong** (Doppellaut: *ei, ai, au, äu, eu*) mit **ß** geschrieben, z. B.: *Maß, draußen, weiß.* Prüfe am Wortende mit der **Verlängerungsprobe:**

- Bleibt der s-Laut stimmlos, schreibst du **ß**, z. B. *weiß → weißer.*
- Wird der stimmlose s-Laut im verlängerten Wort stimmhaft, wird das Wort mit einem einfachen **s** geschrieben, z. B. *uns → unser, Haus → Häuser, Moos → Moose.*

1 **Welches Wort ist gesucht? Schreibe es auf: Jedes Lösungswort enthält einen s-Laut. Wende in Zweifelsfällen die Verlängerungsprobe an.**

	Verlängerungsprobe
A Nicht klein, sondern ______	______
B Nicht kalt, sondern ______	______
C Kein Viereck, sondern ein K______	______
D Nicht drinnen, sondern ______	______
E Leinen nicht „fest“, sondern „______“.	______

2 **Entscheide, ob die Wörter mit s oder mit ß enden, indem du die Verlängerungsprobe anwendest. Notiere die Verlängerungen zu den Wörtern.**

Prei s – Preise	D Ma ___ – ______	H Fu ___ – ______
A Spa ___ – ______	E Gla ___ – ______	I Gru ___ – ______
B Klo ___ – ______	F Flei ___ – ______	J Hau ___ – ______
C Gan ___ – ______	G Grei ___ – ______	K Gefä ___ – ______

3 **s oder ß? In der Wörterflagge wechseln sich Nomen und Verben ab. Schreibe die Wörter auf. Tipp: Achte auf die richtige Groß- und Kleinschreibung.**

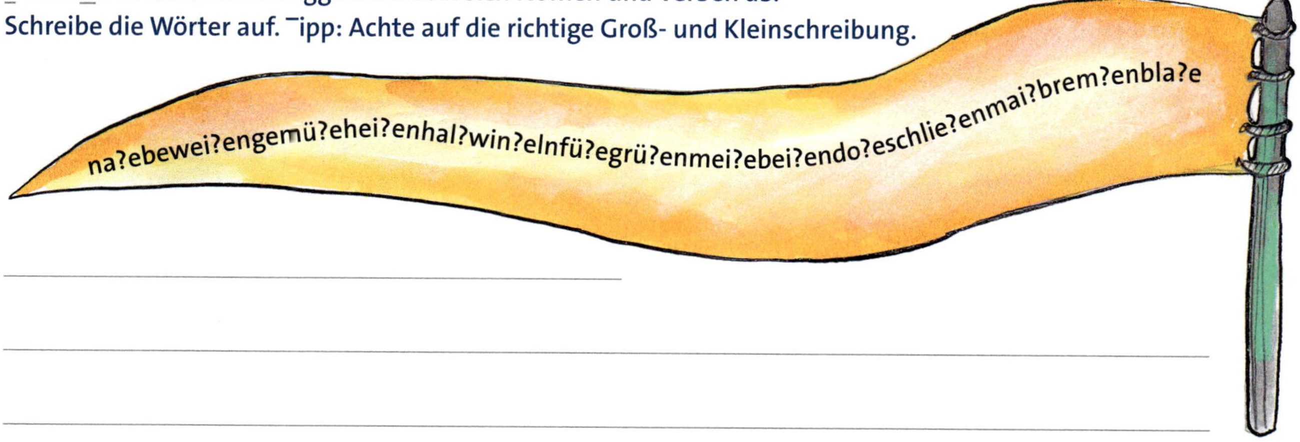

______

______

______

Information **Schreibweise für den s-Laut nach einem betonten kurzen Vokal: ss**

Nach einem betonten kurzen Vokal wird das **stimmlose s** (= harter, gezischter s-Laut) meist mit **ss** geschrieben, z. B.: *müssen, Wasser, Kissen, Fluss, Kuss.*

4 **a Finde zu den beiden folgenden Wörtern Reimwörter und schreibe sie auf.**
b Alle Reimwörter sind Einsilber. Schreibe die verlängerte Form auf und setze einen Punkt unter den betonten kurzen Vokal.

A Bass F______ n______ kr______ A______

B Schluss Sch______ K______ Fl______ m______

A *Bässe,* ______

B ______

s-Laute sicher unterscheiden

5 **Füge im folgenden Dialog die fehlenden s-Laute ein.**
Tipp: Kläre die Schreibweise, indem du die Vokale vor den fehlenden s-Lauten prüfst.
Setze einen Punkt unter kurz gesprochene Vokale (ss) und ziehe einen Strich unter lang gesprochene Vokale/Diphthonge (s oder ß).

Diphthonge wie z. B. **au, äu, eu, ei** werden immer lang gesprochen.

Emma: „Lass uns im Sims-Spiel Pflanzen gie*ß*en,
statt dauernd Monster zu erschie___en!"

Tom: „Das macht mir aber keinen Spa___!"

Emma: „Doch ich seh' gern die Blumen sprie___en!"

Tom: „Du und dieses Computerspiel – ohne Ma___!"

Emma: „Außerdem wollen die Sims etwas e___en,
und zwar nicht irgendeinen Fra___."

Tom: „Du bist von diesem Spiel bese___en!"

Emma: „Ach, was kannst denn du schon wi___en?"

Tom: „Was ich weiß? Du bist sehr verbi___en."

6 **a Bilde für die folgenden Verben die 3. Person Plural im Präteritum. Schreibe sie ins Heft.**
b Erkläre jeweils für den Infinitiv und die Personalform die Schreibweise des s-Lautes.

lassen	schmeißen	fressen	beißen	vergessen	genießen

Information **Wechsel von ss und ß in Wortfamilien**

Nach einem betonten kurzen Vokal wird das **stimmlose s** (= harter, gezischter s-Laut) mit **ss** geschrieben, z. B.: *müssen, Wasser, Kissen.*

- Manche **Verben** haben in ihren Verbformen einen Wechsel von **ss** und **ß**, z. B.: *essen – sie aßen, reißen – wir rissen, wissen – ich weiß.*
- Auch bei **verwandten Wörtern** können **ss** und **ß** wechseln, z. B.: *schießen – der Schuss.*
- Auch hier gilt: Nach einem betonten kurzen Vokal schreibt man **ss,** nach einem betonten langen Vokal oder einem Diphthong schreibt man **ß.**

7 **Bilde rund um das Verb schließen eine Wortfamilie: Du kannst auch Wortzusammensetzungen und Ableitungen suchen. Schreibe die neuen Wörter in das Riesenrad und achte auf den Wechsel von ß und ss.**

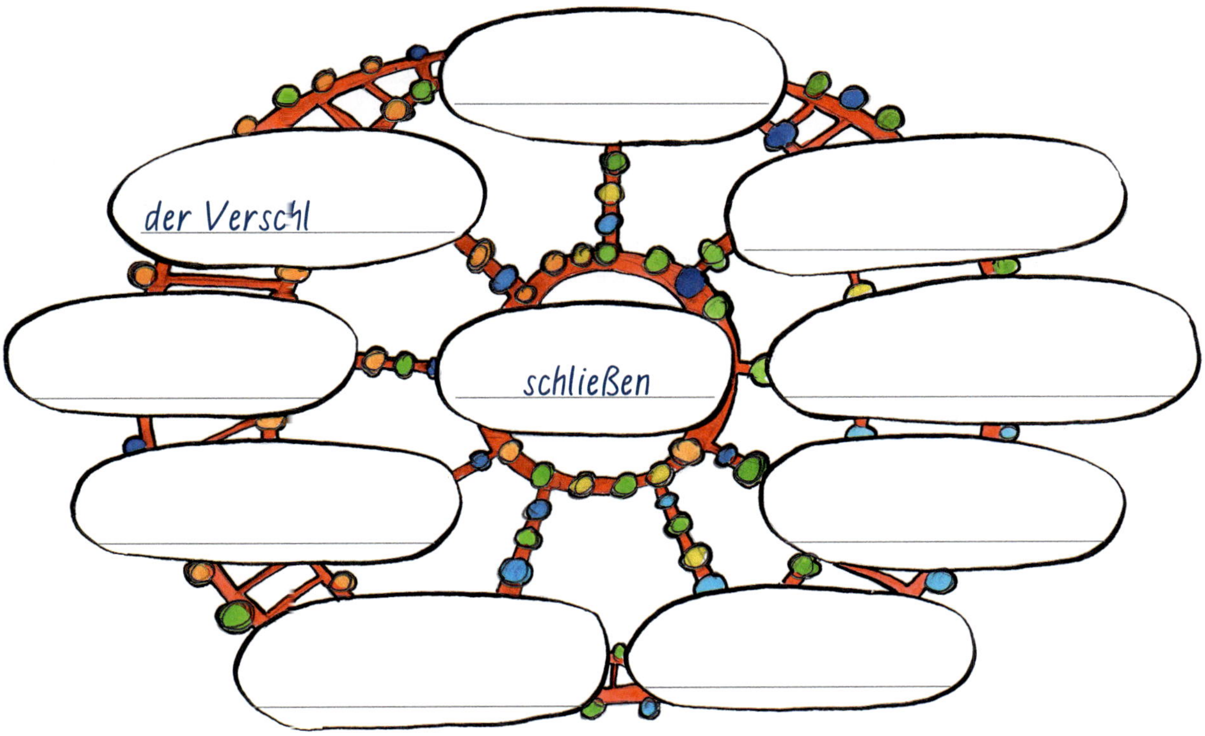

8 **Ergänze zu jedem der folgenden Verben fünf Wörter aus der Wortfamilie. Achte beim Aufschreiben auf den Wechsel von ß und ss. Der Vokal im Wortstamm kann sich bei den Wörtern einer Wortfamilie verändern.**

genießen: Genuss, ______

fließen: ______

fressen: ______

9 **Bilde mit den Wörtern von Aufgabe 8 zwei weitere Sätze. Versuche, jedes Wort im Satz mit demselben Buchstaben beginnen zu lassen.**

Gärtnerin Greta genoss genießerisch große grüne Gurken.

______

______

Rechtschreibung trainieren: s-Laute

1 **Trage in die Lücken des folgenden Textes jeweils den richtigen s-Laut ein: s, ss oder ß. Prüfe die Länge der betonten Vokale. Wenn du unsicher bist, wende die Verlängerungsprobe an. Schlage in Zweifelsfällen im Wörterbuch nach.**

Gamen, Zocken, Daddeln – die Me___e für Computerspiele ist eröffnet

Welch ein Andrang vor den noch geschlo___enen Toren der Gamescom, der grö___ten Computerspielmesse Europas! Endlo___e Menschenschlangen, gewaltige Besucherma___en, soweit das Auge reicht. Tau___ende Be___ucher ver___ammeln sich nach langer Anrei___e und trotz hoher Eintrittsprei___e schon in den frühen Morgenstunden, um eingela___en zu werden. Manche pre___en sich für einen Blick auf die Prä___entationen die Na___en an den Gla___türen platt, um ja nichts zu verpa___en.

Wer es hineinschaffte, konnte sich von einer rie___igen Auswahl an Spielen fe___eln la___en. Schon im vergangenen Jahr verga___en die begeisterten Gamer vor den Bildschirmen jedes Ma___, soda___ mancher nach Ablauf der Spielzeit von den Wartenden fast vom Sitz gesto___en werden mu___te.

Die Veranstalter der Gamescom feiern abschlie___end über das au___erordentlich po___itive Ergebnis. Im nächsten Jahr werden die Öffnungszeiten verlängert.

2 **Was wird hier gesucht? Notiere die Nomen unter den Bildern und denke an den s-Laut.**

_____________ - _____________ _____________ - _____________ _____________ - _____________

3 **Fülle die Lücken mit s-Lauten und vervollständige den zweiten Satz mit weiteren s-Wörtern.**

Na___enbären gra___en gern, wenn der Ra___en na___ ist.

Strau___enweibchen wi___en, da ______ ____

____

Teste dich!

Kurze Vokale, lange Vokale, s-Laute

1 **a** **Unterstreiche im folgenden Text sieben Fehler. (7 Punkte)**
b **Schreibe die Fehlerwörter verbessert ins Heft. (7 Punkte)**

VORSICHT FEHLER!

Diebe haben kurze Stöke

Es war einmal ein König, der war der größte Herscher weit und breit. Das Geheimnis seiner Kraft lag in einem Ring, der ihm Unverlezlichkeit verlieh. Nie zog er diesen tollen Ring aus. Nur beim Baden muste er das Schmuckstükk ablegen. Eines Tages verließ er die Wane und ging zum Versteck, aber der Ring war verschwunden. Der König raufte sich die Haare. Wer hatte seinen Schaz gestohlen?

2 **Entscheide für jede der folgenden Lücken im Text, wie der Vokal im Rahmen zu schreiben ist. Trage ihn mit der richtigen Schreibweise in die Lücke ein. (14 Punkte)**

Sofort rannte der K____rig [ö] in gr____ßer [o] Panik zum weisen Zauberer Zafusa und berichtete, was ____m [i] widerf____ren [a] war. Dieser beruhigte ____n [i] und ließ den ganzen Hofst____t [a] rufen. Vor der versammelten Gruppe legte er v____le [i] Stöcke in die Mitte, welche alle exakt das gleiche M____ß [a] hatten, vollf____rte [ü] einen wilden Tanz und sprach m____gische [a] Zauberworte. Schl____ßlich [i] erhielt jeder einen Stock. Zafusa bef____l [a] allen D____nern [i] und Verwandten, am nächsten Morgen mit den Stöcken w____derzukehren [i].

3 **s, ß oder ss? Trage richtig in die Lücken des folgenden Textes ein. (13 Punkte)**

Der Lieblingsfrau des Königs aber erzählte der wei____e Zafusa – wobei er zu Verschwiegenheit mahnte –, dass der Stock des Diebes über Nacht um eine Fu____länge wachsen würde. Bald werde man darum wi____en, wer es war. Die Frau aber verriet ihr Geheimni____ den Hofdamen im Hau____, am Ende wu____te der ganze Hof Bescheid. Vor Sonnenaufgang, es war noch nicht hei____, lie____en sich alle im gro____en Saal nieder. Was war schlie____lich geschehen? Kein Stock war gewachsen, aber einer war um einen Fu____ kürzer. „Nun wei____ ich, wer es war!“, sprach Zafusa. Woher wu____te er es?

Vergleiche deine Ergebnisse mit dem Lösungsheft. Für jede richtige Antwort bekommst du einen Punkt.

☺ 41–31 Punkte	😐 30–20 Punkte	☹ 19–0 Punkte
Gut gemacht!	Gar nicht schlecht, aber lies dir die Merkkästen auf den Seiten 86 bis 98 noch einmal genau durch.	Arbeite die Seiten 86 bis 98 noch einmal sorgfältig durch.

Groß- und Kleinschreibung

Information **Nomen an ihren Begleitwörtern erkennen**

Satzanfänge und Nomen werden **großgeschrieben.**
Nomen kann man im Satz meist an Begleitwörtern erkennen, die ihnen vorausgehen.

Begleitwörter sind:
- ein **Artikel** (bestimmter oder unbestimmter), z. B.: *die Zwerge, ein Streit.*
- ein **Pronomen** (z. B. Possessiv- oder Demonstrativpronomen), z. B.: *mein Zauberstab, dieser Spruch.*
- eine **Präposition,** die mit einem Artikel verschmolzen sein kann, z. B.: *bei Nacht, beim (bei + dem) Minister, im (in + dem) Kessel.*
- ein **Adjektiv,** z. B.: *ein mächtiger Zauberspruch, winzige Zwerge.*
- ein **Zahlwort,** z. B.: *vier Winde, zwei Riesen.*

1 **Umkreise im folgenden Text alle Nomen und unterstreiche ihre Begleitwörter. Wende die Artikelprobe an, um Nomen ohne Begleitwort zu erkennen.**

Im Satz steht nicht immer ein Begleiter vor einem Nomen. Wende die **Artikelprobe** an: Wenn du in Gedanken ein Begleitwort (z. B. einen Artikel) ergänzen kannst, handelt es sich um ein Nomen, z. B.: *Riesen und Zwerge im Buchstabenland → die Riesen – nette Zwerge.*

die *nette*

Es war einmal: Riesen und Zwerge im Buchstabenwettstreit

Vor tausend Jahren gab es einen großen Wettstreit zwischen den Riesen und den Zwergen hinter den sieben Bergen. Lange Zeit hatten die Zwerge die Vorherrschaft über das Feld der Schrift inne, sie waren wendig und schnell. Aber nach und nach wurden Buchstaben von den Riesen erobert und in ihrer geheimen Kiste versteckt. Bald entstand ein großes Durcheinander unter den Buchstaben. Ein Jammer! Drei Jahre lang suchte man kluge Schiedsrichter. Es waren Elfen und sie gaben ein ausgewogenes Regelwerk vor, von dem nur in Ausnahmefällen abgewichen werden durfte. Die Elfen verkündeten ihr Regelwerk: Die Buchstaben sollten die Zwerge in ihrem Spielfeld behalten dürfen. Ein Satzanfang sowie die Namen und die Nomen durften jedoch mit einem riesenhaften Anfangsbuchstaben versehen werden. Damit Zwerg wie Riese sogleich erkennen könnte, wo ein Nomen folgt, sollte dieses durch ein Begleitwort angekündigt werden.

2 **Notiere im Heft für jedes umkreiste Nomen von Aufgabe 1, welche Begleitwörter es hat.**

Nominalisierungen

Information **Nominalisierungen: Großschreibung von Verben und Adjektiven**

Verben oder Adjektive schreibt man **groß**, wenn sie im Satz als Nomen verwendet werden, z. B. *das **Aufräumen*** (Verb), *sein **Sauberstes*** (Adjektiv). Diesen Vorgang nennt man **Nominalisierung.**

Du kannst Nominalisierungen an denselben **Begleitwörtern** erkennen, die auch auf Nomen hinweisen.

Tipp: Mit Hilfe der **Artikelprobe** erkennst du auch Nominalisierungen. Wenn du in Gedanken ein Begleitwort (z. B. einen Artikel) ergänzen kannst, handelt es sich um eine Nominalisierung, z. B.:
*Kinder mögen **Aufräumen** nicht.* → das Aufräumen
*Selten sammeln Zauberhände **Schmutziges** ein.* → das Schmutzige

1 **a Umkreise im folgenden Text drei nominalisierte Adjektive und sechs nominalisierte Verben.**
b Unterstreiche ihre Begleitwörter.

Zauberhafte Roboter

In Hintertupfing hinter den sieben Bergen träumt man davon, das Tagewerk bald technischen Hausgeistern zu überlassen. Diese kommen in der Nacht und werden wie im Spiel und in kürzester Zeit erledigen, was die faulen Hintertupfinger liegen lassen. Das Leise und unglaublich Freundliche der kleinen Wesen, die man Putzrobos nennen will, wird diesen große Sympathie einbringen. Der Hintertupfinger wird sich fortan vorwiegend dem Pflegen seines Bauches und dem Schnarchen in der Hängematte widmen. Das Grillen von Würstchen und das Herstellen von Limonaden werden die Putzrobos ganz bestimmt flink lernen. Sie hüpfen dann vom Dach bis in den Keller, ihr fleißiges Lärmen erklingt nicht lauter als das Sirren einer Mücke. Wenn menschliche Ohren es wahrnehmen, wird dieses Geräusch das Schönste für sie sein, verspricht es doch ein Leben ohne Mühe.

2 **Trage im folgenden Text die vorgegebenen Verben in die Lücken ein.**
Prüfe, wo es sich um eine Nominalisierung handelt. Wenn du unsicher bist, hilft dir die Artikelprobe.

Es gibt Putzrobos, die im ______________ [putzen] und ______________ [wienern] der Badezimmer ihr Glück finden. Andere bevorzugen die Böden, ______________ [schrubben] und ______________ [saugen] ist ihre liebste Beschäftigung. Wieder andere sieht man beim kunstvollen ______________ [stricken] und ______________ [nähen], einige beim ______________ [bügeln] bunter T-Shirts. Wenn die menschlichen Faulpelze morgens erwachen, haben die kleinen Putzrobos deren Arbeit schon erledigt. Würdest du dir auch einen kleinen Roboter ______________ [wünschen], der nachts dein Zimmer aufräumt?

Information **Indefinitpronomen (unbestimmte Fürwörter) als Nomenbegleiter**

Indefinitpronomen sind Wörter, mit denen man eine **ungefähre Menge oder Anzahl** angibt, z. B.: *etwas, alles, nichts, kein, viel, wenig, allerlei, ein paar, genug, manches.*
Sie stehen häufig vor nominalisierten **Adjektiven,** z. B.: *etwas* ***G****utes, viel* ***I****nteressantes, wenig* ***N****eues.*

3 **Setze ein Indefinitpronomen mit einem Adjektiv zusammen und schreibe diese Wendung auf.**

Indefinitpronomen

~~nichts~~ alles genug manches etwas allerlei wenig viel

Adjektiv

~~neu~~ interessant aufregend überraschend verwirrend erstaunlich außergewöhnlich gut

nichts Neues, ______________________________

____

____

4 **Setze die Adjektive in die Lücken ein.**
Die Indefinitpronomen zeigen dir, wo Nominalisierungen gefragt sind.
Achte auf die Endungen und auf die Groß-und Kleinschreibung.

Planeten, Riesen und Zwerge im Weltall

Nina und Anna unternahmen in den Ferien im Planetarium eine virtuelle [virtuell] Reise mit dem ______ [schnell] Raumkreuzer. Gleich zu Beginn des spannenden Unternehmens gab es viel ______ [beeindruckend] zu sehen: die Planeten Merkur und Venus und die ______ [leuchtend] Sonne mit ihren Materialausbrüchen. Plötzlich erblickten sie etwas ______ [gigantisch]: keine Planeten, sondern ______ [gewaltig] Sterne, in der Fachsprache „Riesen" genannt, hinter denen sich allerlei ______ [winzig] verbarg. Nina und Anna erfuhren, dass es sich hierbei um sogenannte Zwergsterne handelt, von denen einige noch eine ______ [erstaunlich] Entwicklung zum Riesen durchlaufen können. Auf ihrem Rückflug zur Erde erlebten die beiden Freundinnen noch mehr ______ [abenteuerlich], denn der Planet Mars zeigte sich von seiner ______ [stürmisch] Seite. „Auf der Erde lebt es sich wirklich ______ [angenehm]!", rief Anna lachend.

Kleinschreibung bei Adjektiven im Superlativ

Information **Kleinschreibung bei Adjektiven im Superlativ**

Adjektive im Superlativ mit am (z. B. *am schnellsten*) werden **kleingeschrieben.** Das Wort am ist hier kein Begleitwort, sondern es gehört zum Superlativ (2. Steigerungsstufe, ▸ S. 43).

1 **In den folgenden Äußerungen werden Adjektive sowohl in ihrer nominalisierten Form als auch im Superlativ verwendet. Setze richtig ein und achte besonders auf die Groß- und Kleinschreibung.**

Interview mit einem Biologen: Rekorde von Riesen und Zwergen im Tierreich

A **schnell**

Welches Tier ist von allen am ______________________?

Unter den Läufern ist es auf kurzen Entfernungen der Gepard, während im Flug der Mauersegler mit bis zu 200 km/h der ______________________ ist.

B **langsam**

Weiß man auch, welches das ______________________ unter den Tieren ist?

Unter den Säugetieren ist das Faultier am ______________________.

C **groß**

Ist bekannt, wer im Tierreich am ______________________ ist?

Unter allen Fischen stellt in diesem Bereich der Walhai den Rekord auf, aber die ______________________ unter den Spinnen ist die Riesenvogelspinne.

D **klein**

Sagen Sie mir doch, welches das ______________________ unter den Insekten ist?

Wie schon der Name sagt, ist die Zwergwespe am ______________________.

E **gut**

In welcher Disziplin ist eigentlich der Mensch der ______________________?

Er kann am ______________________ über sich selbst lachen.

Rechtschreibung trainieren: Eigendiktat

Methode **Ein Eigendiktat durchführen**

1 Lies den ganzen Text einmal durch.
2 Lies jeden Satz erneut und unterteile ihn durch Striche | in Sinneinheiten.
3 Präge dir je eine Sinneinheit ein und schreibe sie aus dem Gedächtnis auf.
4 Kontrolliere das Aufgeschriebene genau, indem du es Wort für Wort mit dem Diktattext abgleichst.
5 Verbessere Fehlerwörter.

Tipp: Wenn du einen Lernpartner oder eine Lernpartnerin hast, könnt ihr auch ein **Partnerdiktat** durchführen. Diktiert euch gegenseitig und überprüft und verbessert die geschriebenen Texte gemeinsam.

1 **Der folgende Textanfang ist bereits in Sinnabschnitte unterteilt (→ Schritt 2 des Methodenwissens).**
Führe die Schritte 1, 3, 4 und 5 des Eigendiktats durch.
Tipp: Achte bei der Kontrolle des Geschriebenen besonders auf Nominalisierungen.

(erzählt nach) Oscar Wilde

Der selbstsüchtige Riese

Wenn die Kinder am Nachmittag aus der Schule kamen, | gingen sie immer zum Spielen | in den Garten des Riesen. | Hier gab es Wunderschönes zu sehen: | prächtige Blumen und zahlreiche Pfirsichbäume, | die im Frühjahr zarte Blüten | in den Farben Rosa und Perlweiß hervorbrachten | und im Herbst reiche Früchte trugen. | Die Kinder hörten den Vögeln gern beim Singen zu | und riefen ein wenig ausgelassen: | „Am schönsten ist es doch im Garten des Riesen!“ | Doch eines Tages passierte etwas Unerwartetes. | Der Riese kehrte nach sieben Jahren | in sein Schloss zurück. | Als er dort ankam, | sah er die Kinder in seinem Garten spielen. | „Was macht ihr hier Verbotenes?“, | schrie der selbstsüchtige Riese, | errichtete eine hohe Mauer | rings um den Garten | und stellte ein Schild auf: | Das Betreten des Gartens ist bei Strafe verboten!

2 **Führe mit dem folgenden Textabschnitt ein Eigendiktat durch.**

Die armen Kinder hatten nun keinen Ort mehr, wo sie etwas Schönes spielen konnten. Dann kam der Frühling, nur im Garten des Riesen war immer noch Winter. Man hörte dort keine Vögel zwitschern und man sah nichts Blühendes, weil keine Kinder mehr da waren. Die Natur hatte sich zum Schlafen zurückgezogen. „Ich kann nicht verstehen, was hier Merkwürdiges passiert ist“, beklagte sich der Riese, als er seinen kalten und weißen Garten erblickte. Eines Morgens hörte der Riese etwas Herrliches. Er hatte ganz vergessen, wie schön das Singen eines Vogels in seinen Ohren klingen konnte! „Ich glaube, nun kommt der Frühling doch noch!“, rief der Riese erfreut, sprang aus seinem Bett und guckte nach draußen. Und was sah er da? Die Kinder waren durch ein kleines Loch in der Mauer in den Garten gekrochen und saßen nun auf den Zweigen der Bäume, die vor lauter Freude wieder blühten. Der Riese konnte endlich das Erwachen der Natur beobachten und bemerkte reumütig: „Ich werde sofort mit dem Niederreißen der Mauer beginnen.“

Teste dich!

Groß-und Kleinschreibung

1 Entscheide, wie diese Regeln richtig lauten. (7 Punkte)
Streiche bei jeder Unterlegung das falsche Wort.

A Satzanfänge, Namen, Nomen und Nominalisierungen werden kleingeschrieben/großgeschrieben.

B Nominalisierungen haben dieselben/andere Begleiter wie Nomen. Es sind:

- Relativpronomen/Artikel,
- Pronomen/Personalformen,
- Präpositionen/Konjunktionen,
- Adjektive/Adverbien,
- Zeitwörter/Zahlwörter.

2 Hier ist bis auf die Satzanfänge alles kleingeschrieben. (8 Punkte)
a Unterstreiche alle Nomen und Nominalisierungen und ihre Begleitwörter.
b Schreibe die Sätze verbessert auf die Zeilen darunter.

Einem traum nach ereignet sich in einer großen stadt bald etwas wunderbares.

____

Jede nacht kommen in die haushalte und einige handwerksbetriebe viele kleine roboter zum arbeiten.

____

3 Streiche im folgenden Text die falschen Buchstaben der markierten Wortanfänge durch. (15 Punkte)

Die Putzrobos sind die ganze Nacht mit P/putzen, B/bügeln, B/backen und allem E/erdenklichen beschäftigt, sie kochen sogar manches K/köstliche. Für Handwerker erledigen sie das S/sägen und S/schrauben, am B/besten ist, dass sie sogar das S/schweißen beherrschen. Jeder erwartet etwas G/großartiges von ihren T/taten. Da die Vordertupfinger bestimmt am N/neidischsten von allen Nachbachdörfern wären, würden sie den F/fleißigen Putzrobos vielleicht die Batterien stehlen. Dann geschähe das S/schrecklichste, das man sich kaum vorstellen will: Die Putzrobos würden stillstehen, die Hintertupfinger müssten wieder selbst A/arbeiten.

4 Schreibe alle Indefinitpronomen auf, die im Text von Aufgabe 3 vorkommen. (3 Punkte)

____

Vergleiche deine Ergebnisse mit dem Lösungsheft. Für jede richtige Antwort bekommst du einen Punkt.

☺ 33–26 Punkte	☺ 25–17 Punkte	☹ 16–0 Punkte
Gut gemacht!	Gar nicht schlecht, aber lies dir die Merkkästen auf den Seiten 100 bis 104 noch einmal genau durch.	Arbeite die Seiten 100 bis 104 noch einmal sorgfältig durch.

Ich teste meinen Lernstand

Wie kannst du mit der folgenden Einheit arbeiten?

1 Der folgende Test (S. 106 – 111) hilft dir zu erkennen, was du im Fach Deutsch schon alles gelernt hast: Was weiß ich? Was kann ich? Wo bin ich noch unsicher? Wo habe ich Lücken?
Du kannst mit dem Test verschiedene Bereiche prüfen:
- das **Verstehen von Texten** (Aufgaben Teil A),
- **Grammatik** (Aufgaben Teil B),
- **Rechtschreibung** (Aufgaben Teil C) und
- das **Schreiben von Texten** (Aufgaben Teil D).

Du kannst den Test am Ende des Schuljahres durchführen, wenn du wissen willst, ob du erfolgreich gelernt hast. Du kannst aber auch in der Mitte des Schuljahres testen, in welchen Bereichen du Schwächen hast und wo du noch einmal besonders üben musst.

2 In dem Test begegnen dir verschiedene **Aufgabenarten**, z. B.: in einer Auswahl an möglichen Antworten die richtige ankreuzen (Multiple-Choice), Lückentexte richtig ausfüllen, Kurzantworten geben oder zu Grafiken und Stichworten einen Sachtext schreiben.

3 Lies die Texte und die **Aufgabenstellungen** immer sehr aufmerksam und überlege, bevor du z. B. vorschnell ankreuzt, ob du jeweils **genau verstanden** hast, was verlangt wird.

4 Du kannst deine Antworten mit Hilfe des Lösungsheftes selbst prüfen und anhand der erreichten Punktzahl deinen **Lernstand bewerten.**
Vielleicht kannst du den Test auch zusammen mit einem Partner/einer Partnerin schreiben. Abschließend könnt ihr eure Fehlerschwerpunkte feststellen und beraten, was noch einmal geübt werden sollte.

Dem größten Raubtier auf der Spur

Die Männer in dem kleinen roten Schlauchboot starren angestrengt auf die Meeresoberfläche. Sie sind auf der Jagd nach dem größten Raubtier der Erde – dem Pottwal. Schon seit Tagen verfolgen sie eine kleine Walfamilie im Golf von Mexiko. Doch anders als Kapitän Ahab aus dem berühmten Roman „Moby Dick" wollen sie die Zahnwale nicht harpunieren. Die Forscher von der schottischen Universität St. Andrews möchten nur mehr über die Lebensweise der Meeresriesen erfahren.

Das stellt eine schwierige Aufgabe dar. Pottwale tauchen innerhalb von Minuten auf 1 000 Meter Wassertiefe und halten sich dort teilweise länger als eine Stunde auf. Kein Mensch kann ihnen auf diesen Tauchgängen folgen.
Meeresbiologen gehen davon aus, dass die Wale in den Tiefen ihre Leibspeise jagen – Riesenkalmare von mehreren Metern Länge. Dabei lassen sich die Kalmare nicht kampflos fressen. Das kann man an tiefen Narben auf der Haut von Pottwalen erkennen, die von den Schnäbeln und Saugnäpfen der Tintenfische stammen.

Bisher war es für die Forscher allerdings ein Buch mit sieben Siegeln, wie die Wale ihre Beute in völliger Dunkelheit finden können. Die Wissenschaftler wollen die Tiere während der Tauchgänge belauschen, um herauszufinden, was genau die Wale in der Tiefe tun. Dazu müssen sie mit Hilfe einer 12 Meter langen Stange einen tellergroßen Saugnapf auf der Haut eines aufgetauchten Tieres befestigen. Daran hängt eine wasserdichte Kapsel, die Messge-

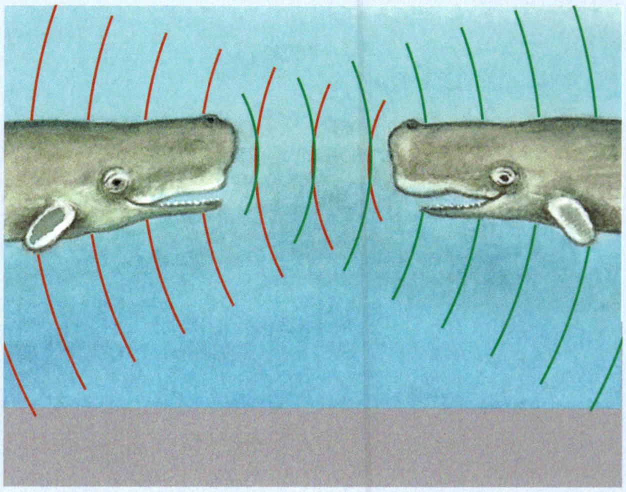

räte enthält. Diese zeichnen die Wassertiefe und die Bewegungsrichtung des Wals auf. Damit kann man das Tier jederzeit genau orten. Dazu kommt ein Art Rekorder, der Geräusche aufzeichnen kann. Ebenso wie Delfine und Orcas verfügen Pottwale nämlich über ein ausgeklügeltes Ortungssystem, das auf Schall basiert. Sie stoßen hohe, äußerst laute Klicklaute und Quietschen aus. Die Forscher glauben, dass Pottwale in der Finsternis der Tiefsee mit Hilfe dieses Systems ihre Beute aufspüren, indem sie sich am Echo der Geräusche orientieren.

☐ In den folgenden Tagen gelingt es den Wissenschaftlern, mehreren Walen die Kapsel anzuhängen. Aus den Messdaten kann man erkennen, dass die Tiere bei der Suche nach Kalmaren tatsächlich ihr Schallsystem einsetzen. Wenn sich ein Echo nach Tintenfisch anhört, preschen sie in die entsprechende Richtung und steigern die Zahl der ausgesandten Quietschlaute. Das ist ein typisches Verhalten für Tiere, die ihre Beute mit Hilfe von Schall orten. Damit wissen die Forscher jetzt, wie die Wale ihren Fang in absoluter Dunkelheit machen können.

A Den Text verstehen

Lies den Text über Pottwale und löse die folgenden Aufgaben.
Beachte: Bei Multiple-Choice-Aufgaben ist immer nur eine Lösung richtig.

Aufgabe 1

Kreuze die richtige Antwort an. Bei dem Text handelt es sich um ... **1 Punkt**

A ☐ einen Lexikonartikel zum Jagdverhalten des Pottwals.
B ☐ einen Bericht von Walforschern über das Jagdverhalten von Pottwalen.
C ☐ einen Sachtext über die Erforschung der Lebensweise von Pottwalen.
D ☐ eine spannende Erzählung zur Lebensweise der Pottwale.

☐ Punkt

Aufgabe 2

Der Text hat vier Sinnabschnitte: Nummeriere sie im Text. **4 Punkte**
Welche der folgenden Überschriften passt zu welchem Abschnitt? Trage die Nummer ein.

A ☐ Kampf in der Tiefe
B ☐ Beweis erbracht
C ☐ Dem Jäger auf der Spur
D ☐ Belauschtes Quietschkonzert

☐ Punkte

Aufgabe 3

Kreuze für jede der folgenden Aussagen an, ob sie richtig oder falsch ist. **7 Punkte**

	richtig	falsch
A Pottwale können auch bei absoluter Dunkelheit sehen.	☐	☐
B Orcas, Pottwale und Delfine jagen mit Hilfe von Schall.	☐	☐
C Schottische Wissenschaftler harpunieren Pottwale.	☐	☐
D Riesenkalmare kämpfen mit Pottwalen.	☐	☐
E Ein Rekorder zeichnet die Laute der Pottwale auf.	☐	☐
F Pottwale jagen Delfine und Orcas.	☐	☐
G Pottwale orientieren sich am Echo ihrer Laute.	☐	☐

☐ Punkte

Aufgabe 4

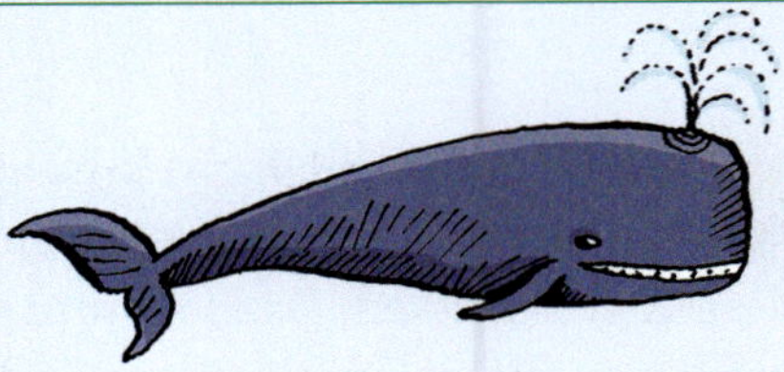

Kreuze die richtige Antwort an. **1 Punkt**

A ☐ Pottwale werden mit tellergroßen Saugnäpfen gejagt.

B ☐ Pottwale spüren Riesenkalmare mit tellergroßen Ortungssystemen auf.

C ☐ Riesenkalmare verjagen Pottwale mit ihren Schnäbeln und Saugnäpfen.

D ☐ Riesenkalmare verwunden Pottwale mit ihren Schnäbeln und Saugnäpfen.

☐ Punkt

Um folgende Aufgaben zu lösen, musst du die entsprechenden Textstellen noch einmal genau lesen.

Aufgabe 5

Schreibe auf: Wie erkennen Pottwale ihre Beute in völliger Dunkelheit? **3 Punkte**

____

☐ Punkte

Aufgabe 6

Kreuze die richtige Antwort an. Die Redewendung „ein Buch mit sieben Siegeln" (Z. 23 f.) bedeutet: **1 Punkt**

A ☐ etwas, das in Büchern steht.

B ☐ etwas, das sehr rätselhaft ist.

C ☐ etwas, das man später erfährt.

D ☐ etwas, das man leicht herausfinden kann.

☐ Punkt

Aufgabe 7

Kreuze die richtige Antwort an. Das Wort „ausgeklügelt" (Z. 37) bedeutet: **1 Punkt**

A ☐ gut ausgedacht

B ☐ gut versteckt

C ☐ kugelig

D ☐ besonders ausgedehnt

☐ Punkt

B Grammatik

Aufgabe 8

Bestimme die unterstrichenen Satzglieder, Attribute und Nebensätze im folgenden Text. Trage die Nummern der Satzglieder an der richtigen Stelle in die Tabelle auf Seite 109 ein. **16 Punkte**

Free Willy – Ruf der Freiheit (1)

Der erste Teil _der Kinofilmserie_ [1] gilt _einer außergewöhnlichen Freundschaft_ [2]. _Der 12-jährige Jesse_ [3] _muss_ [5] _im Vergnügungspark_ [4] eine Strafe _abarbeiten_ [5]. Dort freundet er sich mit dem Orca Willy an, _der als Jungtier gefangen wurde_ [6]. Jesse bringt dem Wal _Kunststücke_ [7] bei. Aber beim Auftritt vor Publikum _will_ [8] Willy seine Tricks nicht _zeigen_ [8]. Als Jesse sich von Willy verabschiedet, findet _er_ [9] heraus, dass der Parkbesitzer das Tier töten will. _Mit Hilfe der Mitarbeiter des Parks_ [10] kann er _Willy_ [11] befreien und _im Meer_ [12] aussetzen. Der Parkbesitzer, _der die Retter verfolgt hat_ [13], versperrt _ihnen_ [14] den Weg ins _offene_ [15] Meer. Doch Willy gelingt die Flucht _mit einem gewaltigen Sprung in die Freiheit_ [16].

Satzglieder	Nummer	Satzglieder	Nummer
Subjekt	______	Adverbiale Bestimmung des Ortes	______
Prädikat	______	Adverbiale Bestimmung der Art und Weise	______
Akkusativobjekt	______	Attribut	______
Dativobjekt	______	Relativsatz	______

[ ] Punkte

Aufgabe 9

Setze in den folgenden Sätzen die Infinitive in das angegebene Tempus. Beachte die Personalform. **5 Punkte**

Free Willy – Freiheit in Gefahr (2)

Plusquamperfekt Willy ______ inzwischen im Meer seine Familie ______. [wiederfinden]

Präteritum Jesse ______ den Wal dort Jahre später wieder. [treffen]

Perfekt Nach einem Tankerunfall ______ Öl die Tiere ______. [einschließen]

Präsens Die Situation ______ durch Feuer außer Kontrolle. [geraten]

Futur I ______ Jesse den Wal noch einmal ______? [retten]

[ ] Punkte

Aufgabe 10

Was fehlt im Text? Setze in jede Lücke [ ] die Nummer eines der angebotenen Nomen oder einer Wortgruppe. **9 Punkte**
Welcher Kasus ist richtig? Notiere [ ]: N = Nominativ, D = Dativ, A = Akkusativ oder G = Genitiv.

1 Der ältere Junge | 2 seine Einstellung | 3 einen Ferienjob | 4 das Walfangschiff | 5 der Wale | 6 das Forschungsschiff | 7 Er | 8 seinem Vater | 9 des Walfangs

Free Willy – Die Rettung (3)

Der inzwischen 17-jährige Jesse nimmt [ ] [ ] auf einem Forschungsschiff an. [ ] [ ] hofft, Willy wiederzutreffen. In der Nähe lernt der 10-jährige Kapitänssohn Max von [ ] [ ] die Technik [ ] [ ]. Bei einem Jagdversuch gerät Max unter Wasser und wird vom Orca Willy gerettet. Max ändert seine Meinung über Wale. Als Jesse [ ] [ ] ausspioniert, freundet er sich mit Max an. [ ] [ ] zeigt dem jüngeren die wahre Natur [ ] [ ]. Als es erneut Jagd auf Willy macht, rammt [ ] [ ] das Walfangschiff. Max' Vater geht dabei über Bord und wird ebenfalls von Willy gerettet. Auch der Kapitän ändert nun [ ] [ ] über Wale.

[ ] Punkte

C Rechtschreibung

Aufgabe 11

Auf einer Kinder-Website für Filme kann man eigene Filmbesprechungen einstellen. Für die Veröffentlichung sollten sie fehlerfrei sein. Dieser Entwurf enthält noch einige Fehler. Unterstreiche die falsch geschriebenen Wörter im Text und verbessere sie in der rechten Spalte. **10 Punkte**

Free Willy – Rettung aus der Piratenbucht

VORSICHT FEHLER!

Die 12-jährige Kirra aus Australien reist zu ihrem Grosvater nach Südafrika, der dort den Freizeitpark „Piratenbucht" betreipt. Während eines Gewiters verliert ein Orcababy seine Familie und verirt sich in die Bucht. Dort findet Kirra den Wal und freundet sich mit im an. Sie nennt ihn „Willy". Ihr Opa möchte Willy unbedinkt für seinen Park behalten, genauso wie sein geltgieriger Konkurrend Rolf. Kirra weis, dass Willy ohne seine Artgenosen im Meer nicht überleben würde. Aber sie will ihn freilassen, bevor Rolf ihn für sein Geschäft misbrauchen kann. Sie hat die Idee, die Walherde mit einem Unterwaser-Lautsprecher anzulocken.

Mir gefält der Film aus vielen Gründen sehr gut. Es dreht sich alles um das kleine Walbaby, mit dem man sofort Mitleit hat. Die einen wollen es retten, die anderen fangen. So gipt es viele dramatische Szenen im Film. Man kann auserdem wunderbare Lantschaftsaufnahmen aus Afrika sehen. Es ist sehr spanend zu beobachten, wie sich Kirra und ihr Opa langsam näherkommen. Denn zuerst hat Kirra Heimweh und ihr Opa kümert sich kaum um sie. Aber dann gibt es auch lustige Szenen zwischen den beiden.

Ich kan den Film allen Familien nur empfehlen.

Punkte

D Einen informativen Text schreiben

Orca *(Orcinus orca)* oder **Schwertwal:** Unterfamilie der Delfine
Zahnwal (40 bis 56 Zähne)

Alter: ♂ bis zu 60 Jahre, ♀ bis zu 90 Jahre
Geschlechtsreife: ♂ 12 bis 14 Jahre, ♀ 14 bis 15 Jahre
Tragzeit: etwa 16 Monate, einzelne Kälber ca. alle drei Jahre

gute Jäger mit unterschiedlichen Jagdstrategien in Gruppen (z. B. Einkreisen der Beute), 55 km/h schnell, auch „Killer-“ oder „Mörderwal“ genannt

	Resident Orcas	*Transient Orcas*
Lebensraum	alle Ozeane, kältere Gewässer, ortstreu, in bestimmten Küstenzonen	alle Ozeane, kältere Gewässer, nicht ansässig, in größeren Gebieten unterwegs
Leben in Familien, auch „Schulen“	bis zu 30 Tiere, häufig Zusammenschluss mehrerer Familien von 150 bis zu 250 Tiere	2 bis 7 Tiere
Nahrung	nur Fische	Meeressäugetiere (Seelöwen, Robben, Wale), Vögel

Aufgabe 12

Schreibe einen informativen Sachtext für eine Tier-Website, indem du die Informationen nutzt. **28 Punkte**
Bereite deinen Text durch die folgenden Arbeitsschritte a und b vor, bevor du ihn aufschreibst.

a Sieh dir alle Informationen genau an. Überlege dir zuerst eine passende Überschrift.

---

b Ordne die Informationen aus der Grafik, den Stichwörtern und der Tabelle, indem du Zusammengehörendes in einer Farbe markierst.
Notiere dann in deinem Heft Zwischenüberschriften zu einzelnen Sinnabschnitten deines Sachtextes.

Beachte beim **sachlichen Schreiben**:
- Gib genaue Informationen (W-Fragen).
- Gliedere übersichtlich.
- Schreibe sachlich.
- Verwende das Präsens.

c Schreibe den Sachtext nun in dein Heft.

Die Punkteverteilung findest du im Lösungsheft auf Seite 31 bis 32. ☐ Punkte

Autoren- und Quellenverzeichnis

S. 7: „WAS IST WAS – Natur-Tiere – Rettet den Spatz". Aus: http://www.wasistwas.de/natur-tiere/alle-artikel/artikel/link//8ca366693b/article/rettet-den-spatz-in-deutschland.html [10. 8. 2010, Abruf 3. 5. 2012]. **S. 36:** Kästner, Erich: Der Schlittenwolf. Aus: Münchhausen. Dressler Verlag, Hamburg 1999. **S. 39:** Hanisch, Hanna: Wenn die Nebelfrau kocht. Aus: Kliewer, Heinz J.; Kliewer, Ursula (Hrsg.): Die Wundertüte. Alte und neue Gedichte für Kinder. Reclam Verlag, Stuttgart 2005, S. 139 f. **S. 83:** „Der spuckende Berg vor Matupit". Aus: GEOlino Nr. 6, Juni 2011, S. 6 f. **S. 85:** „Quiz-Karte". Aus: Baresch, Martin; Adams, Jennifer Annette: Reader's Digest Jugendbuch Super 2007. Verlag Das Beste GmbH, Stuttgart 2006, S. 160 f. **S. 92:** Lornsen, Boy: Das Geheimnis. Aus: Der Tintenfisch Paul Oktopus. Mit Illustrationen von Manfred Schlüter. Boje Verlag, Köln 2009, S. 14. **S. 92:** Schlüter, Manfred: Schicksal. Aus: Reime EimeR. Boje Verlag, Köln 2006, S. 6. **S. 94:** Frank, Karlhans: Rechtschreibrätsel. Aus: Im Eigelb steckt der Igel. Rätselgedichte. Boje Verlag, Köln 2008, S. 30.

Bildquellenverzeichnis

S. 7: © Dhoxax – Fotolia.com; **S. 9:** © Michael Neuhauß – Fotolia.com; **S. 16, 18:** privat; **S. 19-21:** Anja Doehring, Lübeck; **S. 22:** © Anton Schlickenrieder, Friedberg; **S. 29:** © photocreo – Fotolia.com; **S. 33:** © sborisov – Fotolia.com; **S. 61:** © Ravensburger Spieleverlag GmbH www.ravensburger.de; **S. 63:** © Helmuth Voian – Fotolia.com; **S. 64:** © picture-alliance/dpa-Fotoreport; **S. 66:** oben: © Barbara Helgason – Fotolia.com, unten: © Eric Isselée – Fotolia.com; **S. 70–72:** Brian Selznick, Die Entdeckung des Hugo Cabret © 2008 cbj Verlag, München, in der Verlagsgruppe Random House GmbH, Übersetzung: Uwe-Michael Gutzschhahn; **S. 94:** © picture-alliance/WILDLIFE; **S. 96:** © 2012 Electronic Arts Inc. EA, the EA logo, The Sims and The Sims 3 logo are trademarks or registered trademarks of Electronic Arts Inc. in the U.S. and/or other countries. All Rights Reserved. All other trademarks are the property of their respective owners; **S. 98:** © picture-alliance/ZB; **S. 102:** © Vaclav Janousek – Fotolia.com; **S. 109:** © picture-alliance/Mary Evans Picture Library; **S. 110:** © picture-alliance/dpa; **S. 111:** © picture-alliance/dieKLEINERT.de/Enno Kleinert

Impressum

Redaktion: lüra – Klemt & Mues GbR, Wuppertal

Illustrationen:
Uta Bettzieche, Leipzig (S. 5–8, 24–25, 27, 31, 54–55, 57–59, 108)
Nils Fliegner, Hamburg (S. 40–41, 60, 62, 65, 68–69)
Christiane Grauert, Milwaukee (USA) (S. 23, 42–50, 52, 73–79)
Sylvia Graupner, Annaberg (S. 9, 10, 12, 14, 15, 90–93, 95, 97–99)
Christine Henkel, Leipzig (S. 34, 106)
Bianca Schaalburg, Berlin (S. 80, 83, 86–88)
Juliane Steinbach, Wuppertal (S. 36–39)

Umschlaggestaltung und Layoutkonzept: werkstatt für gebrauchsgrafik, Berlin
Technische Umsetzung: Uwe Rogal, Berlin

www.cornelsen.de

1. Auflage, 2. Druck 2014

Alle Drucke dieser Auflage sind inhaltlich unverändert
und können im Unterricht nebeneinander verwendet werden.

Druck: Stürtz GmbH, Würzburg

Ausgaben ohne CD
978-3-06-061908-5 (Gymnasium Allgemeine Ausgabe)
978-3-06-062473-7 (Gymnasium Hessen)
978-3-06-062488-1 (Gymnasium Niedersachsen)
978-3-06-062030-2 (Gymnasium Nordrhein-Westfalen)
978-3-06-062507-9 (Gymnasium Rheinland-Pfalz)

Ausgaben mit CD
978-3-06-061914-6 (Gymnasium Allgemeine Ausgabe)
978-3-06-062478-2 (Gymnasium Hessen)
978-3-06-062494-2 (Gymnasium Niedersachsen)
978-3-06-062036-4 (Gymnasium Nordrhein-Westfalen)
978-3-06-062513-0 (Gymnasium Rheinland-Pfalz)

PEFC
PEFC/04-31-1404

PEFC zertifiziert
Dieses Produkt stammt aus nachhaltig bewirtschafteten Wäldern und kontrollierten Quellen.
www.pefc.de